罗纳德·科斯传

启真馆 出品

经济思想译丛

罗纳德·科斯传

Ronald Coase

［美］斯蒂文·G.米德玛　著

罗君丽　朱翔宇　程晨　译

罗卫东　校

ZHEJIANG UNIVERSITY PRESS
浙江大学出版社

纪念罗纳德·科斯

目 录

推荐序............ *1*

中文版序言............ *1*

原版前言............ *1*

1. 科斯生平............ *1*

　　1.1 小传............*1*

　　1.2 学术概览............*8*

2. 企业的性质............ *16*

　　2.1 背景............*16*

　　2.2 企业的性质：发现............*19*

　　2.3 影响............*26*

　　　　1970年以前的影响............*26*

　　　　影响力的觉醒：1970—1992............*34*

　　2.4 结论............*48*

3. 定价、会计与成本............ *51*

　　3.1 边际成本定价............*52*

5

　　边际成本定价问题的简史............ 52

　　科斯：边际成本定价的错误............ 54

　　边际成本定价的诱惑：黑板的作用............ 63

3.2 经济学与会计学中的成本理论与成本核算............ 65

　　会计与成本............ 65

　　与新古典成本理论的关系............ 70

　　成本与定价............ 72

　　与企业理论的联系............ 75

4. 社会成本问题............ 79

4.1 一些背景............ 80

4.2 "联邦通讯委员会"：打响第一枪............ 82

4.3 "社会成本问题"：一个新的范式............ 85

　　外部性的相互性质............ 86

　　市场制胜：零交易成本世界............ 89

　　真实世界：正的交易成本............ 94

　　铲除庇古主义巨龙............ 97

4.4 "社会成本问题"的遗产............ 101

　　科斯定理............ 102

　　有效性声称............ 104

　　不变性声称............ 108

　　一个正交易成本的世界............ 112

4.5 总结............ 115

5. 政府与市场............ 118

5.1 引言............ 118

5.2 英国广播公司的垄断............ 119

无线电广播业............ *119*

有线广播、外国商业广播和对垄断的捍卫............ *123*

英国的电视广播业............ *128*

5.3 联邦通讯委员会与美国广播业............ *130*

广播频率的分配............ *131*

广播节目：付费电视的案例............ *134*

5.4 红包贿赂：广播业中为效率而进行的贿赂............ *137*

5.5 工商业利益与消费者利益............ *141*

5.6 管制机构............ *144*

5.7 政府的经济角色............ *146*

6. 科斯的经济学观............ *155*

6.1 经济学的性质............ *155*

消费者理论............ *157*

经济制度在经济学分析中的地位............ *159*

6.2 真实主义（realism）的作用............ *163*

6.3 数理与量化分析............ *167*

6.4 经济学帝国主义............ *176*

6.5 经济学家和公共政策............ *182*

经济学家是如何进行公共政策分析的？............ *183*

有谁会听？为什么经济学家对公共政策的影响甚微？............ *190*

指明道路：科斯风格的政策分析............ *193*

7. 罗纳德·科斯在经济学思想史中的地位............ *196*

7.1 交易成本的重要性............ *197*

7.2 现实、法律和经济制度............ *203*

7.3 内部人还是外部人？............ *211*

中文版后记.............216

参考文献.............237

推荐序

　　芝加哥时间 2013 年 9 月 2 日下午 2 点 30 分，罗纳德·科斯在芝加哥圣约瑟（St.Joseph）医院因病医治无效逝世，享年 102 岁。听闻噩耗，我非常震惊，非常沉痛。科斯教授是享誉世界的经济学大师，是新制度经济学和法经济学等领域的创始人，是 1991 年的诺贝尔经济学奖得主，是包括我在内的大批经济学者非常爱戴和崇敬的学术导师。他的离世，在我看来不仅是经济学的巨大损失，也是社会科学的重大损失。科斯的逝世还带给我无尽的惆怅，因为此前几个月，我一直在与张五常教授、王宁教授以及刚成立不久的浙江大学科斯经济研究中心的同人们一起，筹备原计划的科斯先生 10 月份访华事宜，满怀希望和激动地期待着科斯先生在期颐之年踏上他梦牵魂绕的中国土地那一刻的到来。但是，这一希望突然间就彻底破灭了！

　　科斯先生是地道的英国人，后移居美国，而他终生却对中国这个东方国度满怀强烈的好奇和深深的善意，晚年更是对中国的崛起以及经济学在中国的发展充满信心和期待，并在 2008 年、2010 年两度利用自己的诺贝尔经济学奖金在芝加哥大学举办有关中国经济发展问题的国际研讨会。从青年时代起，他就希冀能到中国访问。在战火频仍、社会动荡的时代，这个愿望自然是奢望；而等到中国的大门向世界敞开时，他年事已高，行动不再自如。张五常、王宁等科斯先生的中国朋友一直在策划协助他们夫妇俩访问中国的事情，科斯本人也制订了相当仔细的中国行计划，但总有一些因素使他的这个计划一拖再拖。2012 年 10 月，科斯夫人撒手人寰，无儿无女的他在极度悲伤之余再无牵挂，毅然决定再度扬帆启程去寻找中国。我们这些科斯的仰慕者，无不为他的决定感到欢欣鼓舞，虽然难免隐隐担忧他如此高龄是否能够承受长途劳累。然而，科斯先生的热情和医院体检的数据打消了我们的担心，而且正如张五常先生所说，万一科斯先生在中国仙逝，这或许正是成就了经济学发展上的一桩美谈，更是科斯先生本人的最完美结局。就在我们为迎接科斯先生的到来做好了最后的准备，王宁博士却带来了一个令人担忧的消息：老人家在 2013 年 8 月份因肺部感染住进医院。大家的心情顿时都像浸入冰水之中，变得十分沉重。我当时有一种不祥的预感，隐隐觉得老人家这次病倒会凶多吉少，因为很多高龄老人都是因肺部功能衰竭而不治。随后不久，我们的担忧被不幸验证：老先生在住进医院不到一个月即与世长辞。

科斯先生的这个未圆的中国之行梦，可以说是他几乎完美一生的唯一缺憾，更是我们这些几乎要看到他在中国愉快生活图景的晚辈心中的深深遗憾和无限惆怅。我有时候忍不住揣摩他的临终瞬间，总觉得他心愿未了，他的灵魂会在终于摆脱肉体羁绊之后，所要旅行的第一站就是魂牵梦绕的中国，然后才是回到故乡英国。

2013 年 9 月 8 日，浙江大学科斯经济研究中心在浙江大学玉泉校区举行了小型而庄重的"罗纳德·科斯教授追思会"，参会的是对科斯先生有深厚感情的学术同道和闻讯赶来的许多经济学和其他专业的学生。在会上，我们一起追忆了科斯先生的道德文章，研讨他的思想和研究方法给经济学未来和中国改革发展所带来的重大影响，同时也对浙江大学科斯经济研究中心所肩负的继承和发扬科斯思想遗产的重大历史使命寄予厚望。追思会上，浙江大学出版社袁亚春总编表示为纪念科斯先生，希望能出版一本有关科斯先生的传记。研究科斯思想多年的罗君丽就推荐了这本由斯蒂文·G. 米德玛（Steven G.Medema）教授写于 1994 年的《罗纳德·科斯传》（*Ronald Coase*）。

斯蒂文·G. 米德玛教授是美国科罗拉多大学丹佛分校经济学系的经

济学思想史学家，同时也是《经济思想史期刊》（*Journal of The History of Economic Thought*）的编辑。他长期致力于科斯思想研究和法经济学研究，就科斯定理、法与经济学以及科斯经济学方法论等主题发表过重要论文，并先后编著出版了《罗纳德·科斯传》（*Ronald Coase*, 1994）、《罗纳德·科斯的经济学分析遗产》（*The Legacy of Ronald Coase in Economic Analysis*, 1995）和《科斯经济学：法与经济学和新制度经济学》（*Coasean Economics: Law and Economics and the New Institutional Economics*, 1997）等一系列科斯研究专题文献，是西方世界当之无愧的一流科斯问题研究专家。

　　本书的英文版是最早的、或许也是截至目前最全面客观地研究科斯生平和思想的传记。它不仅重点分析了科斯广为人知的最重要贡献，如关于企业、交易成本、社会成本、边际成本定价、灯塔等，更广泛涉猎科斯在其漫长学术生涯中的很多生活和工作细节，以及其他重要却鲜为人知的学术著作的深层含义，如科斯早年与其他学者一起进行的蕴含理性预期思想萌芽的生猪周期研究，以机会成本思想展开的会计实务研究，还有他长期跟踪考察的广播业垄断问题及政府与市场关系的重大命题，等等。事实上，由于科斯低调谦虚的处世态度，以及他所坚持的经济学研究理念并非主流，因此，即使是在经济学界，绝大多数人心目中的科斯也都只是与被过度演绎的"科斯定理"有关，好像他一生只写过两篇半文章——《企业的性质》、《社会成本问题》和《联邦通讯委员会》。但是，科斯思想的内涵远非如此。对一个想要真正了解科斯和科斯思想的学者来说，只能通过全面研读科斯先生的著作——包括那些知名的和不知名的作品，并了解他与经济学研究相关的生活和工作细节，才可能获得对科斯思想的全面把握，并最终超越"科斯定理"造成的思维定势，真正认识他所坚持的经济学研究立场及其价值之所在。米德玛教授努力在这方面进行尝试，并做出了重要的研究成果。科斯先生活过了漫长的一生，诚然，他留下来的手稿和档案资料还远远没有得到充分的挖掘和深入研究。但，米德玛教授的这本书，不仅是最早的，也是比较全面和深入的科斯传记作品。难能可贵的是，在科斯先生去世之后，米德玛教授得知我们有意出版本书的中文版，还特意写来了中文版序言和后记，进一步详述了科斯先生在 1994—2012 年之间的学术活动和写作情况，从而使展现在读者面前的科斯形象更为全面和客观。

以我个人的观点来看，科斯先生的离世，并不意味着科斯现象的结束，相反很可能是新时代的开始。而从经济思想史角度对科斯进行研究，或许才刚刚起步。科斯是 20 世纪经济学发展上的一个里程碑式的人物，他所作贡献的一部分得到了广泛认同，以至于经济学领域形成了可称为"科斯主义经济学"的思潮甚至是流派。问题是，学术界对科斯的评价与科斯本人的自我评价在多大程度上是吻合的？是否存在着重大的差异？最近 30 多年以来，经济学界关于科斯的讨论，可以说是众说纷纭、乱象丛生，即使是科斯主义学派内部，争论也十分激烈。科斯生前曾在多个场合表示过对这种状态的强烈不满和深深的无奈。记得以前曾经看过一则笑话，说的是黑白时代的电影艺术大师卓别林，有一次对参加"卓别林模仿秀"比赛的冠军得主说："你比我自己更像我。"马克思晚年也曾对采访他的记者说，他不是"马克思主义者"。这或许是名人所要面对的共同悲哀。试想，这些伟大人物在世之时都无法阻止社会对他们的误解，更遑论死后。

出于对科斯这位伟大学者的尊重，也是对经济学乃至社会科学未来健康发展的责任感，我们这些后来者应该静下心来，好好阅读、讨论、深化科斯理论的各个面向，并在此基础上形成一个比较统一和内部一致的理解，尽可能还原科斯思想的真实内涵。要做到这一点，不仅要认真阅读科斯本人创作的学术文本，还要返回到经济思想史的语境中寻找进一步理解的可能性。如果说，前者迄今为止已经做了大量的工作——尽管还很不够，那么后者简直几近空白。事实上，从科斯本人晚年的学术兴趣和一些他花费了很多功夫但并未引起足够重视的学术文献中，我们是可以找到深入理解他的学术贡献的核心及其特点的门径的。如果仔细研究科斯论斯密、论马歇尔以及回忆自己思想发展路径的那些文章，我们就可以发现他与古典时代经济学思想的内在联系，这有助于我们理解科斯晚年是如何看待自己学术思想的真正贡献以及为何这么看，也有助于我们准确认识其原创性的根据，以及对未来经济学进步的重大意义。

我本人早期做过一些新制度经济学的研究和教学，出于对"黑板经济学"的不满，后来逐步把注意力转向古典政治经济学，特别是从亚当·斯密开始经由约翰·穆勒到达阿尔弗雷德·马歇尔的学术发展路径。我有一个基本判断：科斯是这个传统在 20 世纪的最伟大传承者。虽然凯恩斯也部分地具有这个资格，但他太过复杂，很难简单归类。斯密、穆勒、马歇尔，是 18、19 世纪经济学综合的大师，《国富论》、《政治经济学原理》、《经济学原理》都是体大思精、集前人创见于一体的综合性经济学巨著，是经济学发展的里程碑式的伟大作品。与他们相比，科斯的一生虽然漫长，却没有写出具有类似性质的巨著，也没有开创主流经济学的新时代。就此而言，科斯无法与这些前辈相提并论。但是，科斯的创见，就其深刻程度而言，绝不输于穆勒、马歇尔，甚至斯密。尤其是他理解经济世界的方式，与三位伟大的前辈——特别是马歇尔，可以说一脉相承；他对经济运行与人类社会其他部分活动之间关系的理解，也明显表现出与这些前辈之间的内在传承关系。在经济思想发展的历史上，斯密–穆勒–马歇尔的这一可称为经验主义的传统与另外一个伟大而重要的传统——唯理主义，一直处在某种具有内在紧张感的互动关系之中。直到 19 世纪末 20 世纪初，不论它们彼此的争论和紧张达到多么严重的地步，两者之间都存在着对话的空间，共同塑造着经济学的整体气质。

唯理主义的哲学基础是柏拉图的理念论，倾向于设想、假设和想象某些典型的普遍性世界，从一个抽象的、不存在于任何具体事物中的理论假设出发，去认识、分析现实中的各种社会实体和关系。信奉唯理主义的学者对演绎方法更为推崇，而经验主义者则强调个人的感觉系统所带来的印象、知觉及其所构成的经验事实，并以此为出发点来考察各种社会实体和关系，因此更倾向于使用归纳和描述的方法。从地域上看，欧洲大陆的经济学家似乎更倾向于唯理论，如重农学派的魁奈、19 世纪后半叶洛桑学派的瓦尔拉斯和帕累托等。这一系统的经济学家的最大特点就是非常重视运用数学工具来研究经济问题。另一方面，英国古典政治经济学家则大多数持有经验主义立场。首先，在亚当·斯密那里，经验主义方法一直居于支配地位。虽然之后的大卫·李嘉图大大推动了唯理主义经济学在英国的发展，但直到19世纪末，经验主义仍然在英国学者的研究中居于更为重要的地位。而经济学发展中的另一里程碑式人物马歇尔，长期纠结于究竟是走经典物理学式的经济科学发展之路还是达尔文式的演化论经济学发展之路，并最终把经济学科学化的梦想置于《经济学原理》中，把演化论思想放在《工业与贸易》等著作中。随着《经济学原理》风靡世界以及大批追随者的形式化改造，接近物理学范式的新古典经济学开始占据上风，并经过几十年的发展，最后被定于一尊，而经验主义研究方法则逐渐被边缘化，甚至成为经济学的异端。由于主流的经济学定义从学理上排斥了经验主义研究方法的合法性，经济学研究的方法论支柱最后只剩下演绎法一种，经济学理论与实际的关系逐渐嬗变为理论内部的关系。

从根本上说，当前经济学日益脱离真实世界的事实，正是唯理主义研究方法一枝独秀的必然结果。20世纪初开始成长壮大的新古典经济学的突出特征就是假设清晰（不必真实）、逻辑严密和定量严格。一项研究只有符合这些形式化特征，才可能被认定为是"科学"的。得益于某种知识社会学的机制，这一唯理主义–形式主义传统不仅在经济学中获得了主流地位，而且发起了对其他社会理论的殖民运动，正如这一传统在当代的杰出代表加里·贝克尔所宣称的，（新古典）经济学应该成为社会科学的"语法"。虽然这种经济学帝国主义（殖民主义）的做派，遭到了很多社会科学从业者的强烈质疑和反感，但这种殖民的势头似乎还在持续。

正是在这个唯理主义–形式主义经济学独霸天下的时代，罗纳德·科斯顽强地坚守着自己对真实世界经济学的信念，不断发掘和发展斯密、穆勒、马歇尔等前辈思想中被边缘化甚至完全被忽视的经验主义方法论，并以其深邃的思考和巨大的原创性为经验研究方法重新赢得了荣誉。他的研究工作已经建构起了一种可以有效拒斥社会理论自然科学化的新范式，从而给经济学作为社会理论分支之一来发挥应有的功能注入了新的刺激。随着对科斯的理解日益加深，我们越来越强烈地意识到，在 20 世纪经济学理性主义 – 形式主义排山倒海般的潮流中，科斯一直是抵抗运动的中流砥柱。他力图复兴古典时代政治经济学的某种具有持久价值的部分，恢复其效力和尊严。科斯虽然势单力薄，但他表现出来的拒绝妥协的精神和卓有成效的创见，足以证明他的伟大。

我相信，经济学未来的命运，取决于它的生命力，而它的生命力来自于理解、解释和指导人类整体经济运行的能力。从迄今为止的经济学发展历史来看，经验主义和唯理主义这两个传统都对经济学的整体进步作出了重大贡献。如果说 19 世纪是经验主义雄霸世界的时代，那么 20 世纪就是唯理主义独步天下的时代，两种极端的形态与经济学发展之间的关系，是需要进一步深入探讨的话题，这不是一篇小小的序言所能讲清楚的。我个人倾向于相信，无论是通过何种机制，任何废黜百家定于一尊的格局，都不利于经济学自身的健康发展和发挥其健全效能。今天的经济学家不应该在两种重要的传统之间作非此即彼的选择，正如马歇尔早就意识到并试图做到的那样，经济学的方法不是某种独门秘诀，而是兼容并包的武器库，所有武器的存在价值都必须依据经济学所面对并打算解决的问题的性质来作出判断。也就是说，评判经济学方法好坏的正确做法，不应该是孤立地、绝对地断定某种方法的是非优劣，而是要联系我们所要解决的那一类问题的独特需要来作出选择。经济学作为社会科学中进步最快的一部分，当然得益于其方法上的不断创新，但是这种创新不同于自然科学中的"采新"和"惟新"。经济学的力量是来自于它历史性地累积着的、不断丰富的分析武器库给后来的研究者所提供的多种选择的可能性。大炮的威力比匕首大，但这并不等于在所有情况下大炮都比匕首更为管用。武装到牙齿的现代战士与赤手空拳的武士侠客，各有各的行为空间和用武之地。

当前经济学已经陷入某种窘境，在部分领域甚至出现了危机，这到底是经济学作为一门成熟科学的整体性危机，还是掌握话语权的那一类经济学在面对某些特殊问题时方法选择不当所导致的任务失败？就此问题，我们还不能武断地下结论，而是应该具体问题具体分析。但是，唯理主义经济学对经验主义经济学的粗暴拒斥，却是目前最为严重的不争现实。我们看到，这种做法已经开始损害经济学肌体自我恢复的能力。也正是在这个意义上，科斯在继承古典经济学的经验主义传统的基础上，进行了新的探索，开辟了经济学思维方式和思想范式的新局面，也锻造了经济分析的新武器，这对于应对经济学所面临的巨大挑战是有效的进路之一。

科斯的工作，对于中国而言具有更加特殊和重要的意义，这个问题已经有不少人讨论过，在此我不必赘述。我只想指出另外一点，那就是科斯与中国的联系不能止于其学术与某些具体的现实经济运行的解释方面，还应该包括他的经济学创新与中国经济学的发展方面。我认为，关于后者，我们考虑得非常不够。中国的经济学在最近30年里，一直在西方的主流经济学之后亦步亦趋，很少有自己主导的理论创新。而且按照目前这种趋势，在可见的未来，也不太可能有重大的世界性的理论创新，这与中国这个巨大经济体在国际上的相对地位是严重不相称的。钱颖一教授曾经发人深省地指出，经济大国未必是经济学大国，经济强国也很可能不是经济学强国。中国目前无疑是经济大国，但算不上是经济学大国，将来当中国成为公认的经济强国时，它是否能够成为经济学大国或强国呢？决定两者之间联系的内在机理到底是什么呢？这是需要经济学从业人员进行严肃思考的问题。经济学的发展取决于学者自身的禀赋、素养以及特别的判断力。我以为，科斯给中国经济学家上了生动的一课，他的一生在某种意义上已经为上述问题提供了答案。我希望，米德玛教授的这本《科斯传》就像罗斯的《斯密传》、格罗尼维根的《马歇尔传》、斯基德尔斯基的《凯恩斯传》那样，能够给读者带来有益的阅读体验，希望它为中国学者提供一个全面和深入认识科斯及其思想的有益途径。

浙江大学科斯经济研究中心 罗卫东
2015年中秋于浙江大学紫金港启真湖畔

中文版序言

2013 年 9 月 2 日，102 岁的罗纳德·科斯离开了人世。他的思想对经济学和法学产生了不可磨灭的影响，他为此获得了 1991 年诺贝尔经济学奖。尽管以其名字命名的"定理"是最为著名的定理之一，但毫无疑问，科斯贡献的深度与广度仍被大多数经济学家大大低估。之所以如此，很大程度上是因为他的经济学研究进路（approach to doing economics）和研究对象（the subjects）与"二战"后的经济学主流大相径庭。

本书初版于 1994 年，写于科斯即将结束其职业学者生涯之时。但此后，他仍笔耕不辍，继续发表作品以推动他所支持的那种经济学分析的发展，直至生命尽头。在此期间，他与王宁（Ning Wang）合著了《变革中国：市场经济的中国之路》（*How China Became Capitalist*，2012）*。尽管如此，这本学术传记仍然不失为一本有用的文献，它综述了科斯的经济学分析及科斯在 20 世纪 90 年代早期以前的学术影响。至于科斯从 1994 年至今的 20 年里头的作品，我将在本书中文版后记中做一综述。

科斯 1932 年在伦敦经济学院（LSE）获商学士学位之后，先后在

---

* 该书中译本书名为《变革中国：市场经济的中国之路》，2013 年 1 月由中信出版社出版。——译者注

邓迪商业学校、利物浦大学、伦敦经济学院、布法罗大学、弗吉尼亚大学和芝加哥大学等从事学术工作。在伦敦经济学院任职期间，由于"二战"爆发，他被调往政府部门工作六年；"二战"结束后，他立即转回学校。他没有接受过形式化的经济学训练，这在很大程度上导致他使用一种独特的经济学分析方法，即避开形式主义（formalism）而强调案例研究（case study）与直观价格理论分析（intuitive price-theoretic analysis）的结合。可以说，他是诺贝尔经济学奖得主中唯一一个在其核心著作中不使用公式的经济学家。

科斯最为著名的学术贡献无疑是"企业的性质"（1937）和"社会成本问题"（1960）。事实上，这两篇文章也是很多经济学家唯一叫得出名字的科斯作品。然而，科斯所发表的作品还有很多，而且题材广泛。[①] 他所考察的问题包括会计实务、广告、公共产品、消费者剩余、公共事业定价、垄断理论、敲诈、政府的经济角色以及经济思想史等众多领域。这些看起来主题迥异的作品其实都有关科斯所谓的"生产的制度结构"。"生产的制度结构"这一说法本身就表明，科斯所关注的是制度——尤其是企业、市场和法律——在经济结构和经济绩效中所发挥的作用。

科斯早期著作中最具影响力的是"企业的性质"，其本意是要解释企业为什么存在以及企业活动的边界由什么决定。但现在看来，这篇文章的重要性乃在于凸显了交易成本——内部组织与市场组织的相对成本——在决定企业组织中的作用。很多年后，这一深刻见解被奥利弗·威廉姆森（Oliver Williamson）、阿门·阿尔钦安（Armen Alchian）、哈罗德·德姆塞茨（Harold Demsetz）和其他学者在各自不同方向上进行了理论发展。

尽管以现代眼光来看，"企业的性质"像使用初级价格理论进行演绎的标准作品，但实际上，它是科斯以 LSE 学生身份访问美国时对企业行为长期考察的结果。科斯还把这种研究进路应有于对公用事业的一

[①] 关于详细而全面的科斯作品目录参见：http://www.coase.org/coasepublications.htm.

系列历史研究中。在其职业生涯的三分之一还多的时间里，他都在研究公用事业这个课题，其中的最重要研究是关于英国广播业，在这个研究中，他分析了无线和有线广播以及电视播送的发展、BBC 作为上述活动的垄断供给者的出现（1950,1954）等。这些研究的另一重要分支是科斯对英国邮局的分析，他考察了大不列颠在罗兰·希尔（Rowland Hill）领导下所出现的一便士邮资①，以及邮局为强化它的垄断地位而企图打击诸如信使服务公司（the messenger companies）这样的私人企业的行为（1955）。在所有这些研究中，科斯通过烦琐而详尽的案例研究而获得深刻洞见。这些研究也表明科斯对垄断——尤其是政府垄断问题的关注。

对广播业的兴趣使科斯在移居美国之后，开始深入考察美国联邦通讯委员会管制广播频率的问题（1959），并最终发表了最著名的论文"社会成本问题"（1960）。尽管科斯的研究结论后来被施蒂格勒（1966, p.113）冠名以"科斯定理"而广为人知，但这篇文章的中心目标却是要扳倒占据主流的对外部性分析的庇古方法。科斯的研究结果表明，在标准的新古典假设下，对外部性的庇古主义纠正是不必要的：无成本市场运行和庇古主义福利理论中的无成本政府运行一样，都会产生相同的效率结果。正如科斯所强调的，市场协调和政府协调都是有成本的，都不能产生经济理论所预期的最优结果。因此，社会面临的现实是要在不完美替代选择中进行选择，这就必然要求采用具体情况具体分析的(case-by-case) 比较制度研究方法来研究经济政策问题。

科斯认为，经济学家面对看似市场失灵的情况时，太急于呼吁直接的政府管制，从而低估了市场的可能性。在对联邦通讯委员会的研究中，他倡导通过市场来分配频率；在对灯塔服务的研究中，他认识到私人部门对提供灯塔服务所发挥的重大历史作用。这些研究都旨在表明：市场机制是如何在经济学家认为根本不可能的情况下运行成功的。但他

---

① 罗兰·希尔（1795.12.3—1879.8.27），英国人，世界上第一枚邮票（黑便士）的发明人和设计者，一便士邮资制的积极倡导者及参与人。——译者注

同时也想表明：如果能正确评估，一些被经济学家认为是市场失灵的情况可能根本就不是市场失灵。例如，科斯对外部性的科斯定理式解决方案根本没有多大信心。在他看来，这种解决方式的交易成本太大了。相反，他认为维持现状可能是最好的选择，即最有效率的做法可能是对"问题"什么都不做，因为通过政府进行纠正的结果可能要比原来的市场弊病更为糟糕。

科斯对经济政策理论的批评只是他经常批评的"黑板经济学"的一个方面。所谓黑板经济学，就是经济学家在黑板上移动曲线和摆布公式，漠不关心理论与真实世界之间的契合程度以及可能对分析有影响的制度。基于同样的理由，科斯对经济学应用于非传统领域的发展感到悲观。与流行看法相反，科斯确实对法律的经济学分析甚少兴趣，尽管从学术上讲，他与这个学科关系密切。他的"法与经济学"关注的是法律如何影响经济系统运行的。

然而，具有讽刺意味的是，看起来与科斯联系最为密切的科斯定理，既是黑板经济学的巅峰之作，也是法律经济学分析的奠基之石。但是，正如科斯在很多场合所指出的，被误解好像正是其职业生涯的特点之一。当然，我们都应该为此而感到幸运。

我很高兴多年之后这本书仍然能吸引中国读者的注意。长期以来，科斯著作很受中国经济学界某些群体的青睐，我希望这个译本既有助于加强他们对科斯著作的兴趣，又能提高他们对科斯贡献全貌及其所使用的经济学研究方法的理解。我要感谢王宁和浙江大学出版社对推动该中译本的出版所做的工作，尤其要感谢具体执行本书版权的女士和主持翻译工作的罗君丽女士。

斯蒂文·G. 米德玛

2014 年 6 月于科罗拉多大学丹佛分校

原版前言

罗纳德·科斯（Ronald Coase）于 1991 年被授予诺贝尔经济学奖。在其 60 多年的学术生涯中，他以自己的独特方法来研究经济学，并在此过程中，深刻影响了经济学家对企业、法学、经济学与经济系统的关系、市场的潜力与局限性（possibilities and limitations）等的思考方式。新制度经济学和现代法与经济学的发展正是起源于他的研究。

本书旨在系统分析科斯的经济学贡献，但我不敢妄称要对科斯作品进行全面分析，我只是集中考察了他的最重要贡献和核心研究主题，包括企业的性质、定价与成本分析、外部性分析、政府的经济角色和经济学方法等。本书最后一章尝试对科斯的经济学遗产进行初步评估。

本书的写作得到了许多人的大力支持：Warren J. Samuels 和 Thraïnn Eggertsson 欣然同意审阅全部手稿，Oliver E. Williamson 和 Richard O. Zerbe, Jr. 审阅了手稿的部分章节，他们提出的许多宝贵意见大大完善了最终成稿；科斯本人非常友好地为我提供了一些材料，以帮助研究顺利进行；科罗拉多大学丹佛分校文理学院和研究生院为本项研究提供了经费资助；科罗拉多大学丹佛分校经济学系对我放宽了工作限制，使我有时间完成本研究；Lynn Ferguson 和 Karen Chan 为我提供了无私而迅捷的秘书服务。

最后，我要向我的妻子 Debra 表示最由衷的感谢。在我写作此书期间，她不仅给予我鼓励、帮助我进行编辑，还容忍我作为一个丈夫却时常躲在办公室里或陷于沉思之中。

斯蒂文·G. 米德玛

1. 科斯生平

我在独处时从未感到孤独。

——爱德华·吉本《回忆录》（Edward Gibbons, *Memoirs,* Vol.1, p.117）

1.1　小传

据科斯父亲的日记记载，罗纳德·哈里·科斯（Ronald Harry Coase）于 1910 年 12 月 29 日下午 3 点 20 分出生于伦敦郊区威尔斯登（London suburb of Willesden）的一所公寓。他是独生子，其双亲对体育运动怀有浓厚兴趣。父亲去世前还参加过草地保龄球比赛，而母亲直到晚年依然打得一手好网球，但他们都"对学术没有兴趣"（Coase, 1991, p.1）。正如人们对独生子女所预料的那样，科斯说自己是个孤独者，这一特质后来体现在他的学术生涯中：他很少与他人合作研究；他以经济学家的身份在法学院度过其职业生涯的后半程；他所从事的研究使他看起来像是经济学专业的外部人（outsider）。[①]

科斯说，他从母亲那里学到的重要一课是做人要"诚实而坦率"。

[①] 科斯究竟是一个内部人还是一个外部人，这是一个有趣的问题，本书将在第七章中对此进行讨论。

他相信这"为自己的写作注入了力量"（Coase, 1991, p.1）。据科斯讲，他母亲心目中的英雄是"奥茨上尉（Captain Oates），奥茨上尉与斯科特（Scott）从南极返回时，发现自己的伤病将拖累其他人，于是告诉同伴们自己将出去散会儿步，随后就消失在漫天风雪中，再无音讯"。(Coase, 1991, p.1）因此，科斯说，"我始终感到自己不应该成为别人的累赘，但我并不总是成功做到这一点。"（Coase, 1991, pp.1-2）

科斯还记述了自己在 11 岁时被父亲带去见一位颅相学家。说来奇怪，这位颅相学家似乎精准地预测了科斯的未来。科斯这样描述自己的这段经历：

> 在颅相学家那本印满各种性格总结的小册子中，他为"科斯少爷"（Master Ronald Coase）挑选的那一则是这样写的："你足够聪明，而且你也自知这一点，虽然你可能低估自己的能力。"相签上还说："你不会像一条病鱼那样随波逐流……你享有巨大的精神能量，不会成为他人操纵下的被动工具。虽然你能够与他人合作或为他人工作，但在你自觉优势的领域，你更愿意独立思考和工作。然而，决断力更强一些会对你有好处。"相签上所推荐的职业是："科学与商业、银行业、会计。"（Coase, 1991, p.2）

正如我们将看到的，这位颅相学家的预测还是比较准的。更有意思的是，相签上推荐给科斯的业余爱好是园艺和家禽饲养，这也许预兆了科斯在"社会成本问题"（1960）中所举的著名的农场主－牧场主案例，以及他与罗纳德·福勒（Ronald Fowler）合作的"生猪周期"（hog cycle）研究。

科斯成为经济学家并非顺理成章。在不止一个场合他都提到，他的成功是其求学生涯中"一系列偶然因素的结果"。[①] 这个说法相当正确，我们下面就会对此给出证明。考虑到科斯对市场功效的强调，我们不妨

---

① 例如，可参见 Coase（1988b, p.2; 1991, p.2）

把这一系列偶然因素解释为是受一只"看不见的手"的指引。

科斯小时候饱受腿疾之苦，不得不在腿上装上铁件（wear irons），并因此进入当地一所残疾人学校。直到 12 岁，他才被授予奖学金到基尔伯恩文法学校（Kilburn Grammar School）注册入学。1927 年，科斯在基尔伯恩文法学校通过了大学录取考试，其中化学和历史成绩突出。科斯在基尔伯恩文法学校又待了两年，学习伦敦大学的校外中级（intermediate）课程，这使他得以二年级学生的身份进入大学。紧接着，他面临着学位专业选择的问题，正是从此开始，"一系列偶然因素"开始发挥作用。

中学注册入学的年龄一般是 11 岁，但科斯错过了当年的入学考试，从而使他在基尔伯恩文法学校的入学被耽误一年，错过了学习拉丁文的机会，由此使他不能在大学里攻读自己喜欢的历史学位，因为拉丁文是攻读此学位的必要条件。于是，他转向自己擅长的另一个领域：化学。但这段学习经历非常短暂，因为他发现学习化学所需要的数学知识"不符合自己的口味"（Coase, 1991, p.4）。最终科斯不得不转向他"在基尔伯恩文法学校所剩下的唯一能从事的专业学位——商科"（Coase, 1991, p.4）。奇怪的是，科斯当时是一名社会主义者，他认为商科学位的必修课程之———经济学会相当有趣。在准备中级考试期间，科斯选修了经济学、地理、法语、英国经济史和会计学。通过考试后，科斯于 1929年 10 月进入伦敦经济学院（LSE）继续攻读商学学士学位。

正是在 LSE 求学的第二年，科斯通往职业生涯的路径发生了改变。1930 年，LSE 任命阿诺德·普兰特（Arnold Plant）为商学教授，科斯参加了他的研讨班。普兰特很快就对科斯产生了深刻影响：

> 我选修过他（普兰特）的工商管理课程。但在终考前五个月我参加了他的研讨班，正是他在研讨班上的讲话改变了——或者更准确地说是给了——我有关经济运行的看法。普兰特的话使我了解到亚当·斯密的"看不见的手"，并让我意识到价格体系是如何来协调一个竞争性经济系统的。但是，他对我的影响并不仅仅是思想方

面的，与他的相遇改变了我的一生。（Coase, 1991, p.4）

事实确乎如此。在参加普兰特的研讨班之前，科斯对经济学的唯一一次真正接触发生在基尔伯恩文法学校备考中级考试时。事实上，在 LSE 期间，科斯连一门经济学课程也没修过。但科斯对此并未感到遗憾，相反，他认为"这使我在思考经济问题时是自由的，假若我修过经济学课程，我可能就不会提出这些有关的经济问题了"（Coase, 1990a, p.3）。科斯是撞上了经济学，而不是深受经济学的熏陶——这也许能很好地解释他为什么会提出那么多独特而原创性的见解。

1931 年，科斯通过了 LSE 终考，但为了获得学位他仍需在学校再待一年。于是他不得不考虑第三年应该做什么。他决定学习工业法，以获得一个经济学理学士学位。如果这项计划顺利实施，科斯毫无疑问会成为一名律师。然而，学校授予他一笔 1931—1932 学年的欧内斯特·卡塞尔爵士游学奖学金（Sir Ernest Cassel Traveling Scholarship）。他把这个奖项归功于普兰特的影响力。他决定去美国考察产业结构，尤其是考察不同产业之间的组织结构为何存在差异。"尽管当时我毫不自知，但我正走向成为经济学者的道路"（Coase, 1991, p.4）。正是这项研究——在他还是一名大学生时所从事的研究，使他获得了深刻的洞见，这洞见最后演变成日后被瑞典皇家科学院诺贝尔经济学奖嘉奖的文章之一——"企业的性质"（The Nature of the Firm, 1937a）。[①]

从美国回来后，科斯在 1932—1934 年期间任教于邓迪经济与商业学院（Dundee School of Economics and Commerce），1934—1935 年期间任教于利物浦大学。从 1935 年开始，科斯回到 LSE 任教直到 1951 年。"二战"使科斯在 LSE 的教学生涯被中断了几年，他以一名统计学家的身份先后受雇于林业委员会（1940—1941 年）和战时内阁办公室之一的中央统计局（1941—1946 年）。然而，不管科斯是在美国游学，抑或任教于邓迪学院或利物浦大学，他始终都没有真正离开过 LSE。科斯的

---

① Coase（1988b）讲述了自己的这趟美国之行，本书将在第二章对此进行讨论。

一位好友兼同学福勒当时供职于 LSE 商学院，科斯在美国时与福勒保持着密切联系，这使他能够获悉 LSE 的动向；当科斯任教于邓迪学院和利物浦大学时，他也时常与福勒一同出游。在那段日子里，他们对生猪周期问题展开研究，其研究成果体现在科斯早期发表的一些文章中。

毫无疑问，科斯的学术事业很大程度上是由他在 LSE 的经历所塑造。但若翻开 LSE 那星光熠熠的教职员名单，看到哈耶克（Hayek）、希克斯（Hicks）、罗宾斯（Robbins）、勒纳（Lerner）、卡尔多（Kaldor），当然也包括普兰特这些名字，谁还会对此感到惊讶呢？就算在那段时间里，科斯作为一名商学院本科生很少有机会接触到上述除普兰特以外的那些大人物，但他还是可以呼吸到空气中的名师气息。科斯说，哈耶克、希克斯和罗宾斯对 LSE 所产生的影响力渗透到他本人的思考中：哈耶克带来了奥地利学派和威克赛尔式（Wicksellian）的观点，并强调思考的严密性；希克斯给经济问题的处理注入了高深理论（high theory）的力量；罗宾斯——这位被科斯视为当时对 LSE 最具影响力的人物，带来了方法论和思想史的观点。

但对科斯产生最大影响的无疑还是普兰特。与 LSE 在高深经济理论方面的研究相比，普兰特只算是一名应用经济学家，他的主要研究领域是现在所谓的产业组织理论。对应用经济学的这种兴趣，体现在普兰特与他的商学课程的学生都普遍关注将经济理论运用于理解真实世界中的经济系统是如何运行的。[1]普兰特的学生包括科斯、福勒和罗纳德·爱德华（Ronald Edwards）——科斯与他们一起进行了一些有关会计学的研究[2]，此外还包括阿瑟·刘易斯（Arthur Lewis）和阿瑟·谢尔顿（Arthur Seldon）等。科斯毫不犹豫地将自己的智性发展归功于普兰特的影响，

---

[1] 参见 Coase, Edwards and Fowler(1938, 1939)，以及本书第三章的讨论。

[2] 在回忆普兰特的传记性文章中，科斯认为普兰特的研究方法深受其导师埃德温·坎南（Edwin Cannan）"对经济分析和经济政策所采用的常识性研究进路（commonsense approach）"的影响（Coase, 1986, p.83）。此外，"毫无疑问，由于他（普兰特）关心的是经济学的实际应用，他对拓展经济学理论没什么兴趣。"（Coase, 1986, p.89）

说普兰特"让我明白了有关工商行为的很多问题都没有令人满意的答案"（Coase, 1982a, p.34），而且：

> 见到普兰特以前，我的经济观点极为模糊。从他那里，我意识到，生产者最大化他们的利润，生产者之间相互竞争，从而使价格与成本趋同、产出组合趋于消费者评价最高的组合。普兰特还解释说，政府经常服务于特殊利益，总是助长垄断而不是竞争，实施的管制通常会使问题变得更糟。他使我注意到价格体系指导下的经济系统所带来的益处。显然，知道这些，我并不需要去芝加哥。（Coase, 1988b, pp.6-7）

在另一篇文章中，科斯说，尽管普兰特对理论研究缺乏兴趣，但是，

> 普兰特所掌握的竞争理论相当有用。在它的武装下，普兰特关于政府能做什么和愿意做什么的真实主义（realistic）观点，能攻破许多广为流传的看法，并传达给学生一种看待经济政策的方法，这种方法使他们免于陷入许多流行的谬误，并能设计出更靠谱的政策。（Coase, 1986, p.90）

科斯认为，普兰特使学生认识到经济系统的本质是竞争性的，许多被归因于垄断力量的工商行为，其实只是竞争性系统的自然结果。纵观科斯的学术生涯，我们能清晰地看到普兰特的这些思想以及他处理真实世界问题的方法给科斯所带来的深刻影响。[1]

---

[1] 正如上文所说，科斯早年是一位社会主义者，他甚至在利用卡塞尔奖学金游学美国时拜访了诺曼·托马斯（Norman Thomas）——一位社会主义阵营的总统竞选人。"也许有人会问"，科斯写道，"我是如何调和自己的社会主义者的悲悯（socialist sympathies）与对普兰特观点之赞同的矛盾。可我从来没想过有必要调和它们……就我而言，没有经历过任何明显的排异反应，我的社会主义观点就已经烟消云散了。"（Coase, 1988b, p.8）

正是在 LSE 的那段岁月，科斯开始对公用事业（public utilities）问题产生兴趣（这很大程度上要归因于分配给他所开设的相关主题的课程）。他着手研究一系列关于公用事业的历史，其中，对英国邮政局和广播业的研究贯穿了他的整个学术生涯。[①] 他还花时间采用哈佛教学法（Harvard method）为普兰特担任领导的工商管理学院准备案例材料，并参与会计研究协会（Accounting Research Association，简称 ARA）的筹备工作。正是由于 ARA 的研究，使科斯发展出一种成本核算（cost accounting）方法，并写成论文发表于《会计师》（The Accountant, 1938）。此外，ARA 还赞助科斯与爱德华、福勒合作研究会计资产核算表在经济研究中的重要性问题。[②]

1951 年，科斯离开 LSE，前往美国的布法罗大学（University of Buffalo），他在那里一直待到 1958 年；之后，他在斯坦福大学的行为科学高级研究中心（Center for Advanced Study in the Behavior Science）度过一年；1959 年，他接受弗吉尼亚大学（University of Virginia）的一个职位。在 1958—1959 年间，科斯开始研究美国的广播系统，并在 1959 年发表"联邦通讯委员会"（The Federal Communications Commission, 1959）。该文认为，若采用价格体系分配波段频率（broadcast frequencies），而不是像现在那样由行政命令来决定，资源效率将得以提高，因为价格体系会使对频段评价最高的主体获得频段。正是这篇论文促使了"社会成本问题"（The Problem of Social Cost, 1960）——瑞典皇家科学院嘉奖科斯的另一篇文章——的发表。

虽然科斯与芝加哥学派（Chicago School）的联系最为紧密，但他的两篇最具影响力的文章都是在他到芝加哥之前就已经完成。他 1964 年到芝加哥法学院教书，并与艾伦·迪莱克特（Aaron Director）合作编辑《法律与经济学期刊》（Journal of Law and Economics），此时，他

[①] 科斯还从事过一些关于英国供水、天然气和电力供应的研究，但他除了发表"英国电力供应的国有化"（The Nationalization of the Electricity Supply in Great Britain, Coase,1950b）之外，其他那些研究材料都没有发表。

[②] 科斯对会计核算的研究将在本书第三章进行讨论。

的观点已经完全成型。[①]科斯也确实承认芝加哥大学多少改变了他对诸
如广告、反托拉斯与管制等一些问题的看法，但他说，"那些典型的
'芝加哥'课程，我已在普兰特那里学过了，无须再学"（Kitch, 1983,
p.214）。然而，他"深受弗兰克·奈特（Frank Knight）著作的影响"，
尽管"很难说清是以一种什么样的方式"（Coase,1988c, p.20），尤其是
他在 LSE 求学期间就接触过奈特的《风险、不确定性和利润》（*Risk,
Uncertainty and Profit*,1921）。[②]他还熟悉奈特的那篇"社会成本解释中的
一些谬误"（Some Fallacies in the Interpretation of Social Cost,1924），从这
篇文章的标题中，他获得了写作"社会成本问题"的灵感。很明显，无
论是科斯本人的作品，还是科斯同事对他的印象[③]，至少在早期，科斯
"融入"（fitted in）了芝加哥学派。在那段时间里，他在学术界的地位稳
步上升，深孚众望。尽管科斯于 1981 年从芝加哥大学退休，并在 1982
年辞去《法律与经济学期刊》的编辑工作，但他笔耕不辍，写作范围更
为广泛。1991 年，科斯 80 岁，被授予诺贝尔经济学纪念奖。

1.2　学术概览

　　一个人要想在经济学这门学科中获得先驱者地位，通常是要提出
新的思想或研究范式，挑战并战胜之前占据主流地位的理论观点，或者
引入数学或量化分析的新技术。科斯所获得的学术地位是通过前者而
非后者。然而，科斯早期的很多作品都是比较传统的，既有理论性的
（theoretical）也有经验性的（empirical）。他的著述题材广泛，包括企业、

---

① 　科斯说，如果不是因为《法律与经济学期刊》，他也许不会前往芝加哥大学
　　（Kitch,1983, p.192）。但布莱特（Breit）的报告显示，弗吉尼亚大学官方并没有为
　　挽留科斯而作出多大努力，这似乎是因为官方对经济学系的意识形态色彩感到不满
　　（1987, pp.654-655）。
② 　然而，科斯急于指出，他关于企业的思想并非来自奈特，因为在他写作"企业的
　　性质"时，还没有读过奈特的著作（Coase, 1988c, p.20）。
③ 　参见 Kitch（1983）。

外部性、制度、消费者剩余、公用事业定价、垄断理论、敲诈、政府的经济角色和经济思想史等。本节将对科斯已发表作品作一概述，以后的章节将对那些最具影响力和最重要的作品进行更为充分的讨论。

科斯与福勒对生产者预期所做的深入分析（他们在 20 世纪 30 年代以生猪周期为案例所做的调查）成效显著。当时许多人认为，生产者会以当前的价格和成本来预期未来，并据此调整供给行为，从而导致非均衡周期——就是"蛛网定理"（cobweb theorem）思想，即均衡价格和数量不成立。猪肉产品（pig product）市场似乎满足非均衡周期的必要条件——需求弹性小于供给弹性，人们通常认为这个市场已经体现了由上述预期所驱动的周期性行为。[①] 科斯与福勒决定对这个市场进行检验。他们的研究成果最终以系列论文形式发表于 1935—1940 年间的《经济学期刊》（*Economica*）。[②] 他们发现，对生猪周期的传统解释是错误的。事实上，生产者会根据价格和成本的变化迅速调整预期，而预期之所以会发生错误往往是由于很难预测需求和外国供给的变动。这使他们相信，对生猪周期现象应该有其他解释，而不能依赖所谓的蛛网定理。帕什基恩（B.P.Pashigian）50 年后回忆起这项研究，并在《新帕尔格雷夫经济学词典》（*The New Palgrave*）中写道，这项研究提出了"理性预期假说的核心思想，虽然仅仅只是一个大致轮廓，而理性预期假说直到 35 年后才被正式提出"（Pashigian, 1987, p.463）。穆斯（J.F.Muth）在他那篇关于理性预期的经典文献中引用了科斯和福勒的这项研究（Muth,1961, p.21）。

在科斯的所有著述中，只有几篇关于不完全竞争的文章运用了一些技术性理论工具。在这些文章中，科斯分析了诸如哈罗德（Harrod）、

---

① 科斯与福勒提到，蛛网理论本质上已经被"生猪及生猪制品整改委员会（Reorganization Commission for Pigs and Pig Products）"所采纳。后者在 1932 年的一份报告中提议，为了稳定培根和火腿供给并使其供给数量固定化，应对进口培根和火腿实施限额配给制。科斯与福勒的研究（Coase and Fowler, 1935a, pp143-145; 164-166）证明了这一提议是不适当的。

② 参见 Coase and Fowler（1935a, 1935b, 1937, 1940）以及 R. Cohen and J. D. Barker（1935）对 Coase and Fowler（1935a）的评论。

希克斯（Hicks）、张伯伦（Chamberlin）、琼·罗宾逊（Joan Robinson）等在内的有名学者所主导的一系列文献。科斯所发表的第一篇文章《对双寡头垄断问题的再思考》(The Problem of Duopoly Reconsidered, 1935)，考察了双寡头垄断安排及其在不同的企业独立性假设条件下对价格和产出的含义。从某种程度上说，这篇文章包含了我们今天所谓的初级博弈论分析（这项技术后来被科斯贴上了"大部分无用"的标签[Parkin, 1993, p.205]）。以当下视角来看，在科斯的这个分析中还隐约有古诺（Cournot, 1838）、伯川德（Bertrand, 1883）和霍特林（Hotelling, 1929）的身影。然而，没有任何迹象表明科斯熟悉这些人的研究，这大概要归因于他缺少经济学训练的缘故。科斯在不完全竞争领域的另一研究方向是垄断理论，有三篇文章。前两篇文章是"对垄断价格的一些说明"(Some Notes on Monopoly Price, 1937b) 和"基于相关成本和需求的垄断定价"(Monopoly Pricing With Interrelated Costs and Demands, 1946c)，取材于他在 LSE 所讲授的垄断理论课程。在 1935 年希克斯离开 LSE 前往剑桥大学之后，由科斯承担了这门课程的讲授任务。[①]在"对垄断价格的一些说明"中（后面还将详细讨论此文），科斯试图通过引入有限信息——尤其是垄断者选择所依赖的有关边际收益、边际成本和需求的信息——来完善并进一步发展罗宾逊夫人（Robinson, 1933）的垄断理论。科斯认为，有限信息使垄断者不能将边际收益等同于边际成本，从而也不能选择实现利润最大化的产出水平。科斯还注意到，罗宾逊夫人的分析没有充分考虑时间跨度因素的影响。科斯试图通过考察垄断者面对短期需求和长期需求的不同处境，来修正罗宾逊夫人的分析。科斯发现，当一个产业由完全竞争转为完全垄断时，从短期来看，产出的减少和价格的上升将比罗宾逊夫人所得出的分析结果要小，而从长期来看，产出和价格的变化将比罗宾逊夫人所得出的分析结果要大。

在"基于相关成本和需求的垄断定价"中，科斯思考了多产品企业(a multi-product firm) 的定价问题——尤其是一个生产两种产品的企业

---

① Coase (1988c, p.23) 说过，由于"二战"的影响，后一篇论文直到 1946 年才发表。

是如何决定并根据税收变化或需求冲击来调整每一种产品的价格和产出的。埃奇沃思（Edgeworth, 1925, pp.126-35）和霍特林（Hotelling, 1932）以前就此论题写过文章，但他们的研究高度数学化，从而使当时许多经济学家望而生畏。科斯的目标就是要用罗宾逊夫人在《不完全竞争经济学》（*The Economics of Imperfect Competetion*, 1933）中所使用的能被学术界接受的简单几何图形来表达这些思想。

科斯对垄断理论的最后一击是"持久性与垄断"（Durability and Monopoly, 1972c），这篇文章直到几乎 30 年后才付梓刊印。在该文中，科斯再一次用简单图表和直觉性研究框架表明，当垄断性企业生产的某种商品可以无限持久保存时，该产品将不得不以竞争性价格来出售，除非企业能够降低该产品的耐久度，或者作出一个限制其产量的合约安排——这个结论后来以"科斯猜想"（Coase conjecture）[①]而为人所熟知。遍览科斯著作，我们可以看到一些图表和技术性的直觉分析，但从来没有一个公式，这也反映出科斯终身对使用数学方法的厌恶。

科斯对垄断所做的最著名研究是有关公用事业定价的，本书将在第三章进行讨论。在 LSE 时，他接触到勒纳和其他学者有关公用事业定价的作品，并发现他们的结论——即政府补贴下的边际成本定价是合适的公用事业定价政策——是有问题的。在"边际成本争论"（The Marginal Cost Controversy, 1946b）一文中，科斯对此提出了异议。他认为，边际成本定价不如多部定价体系（a system of multi-part pricing）；事实上，边际成本定价方法甚至不如平均成本定价。这篇文章及后续的三篇相关文章（Coase, 1947b, 1966b, 1970d）说明了科斯所有研究的核心主题之一，即评估经济产出的效率，必须要集中讨论广义的而非狭义的收益、成本和激励因素。

科斯关于垄断的著述并没有局限于理论分析。正如上文所述，他

[①] 在近期研究中，Bulow（1982）、Bond and Samuelson（1984）、Kahn（1986）、Malueg and Solow（1990）和 Karp（1993）都试图阐明"科斯猜想"成立和不成立的条件。

进行了一系列关于公用事业的研究，这些研究本质上均属于实证性历史分析（positive historical analyses）。其中，他有关英国广播业的研究追溯了无线广播（Coase, 1947c）和有线广播（Coase, 1948）的发展历程，还追溯了电视播送（Coase,1954）的发展和 BBC 如何成为前三者的垄断供应商的。① 科斯有关英国邮政局的著作探讨了罗兰·希尔（Rowland Hill）邮政改革下一便士邮资（penny postage）在大不列颠王国的兴起（Coase, 1939），以及英国邮政局试图抵御包括信使公司（messenger companies）在内的私人企业对其垄断地位的蚕食（1955c, 1961a）。这些文章中的一些分析挑战了统一定价政策的理论基础。在 1947 年发表的论文（Coase, 1947a）中，科斯采取更为直接的方式驳斥了先验性地认为统一定价政策是合理的观点。

　　科斯最具影响力的著作是瑞典皇家科学院在授予诺贝尔奖时所引述的"企业的性质"（The Nature of the Firm, 1937a）和"社会成本问题"（The Problem of Social Cost, 1960）。"企业的性质"早在 1937 年就发表了，但直到 20 世纪 70 年代早期，才引起学者的关注。在这篇文章中，科斯讨论了企业为什么会存在以及企业活动的规模由什么决定，并从大多数经济学家很少关注的交易成本（transaction cost）概念中找到了答案。科斯认为，当内部组织成本低于市场交易成本时，企业将会出现；企业活动（或内部组织规模）的界限在于企业内部组织一笔交易所需的成本刚好大于通过市场完成这笔交易所需的成本之处。这些思想——本书将在第二章具体讨论——正是奥利弗·威廉姆森（Oliver Williamson）、阿门·阿尔钦安（Armen Alchain）、哈罗德·德姆赛茨（Harold Demsetz）以及其他很多学者的研究出发点。近年来，这些学者立足于科斯洞见或以此为理论起点，进一步发展了企业理论，并使经济学理论认识到交易成本和契约过程的重要性。

　　"社会成本问题"是从另一个角度（即由权利冲突而引发的法律–经济问题）论述交易成本范式的。这是科斯最著名的也是被误读最多

---

① Coase（1950a）进一步展开论述了 BBC 垄断广播业的发展历程。

的文章。本书将在第四章讨论这个主题。当前很著名的"科斯定理"（Coase theorem）就是来自这篇文章。科斯定理声称，无论初始产权如何分配，若交易成本为零且产权被完全界定，当事人的讨价还价最终会带来有效率的结果。然而，科斯认识到，真实世界是一个正交易成本的世界，这在很大程度上会阻止科斯定理所说的讨价还价机制发挥作用。鉴于此，科斯认为法律政策制定者在进行产权分配时，应该以最大化社会产出价值为出发点。目前，社会产出价值已经成为现代法与经济学运动的核心概念，而这部分发源于"社会成本问题"。科斯在"社会成本问题"中还讨论了庇古和庇古传统（Pigouvian tradition）。庇古认为，税收、补贴和管制性补救措施（regulatory remedies）是纠正外部性的最佳选择。而科斯持不同看法，他认为，我们应当对替代性政策的成本和收益进行仔细考察，以便于采用最大化社会产出价值的政策。

以上论述反映了科斯的一般性看法：人们过于依赖政府去解决问题，而经济学家在没有对情况进行仔细考察的情况下，就仓促提议税收、补贴和管制性方案。科斯有关政府经济角色的思想贯穿于他的所有作品，在美国广播业研究中，他把观点表达得最为清晰，尤其是在"联邦通讯委员会"中。科斯考察政府行为，发现政府机构被特殊利益所俘虏，制定的政策通常使问题变得更糟而不是更好，它实际上无视市场所具有的优点。然而，通过对科斯文本的仔细研读，我们会发现科斯并不像一些人所相信的那样反对政府干预，他所倡导的是能带来社会产出价值最大化的政府政策。本书将在第五章讨论科斯关于政府经济角色的观点，并考察他对英国和美国广播系统的研究。

科斯著述中还有几篇关于经济思想史的文章，包括对亚当·斯密、阿尔弗雷德·马歇尔（Alfred Marshall）和阿诺德·普兰特的研究。科斯关于斯密的第一篇文章是"亚当·斯密论人性"（Adam Smith's View of Man, 1976），探究斯密在《道德情操论》（*The Theory of Moral Sentiments*, 1759）和《国富论》（*The Wealth of Nations*, 1776）中所表达的关于自利与仁慈动机以及这个动机结构（motivational structure）是如何使得市场成为协调经济活动的必要制度框架的观点。① 科斯另一篇关于斯密的文章（Coase, 1977d）考察了斯密在《国富论》中所留下的遗产，并指出这一经典文献包含了大量现代经济学思想，尤其是对劳动分工、市场运行以及经济系统中的政府角色的分析。科斯钦佩马歇尔对经济学的奉献精神②。在一篇文章（Coase, 1975）中，他探究了马歇尔关于经济学研究方法的观点。按照科斯的解读，马歇尔关于经济学方法的观点与他本人十分相近。③ 科斯还考查了马歇尔的祖先（Coase, 1984a; 1990b），发现马歇尔的家庭背景并不像人们通常所认为的那样显赫。造成人们产生这种误解的正是马歇尔家族顺水推舟、故弄玄虚的结果。他还在文章中叙述了自己所发现的几则关于马歇尔祖辈的逸闻趣事。在悼念普兰特的文章中（Coase, 1986），科斯以学生身份回忆了导师普兰特对自己思想形成所发挥的重要作用。在纪念施蒂格勒（Coase, 1982b）和阿尔钦安（Coase, 1977c）的两篇小文章中，科斯表达了自己对这两位同时代好友的看法，在某种意义上，这两位经济学家的观点和研究方法都与科斯志趣相投。

科斯的著述还表明了他对经济学家从事学术研究所采用方法的关注。总体来说，他对消费者理论持有怀疑态度，并对现代经济学运用数学和量化技术的方式心存疑虑。此外，科斯对经济学家不愿意对真实世界的经济系统进行系统分析感到痛惜，这一点也反映出普兰特对他的影响。当科斯考察经济学这一职业时，发现这个圈子里的大部分人所关注的正是他所谓的"黑板经济学"（blackboard economics），即在黑板上描画曲线或推演等式，但对这种做法与真实世界经济系统的关系置若罔闻。这一事实本身就说明经济学家对交易成本和经济制度（特别是法律）的忽视，在进行公共政策研究时没有对替代性政策所带来的结果做任何深入考察。本书将在第六章讨论科斯关于经济学的观点。

---

① 本书第五章将进一步对此进行讨论。
② 参见张五常（Cheung, 1987, p.456）。
③ 参见本书第六章。

还有几个主题出现在科斯著作中：经济制度——尤其是企业、市场和法律——的重要性、仔细评估替代性制度结构优缺点的必要性、交易成本在经济活动中所发挥的作用、经济学家对真实世界进行细致系统考察的必要性以及立足于真实世界构建经济理论和进行政策分析的重要性。在本书以下章节中，这些主题会一再出现，并给读者呈现出这样一幅画面：有一位经济学家深切希望经济理论要反映经济现实，并通过自己的努力来大力推动这一目标的实现。① 正如 Elzinga（1984, p.577）所指出的，"必须把科斯看作是他自己，一个典型的独立学者。他和亚当·斯密没有什么不同，都是独立进行创造性研究，从阅读和沉思中获得思想，并依据他所掌握的经济理论对事实进行分类。"经常逆流而行的事实并未使科斯遭受打击，正如他自己所说，他一直都在追求真理的路上。历尽世事后，他为找到了适合自己的学术道路而感到欣慰。

---

① 不仅如此，科斯的分析还无数次证明了他具备敏锐的洞察力，而这种洞察力在大多数经济学文献中的浮夸散文中是很难看到的。

2. 企业的性质

2.1 背景

前章所说的导致"企业的性质"诞生的"一系列偶然因素"中，最为关键的是科斯 1931 年因在 LSE 期末考试中取得优异成绩而被授予 1931—1932 年度卡塞尔奖学金。虽然"企业的性质"直到 1937 年才发表，但科斯认为此文的观点"早在 1932 年夏天的某个时刻自己就已经成竹在胸"（Coase, 1988b, p.3），这一年也就是他利用卡塞尔奖学金在美国考察企业横向和纵向一体化的那一年。

科斯之所以选择一体化（integration）作为美国游学的研究主题，其缘由可追溯至普兰特在 LSE 所开设的系列讲座。在讲座中，普兰特描述了组织产业的不同方式。虽然科斯总体上赞同普兰特的经济分析，但他发现这些讲座并不能令人完全信服。科斯坦言，"激发我兴趣的是，似乎没有任何理论能够解释为什么要以那些方式进行组织产业"（Coase, 1988b, p.7）。与此相关的问题是，经济系统中的经济活动如何得以协调。科斯从普兰特那里知道，"竞争（也就是价格系统）将提供所有必要的协调"（Coase, 1988b, p.7），由此推论，价格系统是协调所需的必要条件。这种观点使当时的经济学家蔑视列宁的声明，因为列宁说苏联将采用计划而不是价格系统作为协调和分配的手段，他们有能力使苏联经济像一个大工厂那样运行。然而，科斯观察到，西方世界到处都是

16

一些大型企业的例子，它们的运行在本质上就是中央计划型社会，而且运行得非常成功。科斯认为这是需要破解的一个谜。

普兰特所描绘的经济画面，强调了价格系统的作用，这与麦克纳尔蒂（McNulty）所述的经济学理论史中企业理论的地位是一致的。尽管边际革命（marginal revolution）为经济学引入了一套前所未有的企业理论，但在此过程中，"经济学却走向了对企业和企业家的持续忽视之路"（McNulty, 1984, p.243）。麦克纳尔蒂（1984, p.245）认为，相比于探究企业为什么存在以及企业为什么会以那样的方式进行组织的基本原理，早期的边际主义者"天真地专注于研究要素替代选择……并从概念和分析上，将企业简化为一系列与市场本身无甚区别的实际的或潜在的交换关系……这样很可能就掩盖了这两种制度之间的一些根本性差异"。

然而，科斯（Coase, 1988b, p.7）无法将普兰特的观点与如下事实相调和："经济学中存在'管理'（management）这一生产要素，其功能正是协调活动"。管理的作用，以及商业活动中的雇用－被雇用关系（即等级制）似乎与普兰特的理论不符。但同时，科斯也没有抛开普兰特的教导："我不反对普兰特所言。事实上，他的说法有一定道理，只是似乎有点不完整"（Coase, 1988b, p.8）。正是胸怀要解决这种不完整性的目标，科斯决定飞越大西洋到美国寻找答案。

尽管在旅美期间，科斯旁听了一些课程，访问了几所大学，但他把绝大多数时间都用于考察商业活动和走访工业厂房。英格兰银行的布鲁斯·加德纳（Bruce Gardner）为他开具的介绍信方便了这些考察活动。在与福勒的通信中，科斯谈到美国之行的许多活动，这些通信的部分内容在科斯的一篇回忆性文章"企业的性质：起源"（The Nature of the Firm: Origin, 1988b）中被摘录并加以讨论。这些被摘录的通信内容和科斯本人对其美国之行的描述，表明他游学美国期间，所产生的问题比所回答的问题还要多。

在美国待了几个月之后，经过思考，科斯开始"将一体化看作是把不同功能置于单一控制之下"（Coase, 1988b, p.10）。关于这一点，科斯将其记录于 1932 年 3 月 24 日寄给福勒的信中。然而，这就提出了一个有关一体化与专业化关系的问题。福勒很明确地向科斯描述了这两个概念之间所存在的张力："问题的困难在于，既然纵向一体化很清楚是与专业化相反的过程，但我们为什么还能从中获得经济收益（economics）……有人认为纵向一体化是普遍存在的倾向……这实际上等同于否认专业化能带来更大的经济收益"（Coase, 1988b, p.10, 摘引自福勒对科斯 1932 年 3 月 24 日去信的回复，重点为原文所加）。把一体化定义为"把不同功能置于单一控制之下"也使科斯否认区分横向一体化与纵向一体化之间的用途。"重要的是不同的功能事实上被置于单一控制之下，而它们处于何种阶段并不重要"（Coase, 1988b, p.10, 引自科斯 1932 年 3 月 24 日寄给福勒的信）。

科斯在总结他与福勒的通信经历时，这样表述他在当时所产生思想的模糊性：

> 与福勒的通信表明我当时头脑中所产生的一些问题。为什么那些看似背离专业化的变动却更为有效？为什么要区分纵向和横向一体化？为什么将某些活动置于单一控制之下能降低成本？我清楚地意识到，我还不能回答这些问题。（Coase, 1988b, p.11）

科斯从经济学家那里也没能获得多少有利于回答这些问题的帮助。旅美期间与经济学家的交谈，以及对文献的研读使他向福勒尖锐地指出："学术界对这一课题的无知令人惊讶。我真心认为，对这一问题（将不同的功能置于单一控制下对成本的影响效果），我还没有见到比我对此有更深刻理解的教授。"正是这一点使我们得以理解科斯在信函页边的标注："我感到非常迷惑不解"（Coase, 1988b, p.12, 摘引自科斯 1932 年 3 月 24 日寄给福勒的信）。科斯对这一领域文献的批评尤其严苛，认为它们"完全是废话"（Coase, 1988b, p.12, 摘引自科斯 1932 年 3 月 24 日寄给福勒的信）。直到回到英国，科斯才为这些塞满他脑袋的问题找到答案。

2.2　企业的性质：发现

科斯回到英国后，很快被任命为邓迪经济学院的助理讲师（assistant lecturer），那一年他 21 岁。邓迪学院安排他讲授三门课程，正是因为要准备这些课程以及接下来任职于利物浦大学（1934）和 LSE（1935）所要教授的新课程，使科斯在美国之行之后间隔了很长一段时间才发表"企业的性质"（Coase, 1988c, pp.21-22）。科斯在邓迪学院被安排讲授的课程之一是关于工商单位（business unit）组织问题的。在 1932 年就此课程所上的第一堂课中，他首次讲述了自己关于企业的那些想法，而这些想法自他从美国回来之后就逐渐在脑中具体成型了。

科斯在 1932 年 10 月 10 日寄给福勒的信中描述了这次讲课的内容[①]。仔细研究这封信，我们可以发现，有关"企业的性质"这一主题的核心要素在那时已然浮现于科斯脑海之中。科斯的确也在后来表示，自那次课之后，直到后来文章发表期间，他对这个问题的基本处理方法都没有发生过改变（Coase, 1988c, pp.19-20）。在寄给福勒的信中，科斯并没有隐瞒他对自己这一发现的欣喜感受，他说："（我认为）它是对这一主题的全新处理方法，我为此感到非常高兴。我敢说，这是我靠一己之力所完成的"（Coase, 1988b, p.4）。最令人惊讶的也许是：科斯在 21 岁就形成了这样的理论观点，而在这样的年纪上，崭露头角的现代经济学家们还在刻苦学习本科课程。

"企业的性质"一文最终发表于 1937 年。在文章开头，科斯对经济学方法论进行了简要讨论。他强调，经济学分析中的假设必须是真实的，并应得到清晰阐述。当时的经济学分析存在一种倾向：就是离开产业而把企业作为分析的起点。鉴于此，科斯认为，他的方法论要求人们给出一种关于企业的定义，而这种定义最好与真实世界中的企业相契

---

① 这封信被重印于 Coase（1988b, p.4）。

合。①科斯还认为，企业的定义必须与经济理论的基本工具相吻合，并能用于经济分析：

> 下文有望给出一种企业的定义。这种定义不仅是真实的，即与真实世界中的企业相吻合，而且还可以用马歇尔所发展的两种最强有力的经济分析工具进行处理。这两种分析工具分别是"边际"（margin）和"替代"（substitution），合在一起就是边际替代（substitution at the margin）概念。（Coase, 1937a, pp.386-387）

言及至此，科斯开始考察当时学术界主流的经济系统观念，即价格系统是理所当然的经济活动协调者，在所有领域内自动指挥资源在替代性用途之间进行分配。正如阿瑟·索尔特爵士（Sir Arthur Salter）所言："正常的经济系统是自行运转的"（Coase, 1937a, pp.387）。

如上所述，正是不满于把这种关于协调的解释应用于企业，科斯才选择了利用卡塞尔奖学金去美国游学。"企业内部的情况"，科斯写道，"与这种描述根本就是不相符的"（Coase, 1937a, p.387）。对科斯来说，认识到这一点是显而易见的，因为他已经对真实世界中的企业进行过考察。然而当时被公认的理论却认为，生产要素将根据相对价格的变化，在不同用途之间转移。"我们发现这种说法在许多地方不适用。如果一名工人从 Y 部门到 X 部门，这并非是因为相对价格的变化，而是因为他被命令（order）这样做"（Coase, 1937a, p.387），在这种情况下，我们采用的是组织（organization）而不是价格机制；正如 D.H. 罗伯森（D. H. Robertson）所说，我们是在"没有自我协调意识的大海中拥有自主意识的一座座小岛，它们恰如凝结在一桶脱脂牛奶中的一块块黄油"（Coase, 1937a, p.388，引自 D. H. Robertson, 1923, p.85）。对科斯来

---

① 如果企业的定义与现实中的企业不相符合，则应该对它们的差异加以说明。

2. 企业的性质

说，价格机制指引企业外部的交易（transactions）①，而"企业家－协调者"
(entrepreneur-co-ordinator) 指挥企业内部的交易（transactions）②。尽管科斯
并未（像康芒斯和威廉姆森那样）明确将交易（transactions）当作研究的
中心议题，但他至少将其默认为其研究框架中的一个重要组成部分。

由此可见，科斯已经认识到"企业的显著特征就是作为价格机制的
替代物"（Coase, 1937a, p.389）。然而，当我们认识到，价格机制本身也
可以被用于开展生产活动，而价格机制在不同企业之间和在不同产业之
间的替代程度不尽相同，我们必然要问这样一个问题，即"为什么在某
些情形下协调的工作由价格机制来做，而在另一些情形下却由企业家来
做"（Coase, 1937a, p.389），或简而言之，为什么会存在企业。

科斯在此处所提出的基本洞见是，使用价格机制是有成本的。这
与当时所公认的理论相抵触，因为后者假定：所有的个体对所有的价
格都了如指掌。在科斯看来，这样的假定"在真实世界中显然不成立"
（Coase, 1937a, p.390，注释4）。与之相反，人们必须去发现价格，这通
常要经历谈判的过程，而这种价格发现的工作并不是没有成本的。正如
科斯所说，

---

① 科斯将后来对这篇文章的一些误解归结于这种两分法（dichotomy）。科斯后来承认
（Coase,1988c, pp.26-8），在企业内部，的确有价格机制在运行，但他并不相信这会
让他在"企业的性质"中的分析变得无效：

> 对我来说，这种混合关系的存在，并不意味着我们应当放弃"企业最显著
> 的特征在于它是价格机制的替代物"这种看法……也不意味着对资源是通过市
> 场还是在企业内部加以配置进行区分是没有价值的，尽管不可能在生产要素的
> 所有者和使用者之间画出一条基准线以决定他们之间的关系是否应该被视为是
> 企业。(Coase, 1988c, p.28)

② 一些经济学家似乎认为，科斯使用"企业家－协调者"(entrepreneur-coordinator)
一词，表明他的分析仅仅适用于独资企业（sole proprietorship），而不能用于更加复
杂的组织形式。然而，"企业的性质"一文第388页的脚注已然清楚地说明，"企业
家－协调者"代表这样一种人，他代替市场指挥资源的使用，即等级制中任何一个
权威代理人。科斯表示，他对"企业家"(entrepreneur)一词的使用遵循了英国当
时的标准用法。(Coase,1988c, pp.30-31)

21

建立企业有利可图的主要原因似乎是，利用价格机制是有成本的。通过价格机制"组织"（organizing）生产的最明显成本是发现相关价格的成本……围绕市场上每发生一笔交易所要进行的谈判和订立合约的成本也必须要考虑在内。（Coase, 1937a, pp.390-391）

科斯表明，企业的存在不会减少对合约的需求，但会"极大地减少"通过价格机制所必须签订的合约数量，从而减少科斯所谓的市场成本（marketing costs）（后来改称为交易成本（transaction cost））。[①]

对于给定的一种生产要素，单一的（长期）合约取代了一系列短期合约。这个单一合约规定了企业家在指挥生产活动时对生产要素的权限范围（Coase, 1937a, p.391）。由于存在不确定性，长期合约在条款细节上必然相当模糊，以方便企业家在不同环境下能够对生产要素的使用进行正确指挥。从而，权威关系（authority relationship）就成为所要研究的基本元素，并为解释企业关系的存在提供了关键线索："当资源的流向（在契约规定范围内）变得以这种方式依赖于买方时，我称为'企业'的那种关系就出现了。因此，企业可能出现在那些短期契约不能令人满意的情形"（Coase, 1937a, p.392）。[②]这样，科斯实现了使他能够完成这项研究事业的中心目标之一，即定义"企业"术语："资源的流动要取决于企业家的指挥时，就会出现一个关系体系，企业就是由这样的关系体系所构成。"（Coase, 1937a, p.393，重点为本书所加）[③]

[①] 但后来有学者指出，企业的存在（或通过纵向一体化减少交易成本）并不必然意味着合约数量的减少。例如可参见 Perrow（1986）；Medema（1992）。

[②] 在这里需要考虑的另一个问题是，政府经常以不同的方式对待市场交易和企业内部交易。例如，市场交易须缴纳销售税，而企业内部交易则不然。尽管科斯并不相信这种现象是企业产生的原因，但倘若那些在"企业的性质"中讨论的更核心要素不存在，这种现象的解释力可能已然足够。然而无论如何，这种现象确实使得已经存在的企业向更大的规模扩张。（Coase, 1937a, p.393）

[③] 当然这种（和任何可能的）企业定义都是一种同义反复（tautological），确实包含着一种特定的企业理论。试将科斯的企业定义及其含义与下文即将讨论的詹森和迈克林（Jensen and Meckling, 1976, p.317）给出的企业定义加以比较。然而，这种同义反复并不表明它是无用的。参见本书在第七章对张五常（Cheung, 1992, p.55）的引用。

已经考虑了企业是什么，以及企业为什么存在，剩下的问题就是要找出决定企业控制规模的因素是什么。很明显，当更多的交易是由企业家来组织而非通过价格机制时，企业的规模就会变大。但决定企业在一定规模上采用内部组织而不是通过价格机制的因素是什么呢？更宽泛地说，既然内部组织能够减少那些与使用价格机制有关的费用，从而降低生产成本，那么科斯不得不问："为什么还存在市场交易呢？为什么所有生产不能由一个大企业来完成呢？"（Coase, 1937a, p.394）科斯在文中提出了三种可能的解释，它们将单独或共同发生作用：

> 首先，当企业规模扩大时，就企业家的功能来说，收益可能会递减，这即是说，在企业内部再组织交易的成本可能会上升……其次，当企业家组织的交易增加时，他们也许难以将生产要素成功地用于使其价值最大化的地方，即不能带来生产要素的最佳使用……最后，一种或多种生产要素的供给价格可能会上升，因为小规模企业的"其他优势"大于那些大规模企业。（Coase, 1937a, pp.394-395）

关键在于，与使用价格机制一样，使用内部组织也有成本。而这一点常常被后来那些评论这篇文章的人所忽视，或没有给予足够重视。[①] 此外，其他企业家可能以更低的成本来组织特定的交易（Coase, 1937a, p.394）。结果是："企业将倾向于扩张到在企业内部组织一笔额外交易的成本，等于通过公开市场完成同一笔交易所需的成本，或者等于另一个企业组织同一笔交易的成本。"（Coase, 1937a, p.395，重点为本书所加）科斯后来评论其他人对这段陈述的批评时，仍然毫不犹豫地坚持自己的观点："这段陈述被称为'同义反复'（tautology），这是对显然正确的命题的批评"（Coase, 1988c, p.19）。

企业规模和范围问题的含义可用下述简单方式来加以说明：当一个

---

① 参见 Medema（1992）。

企业的内部组织成本相对小于使用市场机制所带来的成本，或小于其他生产同样产品的成本时，该企业就会扩大规模，反之将缩小。科斯在后来的评论中，指出考虑其他企业组织同样一笔交易所产生成本的重要性：

> 当然，企业的运营成本不仅必须低于没有企业时的经济系统中将会产生的交易成本，还必须低于其他企业进行同样运营所带来的成本……这样，就产生了能带来任何产量的成本最小化的生产制度结构。（Coase, 1988d, p.39）

毫无疑问，这也解释了全社会生产活动是如何在不同企业之间进行分配的。

让我们回忆一下科斯在美国之行中反复推敲的问题之一：是否存在关于纵向和横向一体化的有用区分？[①]科斯对企业的定义可以解决这一问题，因为通过企业的概念，他赋予纵向一体化和横向一体化以"更明确的含义"：

> 当先前由两个或更多企业所组织的交易变为由一个企业家组织时，便出现了企业合并（即横向一体化）；当先前在不同企业家之间（between）由市场完成的交易现在由一个企业家来组织时，便出现了（纵向）一体化。（Coase, 1937a, pp.397-398，重点为本书所加）

企业可以通过以上两种机制中的任意一种进行扩张，至于企业对两者规模的选择，则取决于它们对企业利润的各自贡献。

科斯着手构建的这套企业理论，易于操作，贴近现实，并与体现了边际替代思想的标准经济学分析保持一致（即用这个思想解释了他

---

① 参加上文的讨论，以及 Coase（1988b, pp.10-11）。

的企业理论)。就最后一点而言,科斯所获得的成功是显而易见的。科斯的理论明确体现了边际替代思想:只要内部组织交易的成本小于通过价格机制或通过另一企业组织交易的成本,企业就会保持在内部组织交易。正如科斯对此分析的评论,他"成功地把组织与成本联系到一起"(Coase, 1988b, p.17)。其结果,"整个'竞争性产业的结构'都可以由一般的经济分析技术来处理"(Coase, 1937a, p.398)。

为了确定自己的分析的真实性,科斯对比了经济学意义上的企业内部的雇主–雇工关系与巴特(F. R. Batt)在《雇佣关系法》(*The Law of Master and Servant*, 1967)一书中所陈述的雇主与雇工之间的法律关系。法律上的雇主–雇工关系的核心是一个契约概念,在这一契约关系中,前者(雇主)可以指挥后者(雇工)的行为,而后者在这种关系中的行动自由将受制于前者的指挥,这种关系与科斯所提出的雇主–雇工之间的经济关系是一样的。[①]诚如科斯后来所言 Coase, 1988c, p.29),"企业问题本质上是一种契约安排的选择","雇主与雇工的合同接近于企业关系,……当人们为了彼此合作的事情签订了几个合同,你就得到了完整的企业关系"(Coase, 1988c, p.30,摘引自他在20世纪30年代"契约理论"这一标题下的笔记)。由此,科斯在总结他对企业的定义时称:"它与真实世界中的企业十分相似"(Coase, 1937a, p.404)。

这一理论是否具备可操作性?答案同样是肯定的。企业将在边际上对内部交易和外部交易进行替代性选择,以保证均衡时的成本最小化。此外,由于这两种成本中的一种或两种会发生相对变动,企业的规模也会随时间而发生扩张或缩小。于是,我们得到了一种不仅可以应用于静态环境,同样也可以应用于动态环境的理论,在这一理论中"边际主义原则运行良好"(Coase, 1937a, p.404)。

科斯对企业的定义以及他利用交易成本来解释企业的起源和规模,

---

① 参见上文的讨论和 Coase(1937a, pp.387-389),亦可与下文将讨论的康芒斯(John R. Commons)的观点进行比较。

代表着他为当时的经济学理论带来了根本性的进步。虽然这仅仅是一个开端，但它已经成为一座基石，人们可以在上面构筑比以往存在的任何理论都更加全面的企业理论。它同样也是一个基础，人们可以就此发展出有关产业结构决定因素的分析。然而，这篇文章中蕴含的革命性洞见，直到 30 年后才对经济学界造成了影响。

2.3　影响

1970 年以前的影响

科斯的观点

"企业的性质"在刚发表时并未获得大量回应，甚至科斯的 LSE 同事也反响甚微："我的文章最初在 LSE 遭到了上司和前辈们的⋯⋯全然冷遇。经济学界其他人的反应也差不多是这样"（Coase, 1988d, p.33）。事实上，在接下来的 30 多年中，情况亦是如此。然而，科斯本人清楚他已经"击中"（hit）了某些重要的东西。所以，"企业的性质"没有获得立竿见影的影响"并未让我感到沮丧，而布莱克（Duncan Black）也回忆过⋯⋯我在 40 年代就这篇文章说过的话：'我相信自己在余生不会再做出如此重要的事情了'"（Coase, 1988c, p.23）。[①]虽然科斯认为这篇文章的影响甚微，但其重要性还是获得了相当的承认，并因此而被重印于美国经济学会（American Economic Association）的文集《价格理论读本》（*Readings in price Theory*, 1952），其引用率逐渐上升。尽管如此，相关文献（包括引用"企业的性质"的文献）并没有真正考虑科斯所提出的

---

① 对这一预言是否自我实现了，科斯并没有表态。若考虑到"社会成本问题"一文的影响力，我们也许会不这么认为。然而张五常（Cheung , 1983, p.20）坚持认为，"企业的性质"实际上远比"社会成本问题"更加重要。而科斯将其获得诺奖这一事实也主要归功于"企业的性质"一文，这表明他认为这篇论文是他最重要的贡献。

问题，这使得科斯在 1970 年举行的国家经济研究局（National Bureau of Economic Research，下简称 NBER）50 周年纪念会议上所提交的一篇论文中称，"企业的性质"被"引用甚广，应用甚微"（Coase, 1972d, p.63）。

在那篇提交给 NBER 的标题为"产业组织：一个研究计划"（Industrial Organization: A Proposal for Research）的文章中，科斯很大程度上是根据他在"企业的性质"中所提出的思想，评估了当时产业组织的理论研究现状。他认为，产业组织"所展现的是经济系统中所发生的各种活动在企业之间进行分配的方式"（Coase, 1972d, p.60）。科斯批评研究局在产业组织这一领域所作的工作太少，他认为这反映出整个学术界对这一领域的研究缺乏重视。他说，更糟糕的是，"在（产业组织）这一标题下所讨论的问题，几乎不能告诉我们有关产业组织的任何事情"（Coase, 1972d, p.54）：

> 产业组织已经变成一种有关企业——尤其是处于寡头垄断地位的企业——的定价和产出策略，这经常被人们称为市场结构研究，虽然它与市场如何运行毫不相干。当然，没有寡头垄断理论或者寡头垄断理论太多，其结果都是一样的，统统无所助益。但是撇开这个问题不谈——这并非暗示被撇开的问题不重要，很明显的，现代经济学家们针对产业组织问题的著述中，对这一主题的研究范围的看法是非常狭隘的。（Coase, 1972d, p.62）

正如科斯所说，产业组织研究本质上已经变成了价格理论的应用。科斯发现自己在很大程度上认同莱昂内尔·罗宾斯（Lionel Robbins, 1932）的观点，即经济学家并不关心组织的内部安排，而是将他们的关注点局限于市场活动——投入品的购买及产出品的销售，他们完全忽略了在此中间过程所发生的事情。经济学家们投入大量的精力来确定企业的最优规模（实际上是产出的最优水平而不是企业规模与活动范围），以及规模经济（考察的是生产成本与产出的关系，而不是所从事的各种活动的成本）。事实上，施蒂格勒在其相关文章（Stigler, 1968）中对产业组织的定义几乎与此完全一致。[①] 此外，新古典经济学中的企业概念"屏蔽"（foreclose）了科斯所提出的问题。新古典主义关于企业的观点，正如奥利弗·哈特（Oliver Hart）所总结的，是指"一组或一系列由某位管理者所负责的生产计划，该管理者在现货市场买进投入品，卖出产成品，并选择能够最大化企业所有者利益的（生产）计划"（Hart, 1990, p.155）。哈特说，这样的企业概念在本质上"回避了'企业是什么'这个问题"。

学界沉迷于对定价和产出的研究，偏离了（产业）组织分析。科斯认为，学界忽视产业组织研究的主要原因是这一领域内的经济学家长期专注于垄断研究[②]，即使科斯本人也涉猎过这一主题，并在其学术生涯中发表了几篇关于垄断理论的文章，包括在那篇提交给研究局的"产业组织：一个研究计划"之后还写了一篇关于垄断的论文。[③] 奇怪的是，科斯在批评产业组织领域相关文献时，从未提及他本人对此问题的研究情况。科斯并不认为对垄断的关注是全然不对的。他认为，从好的方面来看，对垄断的关注"产生了这样一种有益的结果，使学者的注意力集中于那些与经济系统运行有关的现实性问题"（Coase, 1972d, p.66）。然而科斯相信，关注垄断问题所带来的负面效果远远超过其正面效果。

如果一个人长时间思量自家衣橱中是否住着一群魔鬼，那他很快就会相信魔鬼这个东西是实际存在的，并且占据了家里的每一个衣橱。同样的情况也出现在学界对垄断的研究中：经济学家倾向于在他们所见的任何地方发现垄断。科斯认为，经济学家在考察有关反垄断案例的

---

① 施蒂格勒（Stigler, 1968, p.1）说：

> 让我们以一种比一般情况下更加坦诚的态度开始这本书的叙述："产业组织"这一研究主题根本就不存在。在这个题目下所讲授的课程……讨论的问题是（一个或多个，聚集或分散的）企业的规模和结构、它们采取这种结构的原因（最重要的是规模经济）、它们专注于竞争的效应、对价格、投资和创新等进行竞争的效应。但是这恰恰是经济理论——价格理论或资源分配理论的内容，它如今不幸被冠以"微观经济学"这个名称。

② 这里的讨论是基于 Coase（1972d, pp.99-9）。
③ 参见 Coase（1937b, 1946c, 1972c），以及本书第一章的讨论。

资料时，通常是没有判断力的。当政府断言某案例中存在垄断，他们就假设垄断确乎存在。这"鼓励一些人成为'经济政治家'(economic statesmen)，他们甚至在不存在答案时就提供了答案"(Coase, 1972d, p.66)。更为严重的是，这种（研究）定位使得经济学家养成一种习惯，将他们所不理解的工商行为都归结于垄断力量使然。他们是如此经常地依赖于垄断理论的解释，以至于：

> 如果我们已经实现了一个有限政府系统（从而税收较低），并且经济系统明显可以被看作是竞争性的，那么我们就没法解释经济系统中的不同活动在不同企业间分配的种种方式。我们既不能解释通用汽车公司（General Motors）为什么没有在煤矿业成为主导者，也不能解释大西洋和太平洋食品公司（A&P）为什么不去制造飞机。(Coase, 1972d, p.67)

科斯相信，将各种工商行为都贴上垄断的标签（据说若非如此就无法加以解释），将蒙住经济学家的双眼，使他们看不见如下事实：这些工商行为也许只是竞争的结果。如果经济学家的思维能够更加开阔，接受部分工商行为是竞争强化型（competition-enhancing），"我猜许多所谓的垄断都将消失。竞争将会被看作比目前通常所认为的更为普遍"(Coase, 1972d, p.68)。①

---

① 有趣的是，哈罗德·德姆赛茨（Demsetz, 1988, p.141）认为，人们对企业理论的忽视是源于一个截然相反的原因："从根本上来看，这种忽视要归因于经济学家对价格系统先入为主的态度。对价格系统的研究，正如马歇尔的代表性企业（representative firm）和瓦尔拉斯的拍卖者（auctioneer）所刻画的，它低估了将企业作为解决问题的机构加以考虑的重要性"。奥利弗·哈特（Hart, 1990, p.157）指出科斯的观点在长期不被接受的其他两大原因："第一，它们直到今天依然难以被形式化；第二，它们在概念上存在缺陷，阿尔钦安和德姆赛茨在1972年的那篇论文里就提出了这一点"（我们将在下文对此进行讨论），而"科斯关于企业可以由权威关系所刻画的观点，事实上站不住脚"。从专业角度来看，也许所有这些解释都有部分正确性，虽然我们很难想象该如何否认企业中的权威关系的存在（下文将对此进行更多的讨论）。

正如科斯所说，对企业最优规模、规模经济、寡头垄断和垄断力量理论的过度关注，使产业组织研究范围过于狭隘。这使经济学家的注意力发生偏离，不去严肃考察产业实际上是如何被组织的以及决定组织的真正力量是什么。在科斯看来，这些问题才是产业组织问题的研究重心。"现在的情况是"，科斯评论道，"经济学家所进行的分析似乎表明我所提出的这些问题是无须回答的。"（Coase, 1972d, p.65）如果我们要想严肃对待产业组织问题，就必须有相关的理论。但这方面的进展如此之小，以至于科斯在 1970 年声称："事实上，我们对决定产业组织的力量是惊人的无知。"（Coase, 1972d, p.64）

与康芒斯和米恩斯著作的关系

科斯关于企业的研究与康芒斯（J. R. Commons）和米恩斯（G. C. Means）的研究具有重要的关联性。[①] 然而，尽管此三人的著述几乎出现于同一时期，并讨论了相似的问题，但没有任何线索表明他们之间有过相互影响，或至少他们觉察到了彼此的工作。

科斯与康芒斯：交易、市场和权威关系

交易在科斯的研究框架中扮演了重要角色，至少从引申含义上可以这么说。康芒斯则明确将交易视为经济分析的基本单位（Commons, 1931, p.652），他区分了三种交易类型：买卖的交易（bargaining transaction）、管理的交易（managerial transaction）和配额的交易（rationing transaction）。[②] 买卖的交易出现于市场参与者之间的交易过程，并带来了法定控制权的转移。其谈判单位由四名当事人构成，包括两

---

① 科斯的著作与赫伯特·西蒙（Herbert A. Simon）以及切斯特·伯纳德（Chester I. Barnard）的著作之间也存在某种关联。威廉姆森的交易成本经济学多少将这些元素结合到一起。参见 Williamson（1985; 1990b）的讨论。路易斯·蒲特曼（Louis Putterman, 1986a, pp.26-28）认为，科斯的分析甚至与马克思之间也存在某种重要共性。

② 我们在这里不讨论配额的交易（rationing transaction），因为它不属于科斯与康芒斯的著作之间的核心关联。参见 Commons（1934, pp.67-68）的讨论。

名最优购买者和两名最优出售者（"实际的买方和卖方，以及他们的次优替代者"；Commons, 1924, p.66）。虽然买卖交易的当事人在法律上是平等的，但他们在经济上的相对地位（relative economic status）却可能不平等，但恰恰是经济地位决定了交易双方的谈判心理：当事人的经济地位平等时，说服（persuasion）将会出现；而当事人经济地位不平等时，强迫（coercion）将会出现。因此，最终谈妥的价格将是经济地位的反映。

管理的交易涉及两名而不是四名当事人。这是一种法律和经济地位较强者与较弱者之间的关系。这种强者－弱者关系产生了谈判心理学中的命令（command）与服从（obedience），与买卖交易所具有的说服与强迫特征截然不同。而且在这种关系中，法律的权力和经济的权力都掌握在强者手中。这种关系存在于现代经济学的组织等级制中。劳动力（雇佣）的案例说明了买卖交易与管理交易之间是相互依存的。在雇佣谈判过程中，劳方和雇方在法律上是平等的，但一旦劳方和雇方进入雇佣关系，前者在法律地位上就变为弱者，并被要求遵守雇佣关系，服从那些法律地位占优势者的命令。

很明显，康芒斯所言的买卖的交易和管理的交易，即是科斯所言的市场组织和内部组织。然而，科斯是使用这两种组织类型来区分什么是企业而什么不是（他后来对此进行了修改，以涵盖企业内部也存在市场关系这一事实（1988c, pp.27-28））；康芒斯对企业的定义，或是对他所谓的"持续经营单位"（going concern）的定义，则显得更具包容性：（持续经营单位是）"一种对有利可图的买卖、管理的交易以及配额的交易的联合预期。它的维持依赖于'业务规则'、对可变策略的控制，以及对那些可以控制其他要素的'有限'要素的控制。一旦预期不再，机构就结束运营，生产也会停止。"（Commons, 1934, p.58）康芒斯这一定义中的"有限要素"值得我们去更仔细地加以考察，它让我们想到科斯的分析，以及后来评论者的分析。资源的法定所有权可以使企业保有资源而不被其他人获取。一旦某些必要资源的供给是有保障的（即当这些资源被需求时是可得的），交易就被看作是"例行公事"（routine），就不值得到更多的关注。另一些要素也许相对更加稀缺，同时，它们是其他要素运作所必需的，这些要素就成为"有限要素"。更具体地说，有限要素"在正确的时间和地点，以正确的方式控制互补性要素的运作，并带来预期的结果"（Commons, 1934, p.628）。如果 A 想要控制某种有限要素，而 B 已经控制了它，那么 B 所处的地位，将使其在与 A 的交易过程中，从该要素上获得更大份额的价值。于是，同该要素能够被有保障供给的情况——即存在有限要素的更多替代性供给者，或者 A 能够为自己提供这种要素——相比，A 将不得不为它付出更高的价格。这样的交易被称为"策略性交易（strategic transaction）"（Commons, 1934, pp.630-632）。

在买卖的交易、管理的交易和配额的交易中都会出现有限要素。在第一种情形下，有限要素将使买卖的交易变为策略性交易，并可能使企业自己生产投入品——即进行纵向一体化。当企业在管理的交易中并入有限要素，有限要素的供给就会变得更有保障。[①] 然而，这一过程并不能消除有限要素的存在，因为新的有限要素将会出现在已经完成的一体化中，管理的交易和买卖的交易仍将在要素的供给过程中出现。

企业面临的问题就是要精心安排这些因素以使其成为最优的持续经营单位："在运行最好的工厂中，技术要素与管理的交易要保持适当的比例；在运行最好的贸易机构中，购进和销售要与买卖的交易保持适当的比例；在运行最好的持续经营单位中，技术与贸易（即内部与外部组织）要保持适当的比例"（Commons, 1934, p.634）。康芒斯的分析结论与科斯的结论惊人地相似。买卖交易与管理交易之间的混合（或者可以说，企业纵向一体化的程度），是对影响企业的有限要素进行分析的结果。当某种要素在买卖交易中成为有限要素，怎么才能保证对该要素的控制呢？在某些情况下，解决的方案就是要把买卖的交易转变为管理的交易，即进行纵向一体化。然而，这种决策取决于替代性组织中有限要

---

① 这个观点与剩余控制权（residual right of control）观点非常相似，后者是 Grossman and Hart（1986）所提出的"企业是一组产权集合"这一观点的基础。

素的结构，而这也许是无法准确获悉的。

科斯与米恩斯：行政管理的重要性

科斯认为，企业与市场协调之间存在本质性区别，"企业的明显标志是对价格机制的取代"，它以指令而不是以价格作为协调手段。科斯的这一论点与加德纳·C. 米恩斯（Gardiner. C. Means）关于现代组织的著述相当一致。虽然米恩斯着重于分析大型现代组织，而科斯专注于一般意义上的企业，但他们的观点极其相似。尤其令人惊讶的是，芝加哥传统（特别是乔治·施蒂格勒）其时已经站在了批判米恩斯观点的最前线。[①]

米恩斯相信，现代资本主义经济具有两面性，其中市场与行政部门相互作用，而行政部门的决策制定对市场与行政协调的规模发挥了重要作用。在米恩斯看来，市场不是对企业做出反应的超然实体（transcendent entity），而是对企业产生影响的管理决策的结果之一。与科斯一样，米恩斯很早就认识到，如果把市场视为经济协调的唯一机制，就不能解释我们在经济中所观察到的很多现象。他在其博士论文的手稿中这样写道："把劳动和所有者从控制中分离出去……这使得私人企业规模的可持续发展成为可能，并压缩了通过价格相互作用进行组织经济过程的领域，增加了基于计划而组织生产……和协调生产的领域"（Means, 1933, p.6）。在这个手稿写好之后，米恩斯还写道，我们经济中的"很多领域，生产的组织依赖于行政基础……而市场围绕在这些领域的周围，具有设计的特征（engineering character），因为价格变成了行政（administration）的问题，而不是贸易（trading）的问题（Means, 1933, p.134，重点为原文所加）。

F.S. 李（F. S. Lee）对米恩斯的观点作了相当准确的概括。尽管李

[①] 要研究米恩斯对经济思想史的贡献，以及他与芝加哥学派的关系，可参见 Samuels and Medema（1990）。这一文献同样包含了对 F.S. 李著作的大量引用，后者对米恩斯进行了一些极高质量的研究。

可能没有意识到，但他的概括清晰地展现了米恩斯与科斯观点的相似之处：

> （米恩斯）认为通过管理来组织和协调经济活动，可以取代通过市场的供求力量来组织经济活动。即，大公司将人们原本在市场上发现的生产活动内部化，并将这些活动诉诸行政性协调。与此同时，这些公司也会直接成为市场的一部分，为其自身进行协调活动（引文略）。（Lee, 1988a, p.16；1988b, p.18；引自 Samuel and Medema, 1990, p.70）

由此看来，对米恩斯和科斯而言，企业的管理者决定了经济活动在企业与市场之间的分配，从而决定了企业与市场的各自活动领域。"企业并不是只在既定市场中运行那么简单。相反，企业将促进与那个企业有关的市场运行的决定。"（Samuel and Medema,1990, p.70）企业所做出的通过市场或行政指挥的决策，表明了这样一个事实，即企业、市场与价格都是人造的，经济学家的任务就是要解释这些不同的协调形式何以会出现。科斯与米恩斯都明白，企业的界限与其以内部组织取代市场组织的管理能力相一致，其经济绩效正是所产生的这种组织结构的函数。

影响力的觉醒：1970—1992

尽管直到1970年"企业的性质"的影响力还是非常有限，但在20世纪70年代的10年间，人们却见证了科斯思想影响力的突然觉醒。[①] 阿尔钦安和德姆塞茨（1972）、威廉姆森（1975）、詹森和迈克林

---

① 这反映在"企业的性质"的引用率上。张五常（Cheung, 1983, p.1 的脚注 2）指出，根据《社会科学引用年鉴》（*Social Sciences Citation Index*），"企业的性质"一文在1966—1970之间被引用17次，1971—1975年间被引用47次，1976—1980年间被引用105次。

（Jensen and Meckling, 1976）以及克莱因、克劳福特和阿尔钦安（Klein, Crawford and Alchian, 1978）的著述，都以不同方式发展了"企业的性质"的思想，并由此带动有关组织经济学的文献井喷式涌出。截至20世纪80年代中期，这一领域的研究已经主导了诸如《法律与经济学期刊》（*Journal of Law and Economics*）、《制度与理论经济学期刊》（*Journal of Institutional and Theoretical Economics*）以及新近出现的《法律、经济学与组织期刊》（*Journal of Law, Economics and Organization*）这些学术期刊的刊发内容。

一篇在过去30年里基本上被忽视的文章，为什么会突然引起人们对其兴趣的如此增长？一种解释认为，这似乎是科斯另一篇文章"社会成本问题"（The Problem of Social Cost）的影响力刺激了人们对"企业的性质"的兴趣。科斯本人也倾向于接受这一假说（Coase, 1988d, pp.34-35），巴泽尔（Barzel）和科钦（Kochin）[1] 则走得更远，他们断言学界最近之所以关注产业组织中的企业角色，这更多地要归功于科斯在"社会成本问题"中所进行的分析，而不是"企业的性质"。这两篇文章均将交易成本的重要性置于经济分析的核心。如果我们将它们一起来读，会发现它们的分析进路明显是一致的。这种一致性进一步体现在科斯在"社会成本问题"中引用并融入了"企业的性质"中的一些论点。[2]

当然，科斯相信他的分析无论如何都不能构造出一个关于产业组织的新的综合性理论。正如他在1988年所指出的：

> 显然，只有当避开的成本大于企业在协调生产要素活动中所承担的成本时，组织一个企业才是有利可图的。我并没有揭示出哪些要素决定了企业的出现，而满足于对一个问题给出貌似合理的解答，即为什么假设这样的情况——即生产要素之间的市场交易成

---

① 参见 Coase（1988d, p.34）。
② 参见 Coase（1960, pp.16-17），以及本书第七章的讨论。

本超过由企业为达到相同结果而协调生产要素的活动所导致的成本——是有道理的。然而，我的这个回答并不足以说明生产的制度结构将会是什么样子。因为生产的制度结构依赖于哪些企业能够以最低成本从事这项特殊活动，而这又很大程度上取决于该企业所从事的其他活动……我们需要一个能够将各种因素整合成一个连贯理论体系的理论性框架。（Coase, 1988d, p.40）

而如何发展出这个理论框架，将由其他学者来完成。

以科斯范式开展的研究：奥利弗·威廉姆森的交易成本经济学

20 世纪 70 年代与以往时期的区别在于，学者们开始对科斯分析的内涵进行考察，其中表现最为突出的当属奥利弗·威廉姆森（Oliver Williamson）。他在 1975 年出版的著作《市场与等级制》（*Markets and Hierarchies*）为许多后续讨论奠定了讨论框架。威廉姆森的交易成本经济学（例如，Williamson, 1975; 1979; 1985）的渊源来自康芒斯、科斯（Coase, 1937a）以及赫伯特·西蒙（Herbert Simon, 1961）的著作。从康芒斯那里，威廉姆森获得了交易是经济分析的基本单位这一根本性洞见。从科斯那里，威廉姆森借鉴了这样的洞见：市场和企业（或等级制）是协调的两种不同机制，两种组织机制下交易成本的相对大小，将决定哪种机制被选中。从西蒙那里，威廉姆森总结出交易成本经济学的两个关键行为假设之一，即经济主体是在有限理性（bounded rationality）条件下进行活动的。他把"有限理性"定义为"意欲（intended）理性，但只能取得有限（limited）理性"（Simon, 1961, p. xxiv, 重点为原文所加）。有限理性的一个重要含义是，订立完全详细（fully specified）的合约是不可能的。交易成本经济学的另一个关键的行为假设是机会主义（opportunism），威廉姆森将其定义为"以欺诈手段寻求自身利益"，包括"信息披露的不完全或扭曲，特别是……有意识地通过精心谋划去误导、扭曲、隐瞒、迷惑，或以其他的方式使人困扰"（Williamson,

1985, p.47)。由于不完全契约安排的存在，行为主体可能对市场上的交易对象采取机会主义行为，这使某些市场上更可能出现高交易成本。科斯倾向于强调发现价格的成本，而威廉姆森（Williamson, 1991, pp.277-279）则强调"不适应成本"（maladaptation costs）。当某种干扰力量使长期合约出现缺口（gaps），人们就必须填补缺口并重组契约关系，在这一过程中，交易很可能与周围环境不相适应，于是就会出现不适应成本。随之而来的也许还有某种议价成本（haggling costs），为调解纠纷而构建管理体系的创办成本（set-up costs），以及为保证承诺可信的契约成本（bonding costs）（Williamson, 1985, p.21）。继科斯之后，威廉姆森认为，如果内部组织的交易成本小于市场组织成本，希望节约交易成本以提升利润的企业就会使交易内部化，也就是进行纵向一体化。内部组织之所以能降低交易成本，源于以下原因：内部组织使诸如能力这样的要素可以通过命令而不是诉讼来解决争端；内部组织减少了信息不对称，从而有利于监管内部组织；由于交易中的人力与非人力资产都成为企业的一部分，从而使协作与忠诚感提升（Williamson, 1975, pp.29-30）。剩下来要回答的问题，也就是科斯承认自己没有回答的问题（Coase, 1988d, p.40）：决定企业最可能合并的要素组合是什么？换言之，什么情况下组织内部化所带来的成本将小于通过市场来组织交易所带来的成本？威廉姆森找出了可以回答这个问题的三个关键要素，或更一般地说，他在三个维度上区分了不同的交易。首先，是交易重复发生的频率。交易重复发生越频繁，与机会主义行为相伴的交易成本就越高。进一步说，高频交易将更容易弥补投资于内部组织所带来的成本（Williamson, 1985, p.20）。其次，交易的不确定性程度。不确定性程度越高，留给机会主义行为的操作空间就越大。相反，内部组织所能带来的相应好处，使得人们可以通过行政关系来解决这些由不确定性所带来的问题。最后一个要素，从经验性视角来看可能是最重要的要素，即资产专用性（asset specificity）程度。资产专用性描述的是人力或非人力资产在所涉及交易中的特殊程度，如果这些人力或非人力资产被转作其他用途，就会完全失去同等价值。①当资产专用性变强，我们将更可能看到原先存在一些甚至很多潜在交易伙伴的情形会演化为成双边垄断——这就是被威廉姆森（Williamson, 1985, p.61）所称谓的"根本性转变（fundamental transformation）"。正是在这种双边垄断关系的背景下，我们很容易看到机会主义行为，因为交易的受害者将很难求助于市场，潜在的交易伙伴已经由于交易关系所涉及的资产专用性而被排除。我们也许可以为组织开出一剂配方："以不同的（主要是为了节约交易成本的）方法，设立（成本和竞争力不同的）管理架构来安排（属性不同的）交易"（Williamson, 1988a, p.73）。或者换句话说，"在有限理性的条件下，尽可能节约地组织交易，同时要保证交易不受机会主义的妨害"（Williamson, 1985, p.32，重点为原文所加）。②最先也是最频繁应用这个配方的是纵向一体化理论。根据上文讨论所得出的可操作性假设，企业将在以下几种情形下更容易采用纵向一体化：(1) 既定交易更频繁地重复出现；(2) 围绕既定交易的不确定性程度提高；(3) 资产专用性程度的提高。反过来，这三种要素也会以重要的方式相互影响。常言道，"布丁好坏，一吃便知"，我们需要对假设进行检验，而蒙特沃德和蒂斯（Montverde and Teece, 1982）、马斯腾（Masten, 1984）以及乔斯科（Joskow, 1985）的研究，为威廉姆森的推断提供了强有力的证据支持。他们证明了在纵向一体化的决定过程中，资产专用性程度发挥了重

---

① 在"企业的性质"一文中，科斯视资产专用性为企业存在的一个可能原因。然而，科斯对汽车产业的研究，尤其是对通用汽车公司、A.O. 史密斯公司和费希尔车身（Fisher Body）公司（后两者是通用汽车公司的投入品供应商）的研究，使他拒绝这种解释，参见 Coase（1988d, pp.42-46）。威廉姆森反对科斯对资产专用性的拒绝，并认为"一旦拒绝了资产专用性，他（科斯）将难以提出一个（或一组）替代性的关键特征，来评估合同的相对有效性。正如库恩（Thomas Kuhn）提醒我们的，要战胜一个概念，我们就要采用另外一个概念"（Williamson, 1988a, p.70，注释5）。威廉姆森为科斯的汽车产业分析提供了一种替代性解释，并力证资产专用性的存在。

② 除了下文中将讨论的对交易成本研究进路的批评之外，还存在一些站在非正统（heterodox）立场上对威廉姆森的批评，可参见 Dugger（1983）、Hodgson（1988）、Lazonick（1991）、Medema（1992）以及 Bowles and Gintis(1993)。

要作用。[1] 应用交易成本范式并不局限于纵向一体化问题，它延伸至诸如劳动组织（Williamson, Wachter and Harris, 1975）、公共事业的管制与管制解除（Goldberg, 1976b）以及公司金融（Williamson,1988b）这些领域。但就本书而言，最感兴趣的还是这些观点被用于那些"一度被认为是出于垄断目的缔约活动"（contracting practices）——例如特许经营权（franchising）和互惠（reciprocity）问题（Williamson, 1988a, p.74）。[2] 科斯的愿望也许开始成真了：经济学家不再将许多"可疑的"企业行为置于垄断这一黑箱之中，开始重新寻求对这些行为的精确解释。

新的方向：监督、代理、合约与产权

威廉姆森与其他学者的交易成本经济学代表了对科斯范式的直接扩展，虽然科斯本人可能并不一定这么看。除此之外，科斯的基本洞见还带来了在其他一些不同方向、不同分支上的研究。[3] 导致产生这些分支研究的关键因素是这样一个问题：为什么内部组织可以带来利益？

在这一领域中，第一重要的研究是阿尔钦安和德姆赛茨（Alchian and Demesetz, 1972）的研究。他们反对企业中存在权威关系（authority relations）的观点。这一观点最先由科斯表述，后来成为威廉姆森的一个研究重点。"这（权威关系）只是一种幻觉"，阿尔钦安和德姆赛茨说，企业"并没有命令权力、权威关系和纪律处分行为，这和普通市场中两人签订契约的情形并没有任何轻微不同"（Alchian and Demesetz, 1972, p.777）。他们说，就权威关系而言，雇主和雇员的关系与杂货商和顾客的关系并没有什么不同。而是"（当看到雇主）管理、指导或分配工人从事不同的任务，这容易使人误解。实际上雇主始终忙于合约的

---

[1] 对交易成本范式下评估纵向一体化和长期合约安排的经验性文献的综述，可参见 Joskow（1988; 1991）。
[2] 例如，可参见 Klein（1980）以及 Williamsons（1983）。
[3] 有关企业文献的有用综述，可参见 Putterman（1986a）和 Effertsson（1990）。Putterman（1986b）、williamson（1990a）以及 Medema（1994）对这一领域的文献也进行了收集整理。

重新谈判，以使合同条款能够令雇用双方满意。"（Alchian and Demesetz, 1972, p.777）①

　　按照阿尔钦安和德姆赛茨的观点，雇主－雇工关系和杂货商－顾客关系的区别，或者说企业之所以存在的原因，在于企业标志性的团队生产活动（team production）。"团队生产"，正如他们所定义的那样（Alchian and Demesetz, 1972, p.779），是"这样一种生产活动：（1）使用几种不同的资源；（2）产出品不是每种资源单独产出的总和"。由于投入资源的多样性，而产出品却是不可分割的，人们需要一些方法来监督团队的工作，以确定个体投入的边际生产率和相应报酬。然而，这种监督工作是有成本的。正是这种有成本的（从而也是不完美的）监督使得雇员有动机去偷懒。

　　团队生产使监督人／管理者必然存在。假设内部监督成本比外部市场监督成本更低，则企业这种组织就会出现。正如阿尔钦安和德姆赛茨所指出的，管理者所从事的监督工作使偷懒行为减少，从而为管理者带来剩余报酬（residual reward）。更具体地说，正是下面这整整一组权利定义了经典（资本主义自由企业制度下的）企业的所有权（或雇主）（Alchian and Demesetz, 1972, p.783，重点为原文所加）：（1）索取剩余价值；（2）监督投入行为；（3）成为所有投入相关合约的共同核心当事人；（4）变更团队成员；（5）出售以上这些权利。于是，企业"充当了高度专业化的替代性市场"（Alchian and Demesetz, 1972, p.793），即一个"私人拥有的"市场（Alchian and Demesetz, 1972, p.795）。它是一系列的双边合约，雇主和雇员都参与买卖，每一方都能按意愿终止合约，并不存在交易成本研究方法所宣称的权威关系。

────────────

① 阿尔钦安和德姆赛茨在这里没看到，雇主－雇工关系和杂货商－顾客关系之间存在某种根本性区别。杂货商与顾客的法律地位是平等的，而雇主与雇工则不然——前者的法律地位更高。若拒绝承认雇用关系中存在权威关系，并将其结果视作持续的重新谈判的成果，则会使得整个谈判（negotiation）的概念变成同义反复。阿尔钦安和德姆赛茨后来承认，他们（原先）认为企业中不存在权威关系是错误的。然而张五常（Cheung, 1992）却仍然坚持己见。

阿尔钦安和德姆赛茨坚持认为（Alchian and Demesetz, 1972, p.783），"我们所持有的企业观点与科斯的观点并不完全一致"。但是，他们的这个说法只有在他们承认在企业内部组织某些交易有时会更加节约的时候才是符合事实的。他们否认权威关系，认为企业只不过是另一种市场，这表明他们与科斯有根本性分歧，因为科斯认为企业内部没有市场力量（即由价格机制进行资源分配）——这正是他认为普兰特关于协调的观点中难以令他满意之处。哈特（Hart, 1990, p.158）与阿尔钦安和德姆赛茨一样，拒绝承认企业中存在权威关系，但他批评阿尔钦安与德姆塞茨，认为他们的观点不能解释监督和团队生产的问题为什么不能通过市场合约过程而加以解决，而这些市场合约过程正是我们在真实世界中所观察到的。尽管如此，阿尔钦安和德姆赛茨开创了研究企业理论的崭新方法，这种方法使用委托－代理理论（theory of agency），并视企业为一种本质上等同于一组合约关系集合（nexus）的市场。[①]詹森和迈克林（Jensen and Meckling, 1976）将委托－代理理论应用于企业理论研究，承认这篇论文与阿尔钦安和德姆赛茨的研究有密切联系。詹森和迈克林（Jensen and Meckling, 1976, p.308）将代理关系（agency relationship）定义为"规定了一名或多名当事人（委托人）雇佣其他人（代理人）代表自己（包括将某种决策权力授予代理人）来提供服务的合约"。由于存在代理人并不总是按照委托人的最佳利益而是选择最大化自己效用的方式来行事的风险，委托人将消耗一部分资源用来监督代理人的行为，以减小代理人与自己的利益分歧。然而，由于不可能有完美监督，即假设在一些非完美监督情况下，监督成本会大于监督收益，委托人利益和代理人利益之间将总是存在一些实际分歧（Jensen and Meckling, 1976, p.308）。

企业中的"代理"概念包含了阿尔钦安和德姆赛茨所说的团队生产、偷懒行为以及监督活动，但詹森和迈克林（Jensen and Meckling, 1976, p.310）强调，阿尔钦安和德姆赛茨的研究面"太窄，因而具有

---

① 拉佐尼克（Lazonick, 1991, pp.181-188）对阿尔钦和德姆赛茨的研究进路提出了深刻批评。

误导性"。相反，"合约关系才是企业的本质——不仅仅是与雇员之间的合约，还有与供应商、顾客、债权人以及其他个体之间的合约。所有这些合约都存在代理和监督成本的问题，无论其中有没有涉及他们所设想的那种联合生产（joint production）；也就是说，联合生产只能解释很小一部分与企业相关的个体行为"（Jensen and Meckling, 1976, p.310）。

对詹森和迈克林而言，这种合约关系的多样性正是企业的本质。企业"只仅仅是一种法律拟制（legal fiction），充当合约关系的集合（nexus）。对资产和现金流的可分割的剩余索取权（residual claims）是这种组织的特征所在，这种索取权通常可以不经其他合约主体的许可而被卖出"（Jensen and Meckling, 1976, p.311；重点为原文所加）。尽管詹森和迈克林承认，这种企业定义"没有什么实质性内容"（Jensen and Meckling, 1976, p.311），但他们相信，这个定义对企业是一种"合约集合"（nexus of contracts）的强调，可以解释不同组织之间合约关系的结构及其潜在绩效，以及它们如何应对外部冲击。企业具有平衡委托人和代理人之间冲突性目标的功能，从这种意义上看，它确实就是个市场。

詹森和迈克林的上述分析具有重要含义，体现出他们与科斯基本观点的重大背离。科斯对内部组织和市场组织进行了区分，但詹森和迈克林认为，"试图区分企业（或其他任何组织）的'内部'事宜与'外部'事宜，其意义甚微或者没有意义。确凿存在的只有一组复杂的关系（即合约），这组关系存在于法律拟制（即企业）和劳动力所有者、原料所有者、投入资本所有者以及产品消费者之间。"（Jensen and Meckling, 1976, p.311）[1]

———————————

[1] 张五常（Cheung, 1983, p.3）对此观点如此回应："我们并没有清楚地了解企业是什么——也不知道这种了解是否至关重要。"相反，"重要的问题是，为什么我们观察到的某种合约形式何以是那种形式，以及不同合约和价格安排的经济含义是什么"（Cheung, 1983, p.18）。这种观点认为，企业本质上是一种合约替代工具；"企业将会扩张到内部组织一笔新交易的成本大于市场组织成本"的科斯条件（Coasian condition）事实上不能决定企业的规模，却能决定合约的替代程度。张五常的这种观点反映出他对企业中存在区别于外部市场关系的独特文化（own culture）这一思想的否定。

　　尽管全面分析詹森和迈克林的研究不是本书的主旨[1]，但简要考察他们研究分析的应用还是有必要的。他们的研究超越了阿尔钦安和德姆赛茨，并将代理理论应用于所有权与控制权相分离的情况。[2] 考虑这样一种情况：所有者兼经理（owner-manager）决定出售一部分他所拥有的企业股份。因为他现在不再拥有企业的全部股权，所以，将企业资源用于追逐特权而需他本人承担的成本以及为企业寻求新的有利可图的活动带给他本人的收益，都会相应减少。然而，企业的未来股东是能够预计到所有者－经理的这些动机，从而他们意识到有必要将一些资源花费在监督经理的行为上。反过来说，股东愿意为股份所有权所付出的价格将会降低，这又增加了所有者－经理在证券市场的筹资成本。所有者－经理所占企业股份的比例越低，对所有者－经理追逐特权和提高企业利润率的激励的影响就越大，从而监督成本就会越高，为既定股权的支付意愿就降低。合约（以及企业和企业结构）"是历史进程的产物，出现于个体有强烈动机去最小化代理成本的时候"（Jensen and Meckling, 1976, p.357）。

　　　然而，即使有人愿意接受权威关系与企业无关的观点，（然而如果没有权威，何来监督呢？）并相信企业与市场之间不存在实质性区分，那他就必须承认，"代理 / 合约集合"研究进路（agency/nexus approach）并没有为我们带来新的企业理论。正如哈特（Hart, 1990）所指出的，上述方法并没有回答如下问题：为什么某些合约形式被人们选择？什么因素限制了特定情况下的企业规模？即，为什么企业维持在既定规模，或是什么因素导致它们进行合并和分拆？这些（理论上的）缺陷以及交易成本经济学的缺陷，正是"企业是一组产权的集合"（firm as a set of property rights）这一研究进路所试图修正的。

---

① 参见 Jensen and Meckling（1976）以及 Fama and Jenson（1983）和 Hart and Holmstrom（1987）的研究。

② Berle and Means（1932）的研究同样具有重要影响。参见《法与经济学期刊中的现代公司》（*The Modern Corporation in the Journal of Law and Economics*）50 年纪念论文集（1983）以及 Samuels and Medema（1990, pp.312-313）。下面的例子摘自 Jensen and Meckling（1976, pp.312-313）。

"企业是一组产权集合"的研究进路，是科斯与威廉姆森的交易成本分析进路的一种延伸。哈特（Hart, 1990, p.159）认为，科斯与威廉姆森的交易成本分析进路的根本性弱点是不能以一种令人信服的或严谨的方式来解释把一项交易引入企业内部是如何减少合约性失误的。而"把企业作为一组产权集合"的研究进路试图弥补这一弱点。[①] 这失落的一环就是格罗斯曼与哈特（Grossman and Hart, 1986）所发展出的有关剩余控制权（residual right of control）的思想。当合约不完备时，决定结果的权利将由占有非人力资产的产权（即剩余控制权）主体拥有。例如，假设 A 与 B 签订合约，其中规定 B 向 A 交付 X 单位的某种商品。现在，A 发现自己需要 X+e 单位的商品。然而，此时拥有剩余控制权的是 B（它控制了产品的生产），只有 A 满足了 B 的出价，B 才会向 A 出售额外数量的商品（若 B 遇到了更急迫的状况，它可以选择不予加售）。但倘若 A 掌管了 B，则情形就会迥然不同。此时 A 拥有了剩余控制权，可以强迫 B 以自己所欲之价格向自己出售产品。

值得注意的是，这事实上就是一种权威关系。与阿尔钦安和德姆赛茨、詹森和迈克林所声称的企业中并不存在这样的权威关系是不一样的。这里的重要差别在于产权方法强调了非人力资产（non-human assets）。倘若商品的生产依赖于非人力资产，而不是诸如只有 B 的经理才拥有的专业知识这样的人力资产，则一旦 A 掌管了 B，而 B 的经理不愿意出售商品给 A，则 A 可以解雇 B 的经理，并雇佣新的愿意出售商品给自己的经理。

这种分析进路的优点在于，它能够在一个统一框架下，同时解释内部组织的收益和成本。这一框架涵盖了剩余控制权（residual rights）以及这些权利的变化是如何改变经济主体的动机。[②] 继续考虑我们上面所

---

① 威廉姆森曾经谈到这个问题，认为管理内部（命令式）交易和市场交易的不同类型的合同法将起作用，使得"企业能够并确实实施市场所不能实施的命令"（Williamsons, 1991, p.276）。

② 交易成本研究进路（transaction cost approach）将内部组织带来的好处归功于合约成本的节约，并将内部组织的成本归咎于官僚主义（bureaucracy）效应。

举的例子。A 掌管 B 的好处在于，A 可以强制 B（按自己的要求）行事。因此相对于 B 独立时的情形，A 此时可以以更低的成本购入商品。此外，A 将有更强的动机对 A 与 B 之间的关系进行投资，因为此时 B 剥夺 A 的报酬的风险下降了。当 A 掌管 B 时，B 的工人将更加遵循 A 的利益加以行事，这倒不是因为 A 具有命令的权力，而是因为这样行事符合（B 的）工人自己的利益，因为由生产率提高而给予他们的一些报酬不再被 B 的所有者揩油。从成本的角度说，倘若 B 被 A 所掌管，B 的经理们对企业进行改进的动力将会减少。因为相较于 B 独立自主的情况，此时他们将难以从这些改进中得到等量的剩余（surplus）。当 B 没有剩余控制权时，它的议价能力将大大降低（Hart, 1990, pp.162-163）。

哈特认为，在资产极其互补的情况下，解决方案是（双方）对财产持有共同所有权。如果不同主体都可对两组资产进行使用，他们都将从边际生产率增长中获益（Hart, 1990, p.163），而这反过来会促使企业关系的形成，资产互补性程度在各方面都决定着一体化与长期合约安排之间的替代程度。例如，假设 A 与 B 的统一体（A-B）与 C 进行交易，如果这种交易关系仅仅是 A-B 和 C 的所有商业活动的一小部分，则在它们之间建立长期合约要比纵向一体化来得更好。其原因在于，一体化将增添"敲竹杠问题"（hold-up problems）（即 A-B 剥夺 C 的盈余，而这在 C 与 A-B 进行交易时不会发生），从而减少对 C 的工人和管理者的激励。

非正统的批评：演化、创新及持久性

企业的存在性问题和内部组织的好处同样在非正统阵营（heterodox camp）中被提了出来，但他们的分析在某种程度上与科斯、威廉姆森、阿尔钦安、德姆赛茨以及其他人的分析有根本区别。这些非正统批评都强调了交易成本的重要性，但都认为交易成本研究范式过于狭隘，以至于不能解释企业的存在性和规模问题。

杰弗里·霍奇森（Geoffrey Hodgson, 1988）指出，面对市场的极端不确定性，企业的"持久性组织结构"（durable organizational structure）体现了转向内部组织的重要动机。他认为，规范、习惯、习俗、惯例和传统，都会对生产发挥重要的协助作用，而且它们在企业内部更容易被保存，因为企业是"一种能隔离竞争性市场中潜在不稳定的、有时甚至是破坏性和掠夺性的投机行为的防护性飞地（enclave），"（Hodgson, 1988, p.208）。进一步来看，企业的持久性组织结构使其进行创新和开发新技术的能力增强，因为这类活动包含了长期不确定性，所以可能不太容易通过市场来完成（Hodgson, 1988, pp.212-213）。霍奇森还认为企业在提升信任与合作方面具有优势，而这将推进生产活动："理解企业本质的关键一点在于……它有能力塑造人类的偏好和行动，以产生一种更高层次的忠诚与信任"（Hodgson, 1988, p.211）。相对于市场组织，企业的内部组织或许会提升信任与合作的可能性——这是在科斯分析的画面中所没有的。科斯只是认为，内部组织可以在等级制下行使命令权，并带来成本上的优势。

Dugger（1983）、Marglin（1974）与 Medema（1992）认为，在解释企业的存在与规模方面，市场力量发挥了重要作用。一个能够生成卓越能力的企业能够以这样的方式投入它的资源，以开发出超越其对手的竞争优势（competitive capabilities），这将提升企业的市场份额，并因此增强企业的力量。这种市场力量扩大了企业掌控活动（events）与市场地盘（market-place）的能力，并或多或少地对竞争形成屏蔽，从而增强企业的稳定性。在科斯和威廉姆森看来，企业的持续性优势和企业的长期存活可能性，依赖于在此过程中企业实现成本节约（cost economies）的能力。然而，如果企业掌控市场的程度增强到足够大，企业将暂时摆脱经济节约性的约束。

对科斯的企业理论（延伸来看，还包括威廉姆森的分析）的最广泛批评来自威廉·拉佐尼克（William Lazonick, 1991）。对拉佐尼克来说，"资本主义企业代表了（经济）个体'试图通过控制生产性资源而非他们本身的劳动力，而获得掌控市场力量的一种手段'"（Lazonick, 1991, p.191, 重点为原文所加）。拉佐尼克的分析立足于资本主义企业的演化历史。正如他所说，这段历史表明，"成功资本主义的发展驱动力并非来自市场机制的完美运行，而是组织能力的建立"（Lazonick, 1991, p.8）。科斯认为，现代产业组织理论是不完全的，因为它只关注了价格、产出等因素。尽管拉佐尼克的分析回应了科斯的观点，与现代产业理论截然不同，但他也看出了科斯方法中所存在的若干问题。

拉佐尼克批评的核心是认为科斯"基本上还是遵循了市场经济理论"，这体现在科斯理论中，企业只是一个适应市场力量的实体——"一个由'市场失灵'而非'组织成功'所造就的消极参与者"（Lazonick，1991，p.169）。拉佐尼克认为，科斯的企业理论过于强调企业的存在和规模是对交易成本的反应，而没有讨论以下几个问题：（1）企业的内部活动所带来的与企业目标相一致的生产性活动方式；（2）能有效引导生产资源利用以实现内部经济（internal economies，类似于 Chandler（1977）的速度经济（economies of speed））、使企业成本降低并带来竞争优势的组织能力的发展；（3）技术变迁的作用及其对企业竞争地位的影响。[①]

拉佐尼克反对科斯有关适应性企业的静态概念，他的分析视角是动态的或演化的，特别关注了企业所发挥的创新作用。通过创新，企业利用由合适的、通常其自身也是创新性的治理结构所实施的创新性策略来改变它的经济环境。从而，企业具备了无法通过市场获得的生产能力或价值创造能力，尤其是那些通过创新过程产生的能力。这样，在创新变得很重要的地方，我们就会看到非市场的组织形式，以及协助创新活动而对非市场组织形式进行的改进。拉佐尼克认为，从 19 世纪大不列颠立足于市场的业主制资本主义（proprietary capitalism）到 20 世纪美国的经理制资本主义（managerial capitalism），再到当今日本的商业组织，这都是创新性组织成功的结果。创新性组织成功对企业形成持续性竞争优势具有重要作用，这种作用的发挥一直要到下一个创新性组织结构被开发出来。

这些批评并没有否定科斯的洞见——交易成本在解释企业的起源与规模方面发挥着重要作用——的价值，然而，它们的确指出了科斯的

---

① 我们有理由认为这种批评有些严苛——科斯仅仅是没有提出这些问题。这里列出的问题当然重要，但这些问题是可以在一个包括科斯洞见的思维框架中被提出。

解释是片面的、不完整的，并且太狭隘，以至不能围绕它而构建一个企业理论。代理人希望可以通过内部组织来最小化交易成本，这代表了企业通过成本节约以提高其盈利能力和竞争地位的一种途径。然而，一套发展成熟的企业理论，必须能够解释创新行为、技术变迁以及（从总体上看）商业环境的演化特征。相比于将上面这种种要素塞进交易成本分析框架，完备的企业理论所要求的还要更多：它要求经济学家将历史维度纳入分析，研究驱动组织发展的创新力量和适应性力量。科斯著述的一大核心主题是，要按照世界的本来样子来研究它。然而，正如约瑟夫·熊彼特（Joseph Schumpeter）、罗伯特·索洛（Robert Solow）[1]以及其他一些学者所指出的，现存事物是过往历史的函数，我们只有认真对待导致当前现状的路径，才能获得对当前现状的充分理解。

2.4 结论

传统的新古典模型是一个交换模型（a model of exchange），企业被看作外生的建筑构件，而非要考察的重点。哈特（Hart 1990, p.155）认为，新古典理论关于企业的观点（他称之为"关于现代企业的一幅漫画（caricature）"）之所以能存活甚久，是因为"（1）理论本身为自己提供了一套精致而一般化的数学表达方式；（2）有助于分析企业是如何通过生产选择以应对外部环境变化的；（3）有助于分析不完全竞争条件下企业之间策略互动的结果"。然而，考虑到经济理论的任务是要描述经济活动，科斯惊讶于现代经济学理论对企业自身性质的考察的匮乏，尤其是考虑到"现代经济体系中，大部分资源是在企业内部被使用。这些资源的使用依赖于行政决策，而非直接依赖于市场运行"（Coase, 1992a, p.714）。

然而，潮流开始出现某种转变。越来越多的来自重点大学的经济

---

① 参见 Schumpeter（1954, p.12）；Solow（1986, p.23）。

学家开始（或多或少地）采用科斯范式（Coasian paradigm）进行研究，他们的研究成果刊登在最受关注的经济学期刊上。《产业组织指南》(*The Handbook of Industrial Organization*) 描述了截至 1989 年"产业组织的研究状态"，并对这一类（科斯范式的）文献给予了一定关注。甚至教科书也开始对企业的交易成本方法进行了至少是必要的讨论，其中的一些教科书（例如 Eaton and Eaton,1991; Milgrom and Roberts,1992; Kreps, 1990）用大量篇幅介绍了这些思想。科斯本人也参与建立了匹兹堡大学的合约与企业结构研究中心（Center for the Study of Contracts and Structure of Enterprise）。这一研究中心旨在收集大量的工商合约，并建立相应的数据库，以方便这一领域的研究。此外，科斯之所以被授予诺贝尔经济学奖，部分原因无疑是他对企业研究的贡献，这证明了他的著作在引领产业组织（理论）转变方面所具有的影响。

然而，我们还不能说企业理论的发展已然完备。诚如哈特（Hart, 1990, p.166）的评论，"从许多方面来看，迄今为止，企业理论的最终产品仍然只是一幅'漫画'（caricature），虽然它也许不再那么不切实际。一个鼓舞人心的标志是，经济学家们就这一问题所采用的不同进路（包括新古典的、委托－代理的、交易成本的）开始出现趋同（converging）。然而，正如包括《产业组织指南》的编辑在内的一些评论者所指出的，这一研究领域的经验证据储备还非常有限，有关讨论的资料来源仍然是通过理论而非对真实世界中产业组织实际运作方式的发现。"[1]科斯本人相信，"我们目前的无知状态"，只能通过更多的经验研究才能加以克服（Coase, 1992a, p.718）。[2]这些研究应当包含诸如企业的活动范围、企业活动的分类、不同企业之间的合约安排（作为企业内部

---

[1] 参见 Holmstrom and Tirole（1989）以及 Peltzman（1991），后者被 Coase（1992a, p.714）引用。Joskow（1991, p.81）坚持认为，与整个产业组织研究相比，交易成本范式下所进行的经验研究相对要更好一些。

[2] 事实上，至少从 1970 年起，科斯就持有这种态度。他那时就表示，"富有灵感的理论家也许不需要经验研究也能做得很好。但我的感觉是，通过系统收集数据所揭示的种种模式、谜团和异常现象，这些最容易刺激灵感的涌现，尤其是当我们的首要任务就是要突破既定思维习惯时。"（Coase, 1972d,p. 71）

安排的替代物)、企业的并购与拆分、企业向新领域的扩展以及新企业的出现等问题的探讨（Coase, 1972d, p.73）。

这些研究最终将走向何方？企业理论最终将型若何物？我们并不清楚。但对科斯而言，至少有一点是清晰的：

> 数据的获得变得更加容易。此外，我把所获得的诺贝尔奖奖金用于鼓励从事生产制度结构研究的学者，这应当会减少目前充斥于经济学文献中的有关产业组织的空洞理论，并将有助于产生加深我们理解真实经济体系如何运作的研究。（Coase, 1992a, p.719）

也许这里最有趣的前景是，在远离"建设性"（constructive）意义上的[①]学术纷争 50 余年之后，科斯现在准备重新加入争论之列：

> 常言道：孩童喜幻想，老者爱做梦。我的梦想就是建立一种理论，使得我们能对生产制度结构的决定因素进行分析。在"企业的性质"中，我的这项工作只完成了一半——它只是解释了企业为什么存在，并没有说明企业所承担的功能是如何在企业之间进行分配的。我的梦想就是完成在 55 年前就开始的这一工作，并参与构建这样的一种综合性理论。因此，一旦我目前所致力的工作偏离了这一目标，我将放下现在所承担的研究项目，加入正在这个领域奋战的经济学家之列。我决意再度扬帆起航，开启探寻中国之路。就算这次我发现的是美洲，我也不会感到失望。（Coase, 1988d, p.47）

[①] 科斯在 1972（d）以及 1988（b, c, d）的几篇论文更多的是对现存理论进行评价，而不是发展他在 1937（a）论文中的分析。

3. 定价、会计与成本

科斯已经对微观经济学或价格理论产生了影响，他著作中最传统的微观理论要素，也许当属关于定价和成本的研究。科斯研究定价问题，主要关注各种垄断情形①，他在这一领域的最持久影响，是对自然垄断条件下价格管制的分析。他认为在自然垄断条件下，多部定价制（multi-part pricing）将是最有效的定价机制。就此而言，科斯的贡献并非是倡导了多部定价制本身，事实上，在科斯之前就已经有人提倡这种定价机制了，而他并没有对这一思想有多大发展，他的贡献在于系统揭示出主流思想——自然垄断条件下的最优（定价）选择是边际成本定价（marginal cost pricing）——的无效性。科斯的相关分析标志着学界对自然垄断价格管制下边际成本定价和多部定价的相对优劣性的认识出现了一个转折。

科斯关于成本的著述，有相当广泛的受众，包括经济学家、会计人员以及监管机构。尽管生产商品和提供服务的成本是经济理论与经济现实的基本要素，但科斯对经济学家、会计人员以及监管机构是否已经准确掌握了生产成本的概念一点也没有把握。对科斯来说，用于生产商品的投入品成本，是"它们如果被投入到在其他用途上所产出的价值"（Coase, 1988e, p.16）。应用这种机会成本观念的成本，对经济、会计和

① 参见 Coase（1935, 1937b, 1945, 1946b, 1946c, 1947a, 1947b, 1966b, 1970d）。

监管等领域的成本核算具有重要意义，因为在这些领域内，传统的成本核算方法误导了我们。

3.1 边际成本定价

从一开始，新古典微观经济学理论的发展就伴随着这样一个认识：只有当产品的定价等于其边际成本时，才会达到最有效率的产出水平。这种思想被普遍认为起源于法国工程师于勒·杜普伊特（Jules Dupuit，1844）。当边际成本定价高于或等于生产的平均成本时，这种观点是没问题的；但在另一方面，若边际成本定价低于生产的平均成本，这种价格就会使得企业所挣利润为负，于是从长期来看企业将不得不从产业中退出。这一问题使得把管制引入诸如公用事业这样的自然垄断显得尤其重要，因为在自然垄断情况下，生产是在边际成本递减阶段下进行的。政府面临的问题是如何确定价格，以使得产出水平尽可能有效率，并使得企业能在产业中长期生存下去。

边际成本定价问题的简史

关于这一问题的早期争论，是围绕边际成本定价和平均成本定价相对优劣性的比较。在 20 世纪 30—40 年代，有几个经济学家，其中最著名的有哈罗德·霍特林（Harold Hotelling，1938）、阿巴·勒纳（Abba Lerner，1944）、J.E. 米德（J. E. Meade，1944），他们的研究证明了平均成本定价要劣于有政府补贴的边际成本定价体系，因为边际成本定价体系所包含的补贴将足以弥补企业的损失。这里我们要简述霍特林的研究，并将其作为这一组研究的代表加以考察。

霍特林将杜普伊特的研究（Dupuit，1844）作为他的分析起点。杜普伊特论证说，"一般福利的最优是与所有商品都以边际成本出售的情形是一致的"（Hotelling, 1938, p.284）。[1]在霍特林看来，杜普伊特这个观点的问题是"混淆了边际成本与平均成本"，其产生根源在于"每个企业的总成本必须完全由产品的价格进行偿付"这一"错误的假定"。这一假定暗含着价格必须高于或等于平均成本（Hotelling, 1938, p.297）。平均成本定价的优点在于，它允许企业获得"正常"回报率，并同时保证企业此时的价格－产出结构要比企业任意制定利润最大化的价格与产出水平更有效率。然而，在这种方案下，平均成本定价将使得企业的产出水平低于社会最优产出水平，除非平均成本定价与边际成本定价下的价格完全等同。与之相反，边际成本定价将带来社会最优产出水平，但从长期来看，只有企业获得了足够的额外收益以弥补这种定价结构所带来的亏损，这后一种方案才是长期可行的。

在霍特林看来，解决这一问题的方法是政府采用一种边际成本定价政策，而由于价格与平均成本之间的差额所产生的企业亏损将由政府补贴加以弥补。这种补贴在数量上与企业亏损额完全相等，并由政府的总税收提供资金来源。这种与价格相关的补贴政策将带来社会最优产出水平。霍特林确实也认识到，并不是所有产业都应该以这种方式加以管制和补贴，而是要确定某种商品对社会的价值（即需求曲线下方，由社会最优产出水平所划分出的部分）是否超过了生产这种商品所带来的包括政府补贴在内的成本。如果生产对社会的贡献确实大于其（总）成本，那么补贴就是应该的；若不然，就没有必要进行补贴。霍特林的这些观点得到了勒纳（Lerner, 1944, pp.384-385, 注释1）、米德（Meade）以及弗莱明（Fleming, 1944）这些著名经济学家的回应，并最早于1941年被写入公共经济学的教材之中。[2]这种定价机制在1940年代初期统治了经济学家的思想，以至于弗莱明认定，边际成本定价"以我之见没有什

---

[1] 科斯指责霍特林在这里误解了杜普伊特。科斯认为，杜普伊特没有宣称价格有必要与边际成本等同。相反，杜普伊特证明了无论价格是否与边际成本相等，亏损都有可能发生。参见 Coase（1970d）和 Dupuit（1844）。

[2] 例如，可参见 Thompson and Smith（1941, pp.271-273）；Barnes（1942, pp.586-588）。

么可争论的"（Meade and Fleming, 1944, p.328 ）。而这些思想正是科斯在"边际成本争论"（The Marginal Cost Controversy）以及后续几篇文章中所要反驳的。

科斯：边际成本定价的错误

科斯最早接触边际成本定价思想是 20 世纪 30 年代在伦敦经济学院（LSE）工作的时候。在 LSE，勒纳虽然从事的是经济学的教学和研究，但他在边际成本定价这一领域的研究引起了另一些从事商学教学与研究的老师们的极大兴趣，这个商学研究团体的领袖正是阿诺德·普兰特。普兰特的讨论组（科斯也是其成员之一）从实践的角度来研究成本、定价和峰荷（peak-load）问题，因此他们对勒纳的这种理论在真实世界中的应用产生了兴趣。其中令普兰特讨论组尤其感兴趣的是多部定价制的可能性，这一思想在科斯及其他几位与普兰特共事的学者著述中都占据了显著位置（Coase, 1970d, pp. 114-115）。[①]

像"社会成本问题"一样，"边际成本争论"实际上脱胎于科斯另一篇较早的论文。在"国有企业的价格与产出政策：一个评论"（Price and Output Policy of State Enterprise: A Comment, 1945）中，科斯对米德和弗莱明早期发表在《经济学杂志》（*economic journal*）上支持边际成本定价的文章做了简要回应。科斯在这篇简短评论中提出的观点后来在"边际成本争论"（Coase, 1946b）中得到了充分论述，并在其后续著述中得以详细阐述。[②]

在"边际成本争论"中，科斯的目的是要"讨论……平均成本递减条件下应该如何决定价格"（Coase, 1946b, p.169），以及指出他所谓的"霍特林-勒纳方案"（Hotelling-Lerner solution）的"根本缺陷"（Coase, 1946b, p.170）。但由于边际成本定价研究进路在当时所占的主导地位，

---

① 例如，可参见 Paine（1937）；Lewis（1941）。
② 参见 Coase（1947b, 1966b, 1970d）以及 Coase（1947a）中的相关讨论。

这使科斯在表达自己的观点时有所保留。对此，在大约25年之后的一篇文章中，他是这样回忆的："当时我想表达的是边际成本定价的论证是无效的。但由于我的观点属于少数派，即人们会预先假定我是错的，所以我就只能希望发展出一套论证，能表明边际成本定价研究进路不一定是完全正确的"（Coase, 1970d, p. 117）。[①]正如我们很快就能清楚看到的，没过多久，科斯就放弃了写作中的低调和缓的笔触，对庇古的抨击即是最重要的例证。

科斯在文章开始，提出了一个基础性问题：在一个给定的市场，产品是如何被分配的？是通过政府来生产和分配，还是通过价格系统。在这篇文章中，科斯所采取的论证与"企业的性质"有惊人的相似[②]，他认为，一个"开明的政府"将出于以下原因选择价格系统：

> 没有哪个政府能具体分辨出不同消费者的不同喜好……；没有价格系统，我们就会缺少一个能够指示消费者真实偏好的最有用工具；此外，虽然价格系统会给消费者和企业带来额外的市场成本，但事实上，这些成本也许会小于另一种情况下一定会发生的政府所带来的组织成本。（Coase, 1946b, p.172）[③]

那么，给定我们的选择是使用价格机制，剩下的问题就是要确定价格应该如何被决定。这里的第一条操作原则是，"对每一位个体消费者而言，同样的生产要素，无论用作何种用途，其价格都应该保持相同"（Coase, 1946b, p.172），这使消费者能理性地选择他喜欢的要素使用方式。其次，"一种要素的价格应该对所有消费者都相同"（Coase, 1946b, p.172）。这一价格应使需求等于供给，并对所有消费者和所有用途都保持相同。如果这些条件得以满足，则消费者为一种商品所支付的价格，

---

① 科斯对这个问题的反思可参见 Coase（1946b, p.181）。
② 参见 Coase（1937）以及本书第二章的讨论。
③ 在"社会成本问题"中，科斯将这个思想以及"企业的性质"中的相关思想推导出逻辑结论，即在市场、企业和政府协调之间进行选择。

将等于其生产中所使用要素的价值，即这种商品的生产成本（Coase, 1946b, pp.172-173）。

科斯承认有效率的产出要求对商品的支付必须反映其生产要素被用作他途时所体现的价值。为了得到这样的产出，就必须做到两点：第一，消费者在购买每一单位商品时，商品的要价必须等于其边际成本；第二，消费者必须承担其购买商品的总成本（Coase, 1946b, p.173）。在科斯看来，为了使消费者能够"以一种理性的方式来选择是花钱购买更多单位的某商品，还是花钱用于购买其他事物"（Coase, 1946b, p.173），上面两点要求都是必要的。为了获得有效率的产出，第一点的必要性已经被广为接受，并反映在霍特林和其他人的著作中。但第二点却体现了对之前文献的一种背离，因此值得我们专门进行讨论。

对消费者来说，不仅要作出是否消费额外单位某商品的决定，还要做出是把钱全部用于消费这种商品，还是将钱花费在其他方面。从效率角度看，后一组选择取决于消费者对某种商品的支付意愿是否大于或等于提供给他的这种商品的成本。如果消费者不愿支付商品的所有成本，则这种商品就不应该提供给他。如果消费者事实上愿意支付这些成本，则商品应该提供给他，而且与上述分析保持一致的是，消费者应当能够在商品价格等于其边际成本时购入商品，并支付所购商品的所有成本。[①] 然而，在单一定价体系下，这后一点将无法实现。在科斯看来，为了解决这一问题，就要引入一个多部定价系统（Coase, 1946b, pp.173-174）。

科斯承认"支持边际成本定价的论据是强有力的"（Coase, 1966b, p.99）。但科斯也表示，"它（边际成本定价）不能代表全部真理，事实上它忽视了问题的一些重要维度，而在提供政策建议时必须要把这些维度考虑进去"（Coase, 1966b, p.99）。科斯认为，由于存在一些因素，霍特林、勒纳和其他学者所支持的边际成本定价机制就变得无

[①] 科斯甚至在《国富论》（*The Wealth of Nations*）中发现了对这个观点的支持，参见 Coase（1977d, pp.320-321）和 Smith（1776, pp.682-683）。

效了。

科斯所提出的第一个反对意见是，边际成本定价会导致生产要素的分配无效率。如果一种生产要素在一种特定用途下没有被计入边际成本，则当边际成本定价被采用时，这种要素对消费者来说就是"免费"的。然而，如果这种生产要素在其他用途上是边际成本的一部分，则这种要素对消费者而言就不是免费的。因为在边际成本定价机制下，消费者并没有被要求承担所购商品的全部成本，则消费者就无法理性选择他所要购买的商品组合。要使消费者做出理性选择，我们就需要某种机制来显示出要素被用作其他用途时所体现的价值（Coase, 1946b, p.174）。如上所述，霍特林－勒纳方法所提供的机制是让政府估测消费者在必须承担某种商品的全部生产成本的情况下是否愿意购买这种商品。如果答案是肯定的，则政府将提供相应的补贴。

科斯发现霍特林－勒纳方法所提供的这种解决方案有些"古怪"（Coase, 1966b, p.99）。因为尽管政府可以确定消费者确实愿意支付某种商品的要价，但政府并不能强制消费者进行支付。此外，科斯怀疑在失去实际的市场检验之后，政府（或其他任何机构）能否（尤其能否以一种合理的成本）准确判断消费者的支付意愿："我们若想发现人们是否愿意为某物进行支付，其方法就是要求他们进行支付，看他们是否愿意。而如果我们没有这样一套机制，预测人们是否愿意进行支付将变得极为困难"（Coase, 1966b, p.99）。而且，事实上，如果对支付意愿的估测是一个精确且几无成本的过程，"那根本就没有保留价格机制的必要"（Coase, 1966b, p.99）。然而现实并非如此，这种估测的潜在不精确性意味着实质性无效的可能性。

霍特林－勒纳方法还带来了另一种无效率，那就是对企业的亏损补贴很可能会通过扭曲性税收获得资金来源（Coase, 1946b, pp.178-179），从而造成依赖于税收形式的无效率。如果征税对象是平均成本递减条件下所生产的商品，则税收将造成价格与边际成本之间的分离，而这种分离正是边际成本定价所要消除的。如果税收是对其他商品征收或是对收入征收的，它将造成其他市场上价格与边际成本的分离，此时，为了纠正平均成本递减条件下的商品市场发生扭曲，将造成新的扭曲或扩大已有的扭曲。这种做法是否会带来净收益，这是存在争议的。

科斯还注意到，霍特林－勒纳方法将对企业的管理结构产生负面的效率影响。在"公用事业定价理论及其应用"（"The Theory of Public Utility Pricing and Its Application"，1970d）中，科斯借鉴了汤姆·威尔逊（Tom Wilson, 1945）的分析，认为政府将会由于向企业提供补贴而必然要求获得对企业管理的某种程度的控制权，以控制和缩减补贴的规模，从而导致"公用事业完全的集权管理"（Coase, 1970, p.119）。这种集权的增长与科斯所认为的企业有效管理的核心要素——自主权是背道而驰的。正如科斯所认识到的，这可能是"边际成本定价的最严重缺陷"（Coase, 1988e, p.19）。科斯以英国邮政局为例说明了这种不利后果。在邮政局被授予财政自主权之前，其收支一直由财政部掌控。邮政局所进行的任何花销，都必须获得财政部的批准。结果，财政部"必然在邮政局管理方面扮演重要角色"（Coase, 1970, p.119），从而在科层制中又增添了新的层级，剥夺了那些具备卓越才能和专业知识的人的管理权力。[1] 考虑到这种种的无效率，科斯得出这样的结论，边际成本定价"将会造成更大范围的浪费"（Coase, 1988e, p.18）。

科斯还反对边际成本定价所带来的分配效应，即"它将带来一种收入再分配，这种再分配将有利于那些购买平均成本递减条件下生产的商品的消费者"（Coase, 1946b, p.176）。而这种再分配之所以发生，是因为在给定支出情况下，相较于那些没有购买平均成本递减的商品的消费者而言，购买这种商品的消费者将获得比商品价值更大的那一部分价值。[2] 进一步来看，这种再分配效应也许相当显著，但并不必然是合意的。

---

① 科斯发现，英国灯塔系统的国有化产生了类似的效果。参见 Coase（1974c, pp.320-321），另参见本书第六章的讨论。
② 科斯认识到，他在这里的论述假定了为筹集补贴资金而征收的税赋并不仅仅只针对平均成本递减的商品。

实际上，霍特林似乎预见到这种关乎分配的争论，并给出了三点回应，然而科斯对这三点全部加以反对。首先，霍特林声称，边际成本定价所带来的好处，将会分摊于全体居民（Hotelling, 1938, p.288）。他举例说，为某地供应廉价电能，不仅能降低在该地生产的商品的成本，还会降低那些在偏远地区生产的商品的成本，因为那些偏远地区的商品使用该地商品作为生产投入品。此外，这种（供电）规划可能有利于那些对该地进行投资的外地居民，或是那些搬入该地以寻求更好就业机会的人。霍特林所提出的第二点回应与第一点相关，他指出，在不同地区将存在许多类似的规划，这使（这些规划）所产生的收益很好地分摊于全体居民（Hotelling, 1938, p.299）。

虽然科斯的反驳主要针对霍特林的第二点声明，但似乎也适用于第一点：

> 这种论证是否能够站得住脚，取决于以下假设是否成立，即不同种类产品的消费者之间不存在显著的再分配。但我们没有任何理由认为这一假设能够成立。个体消费者在霍特林－勒纳政策下所能获得的好处，取决于他们为那些在平均成本递减条件下所生产商品的所有成本的支付意愿程度（给定他们的初始收入水平）；也取决于这些商品的边际成本与平均成本之差的绝对值；还取决于把霍特林－勒纳政策所带来的额外收入用于购买平均成本递减的商品的意愿程度，和这些商品边际成本与平均成本之间的绝对差值。只有进行过详细的实践调查，我们才有可能评估再分配的性质。然而，我们没有任何理由认为，这种再分配效应微小到可以忽略。（Coase, 1946b, pp.177-178）

科斯继续讨论霍特林的第三点声明。霍特林认为，可以在随后开展某种再分配工作，从而使得每个人的经济状况都变得更好。虽然这一点并不是霍特林用于反驳边际成本定价有分配性缺陷的论证，但它是霍特林在这篇论文前面一些分析的逻辑延伸。[①] 这种（随后的）再分配不利于购买平均成本递减的商品的消费者，即要让这些消费者承担税赋。然而，若税赋采取消费税形式，则会造成被征税产品的价格与边际成本的不同——这种不同正是边际成本定价旨在消除的；若使用收入税来融资，这只会使相应的补贴在减小成本递减商品的市场无效率时，加剧劳动力市场的无效率。将上面这些税收形式进行汇总，我们可以得到一个类似于多部定价制的体系，但这个体系不如多部定价制，因为正如科斯所说，多部定价机制无须随后的种种再分配。

根据前面的讨论，我们可以看到，科斯发现了边际成本定价方法所存在的问题，尤其是无效率问题。这些问题是如此严重，以至于我们不能肯定地认为，边际成本定价会优于平均成本定价。这多少有些令人惊讶，因为边际成本定价之所以能够在学术圈兴起，正是因为它被认为要优于平均成本定价方法。[②] 与霍特林－勒纳方案相比，平均成本定价存在两个缺点：首要的也是最明显的是，采用平均成本定价时，价格与边际成本会出现差异，从而产生无效率；其次，如果平均成本曲线在每一点上都高于需求曲线，就算消费者（在某一点）愿意为商品支付的总额等同于生产的总成本 [③]，平均成本定价也会导致生产无法进行，而在霍特林－勒纳方案下，企业仍然能够进行生产，因为政府将对企业在生产中的总收入和总成本的任何差异进行补贴（Coase, 1946b, pp.180-181）。在考察边际成本定价和平均成本定价时，由于这两种定价机制都存在相应的无效率问题，我们的任务就变成了比较两者中谁的效率更高。先验地看，这种比较"并没有确凿无疑的结论。有些人声称霍特林－勒纳方案一定优于平均成本定价，我们应该抛弃这种说法"（Coase,

---

① 霍特林对分配问题的讨论，出现在 Hotelling（1938, pp.298-300）。这里所提到的论述，也出现于霍特林在此文第 293—294 页中的另一个不同论述。

② 我在这里所言局限于"学术圈"，这是因为在接下来的几年中，边际成本定价并没有在国有产业的定价政策中得到开展，参见 Coase（1966b, pp.97-98）。

③ 在这种情况下，若采用歧视性价格体系，生产也能够发生。此时，价格的制定将使得企业的总收入足够弥补其总成本，然而，这就不再是平均成本定价了。

1946b, p.181）。

科斯对霍特林论证的反驳在多大程度上成立，这当然是一个经验性问题。即使霍特林所谓的可以忽略分配效应的说法是正确的，也不能推翻科斯对边际成本定价的一般性批评，因为这种批评的基础是边际成本定价的无效率性。尽管如此，我们需要注意，霍特林有关分配效应的主张，与有关公共品供给的论证十分相似，因为公共产品本身会导致利益与负担在不同人群之间的有差异分布。当然，正如我们将看到的，科斯也没有拘泥于公共产品这一论据。[①] 然而，若我们把（政府）对成本递减企业的补贴以及对公共品的提供，纯粹看作是"政府活动的经济影响"这个更大问题的两个实例，则霍特林的"均等化"（evening out）主张倒有可能获得更多支持。如果这种随价格而定的补贴政策，的确能更平均地分摊收益与负担，则科斯对边际成本定价的批评就只能取决于上面所提到的效率问题，这可能已经足够证明他是对的。

尽管科斯表示，多部定价制"不存在霍特林－勒纳方案的那些缺陷"（Coase, 1946b, p.181），但他对霍特林－勒纳方案所存在问题的分析，实际上已经埋下了对多部定价制的批评种子，这个批评既可以用来批评边际成本定价，也可以用来批评他自己的分析。科斯对霍特林－勒纳方案的核心批评之一，就是这个方案的信息问题。这个问题将使得政府很难确定消费者的支付意愿即消费者需求曲线的形状。早在 1937 年，在讨论琼·罗宾逊的垄断价格决定理论时，科斯就已经提出，就算是企业自己也未必知道它所面对的需求曲线形状："在大多数情况下，需求曲线远比成本曲线更难估测。也许正是我们无法知道需求曲线的这一事实，导致了大部分有关罗宾逊所描述的 [MR=MC] 价格政策的分歧"（Coase, 1937b, p.19）。然而，多部定价制若要成功运行，也需要同样的信息，以确定多部价格中的边际成本部分。如果边际成本保持不变，并且等于平均可变成本，那就不会造成什么问题了。生产的平均可变成本相当容易确定，只要企业在销售新一单位的商品时以此为价格，让需求

①　参见 Coase（1974c）以及本书的第六章。

来决定能够使市场出清的产出水平。然而，若边际成本并非恒定不变，就非常难以确定价格中的边际成本部分，因为这将取决于边际成本与需求价格相等时的产出水平。正如科斯所主张的，因为企业（进而也包括政府）并不知道需求曲线的形状和所处的位置，那就很难以想象它们将如何精确确定价格的边际成本部分。科斯没有意识到这个问题，这令人感到意外，因为这不过是他自己对霍特林－勒纳方案所作批评以及大约九年前他对垄断定价讨论的逻辑延伸。

自科斯 1946 年的文章发表之后，在接下来的几年中，多部定价制在学科内的地位得到显著提升。[①] 应该承认，科斯的解决方案具备吸引人的效率特征，然而同样值得指出的是，它也存在两点局限：第一，科斯分析的有效性依赖于这样一个假设，即商品的使用费（access fee[*]）不足以对商品的需求产生任何收入效应。正如伯格和奇尔哈特（Berg and Tschirhart, 1988, p.107）指出的，收入效应的存在会改变商品边际单位所处的位置，这使得我们必须找到一个价格和使用费的联合解，它能够在最大化消费者剩余的同时，弥补企业的亏损。然而伯格和奇尔哈特没有指出这种解决方案将会不能实现科斯事先所假定的多部定价制的那种有效产出水平。

科斯方案的第二个局限是使用费可能太高，以至一些愿意支付商品边际成本价格的消费者退出市场，从而使产出低于社会最优水平。在商品所要求的总支付额（即价格加上使用费）远大于消费者的支付意愿时，这种情况将会发生。相反，若总的支付意愿超过总成本，则我们有可能制定一个更复杂的多部定价机制，例如歧视性准入费或歧视性价格，从而既能保证产出达到社会最优水平，又能保证企业的收益足以补偿其成本（Brown and Sibley, 1986, pp.67-68）。正如布朗和西布利（Brown and Sibley, 1986）指出的，在科斯两部收费制和一个更复杂的

---

① 若要了解分析多部定价诸多方法的文献，可参见 Kahn（1970）；Brown and Sibley（1986）以及 Berg and Tschirhart（1988）。

＊ 即两部定价制中除了"边际成本"的那一部分。——译者注

（定价）体系之间所进行的选择，是商品需求弹性的一个函数。如果使用费是合理的，没有使消费者退出，则科斯方案是效率最高的；而在另一些情况下，科斯方案下的使用费很可能使消费者退出市场，此时更复杂的多部收费制将有可能比两部收费制带来更高的效率水平。

边际成本定价的诱惑：黑板的作用

如果科斯对边际成本定价的批评是正确的，则边际成本定价政策实际上"几无优点"（Coase, 1988b, p.18），并且"会造成更大范围的浪费"（Coase, 1988b, p.19）。那么，这就需要我们来回答一个问题：为什么这样一种政策获得了一群杰出经济学家的坚定支持？自从战胜了平均成本定价后，霍特林－勒纳观点就变得如此根深蒂固，以致科斯在 1966 年作出如下论述：

> 我感到几分疑惑，不知把我 1946 年的那篇文章称作"边际成本争论"是否合适。因为直到那时为止，事实上很少存在争论。但我是这样安慰自己的，就算之前的争论不多，在它（1946 年的文章）之后的争论肯定会多起来——历史显然证明了这一点。然而，在那之后，所有的文章都在攻击我，这些文章刊登在《经济学》（*Economica*）和《政治经济学期刊》（*Journal of Political Economy*）上。（Coase, 1966b, p.99）

那么，这样一种在科斯看来方向错误的政策为什么能获得如此的支配地位和坚定支持呢？在科斯看来，答案就是他所谓的"黑板经济学"：

> 依我之见，正如许多现代福利经济学命题一样，对边际成本定价政策的论证，多与黑板上的图表有关，而不是考察这些政策在经济系统中所产生的真实效果。我把这种经济学归结为"黑板经济学"，因为尽管要素来回变化，价格上下波动；一些人被征税，一

些人受补贴，这些过程都发生在黑板上，而不是它们在社会系统中的实际运行方式。所有能做的就是设立某种新的机构，或是改变旧有机构的运转法则，或是采取一些类似的行动……但是，要想以一种合理的方式对社会制度（social institutions）产生影响或讨论经济政策，就必须考虑我们所要研究的社会制度发生改变时所带来的影响。（Coase, 1966b, p.100）

问题是生活从来不会像黑板上推演的那么简单。当牵涉到政府和我们所考虑的管制活动时，黑板和现实的分歧之所以会产生，是因为政府活动是通过许多机构一步一步进行的，而不是在单一指挥部中以统一形式加以执行。整齐而简洁的黑板经济学框架捕捉不到这些差别化的效果。（Coase, 1988e, p.19）

如果承认了这一点，我们就会对诸如边际成本定价这样的政策建议做出如下评估："对边际成本定价的否定反映了这样一种观点，即检验某种政策建议时，单单专注于考察其边际条件是不正确的。起作用的是总效应（而边际上发生的效应只是诸多因素之一）"（Coase, 1970d, p.121, 重点为本书所加）。科斯对弗里茨·马赫卢普的一篇文章（Machlup, 1955）的评论反映了他的这一观点：

> 在我看来，我们必须要承认让价格等于边际成本会导致不合意的结果，但让价格不等于边际成本同样也会带来不合意的结果。就我们所关心的公共政策而言，我们所面临的问题始终是要在实际存在的替代性政策中选择一个，使其总的来说（on balance）能够提供最好的结果。（Coase, 1955a, p.437, 重点为原文所加）

由此可见，给定成本递减行业，要在边际成本定价、平均成本定价和多部定价制三者中选择出最佳定价体系，这从根本上来说是一个经验主义问题（empirical question）。它要求我们仔细分析这些不同体系所带来的收益和成本。此外，我们有理由期望：分析的结果会揭示这样一个事实，即对不同行业而言，最佳定价机制是不同的。但科斯认为，我们要找到有关定价机制的答案，只有通过比较真实世界中的不同替代选择，而不能只借助于经济学家的黑板。

3.2 经济学与会计学中的成本理论与成本核算

尽管我们讨论的是定价问题，但所提供的各种政策建议都要依赖于生产成本的确定。就科斯所推荐的多部定价制而言，我们必需了解决定价格的边际生产成本和总生产成本，因为总生产成本与价格一起，共同决定消费者所面对的总支付额。只有当价格等于边际成本，并且（消费者）总支付等于（企业）总成本时，我们才能得到有效率的结果。于是，我们必须恰当地定义边际成本和总成本，并对它们进行正确测度。对科斯而言，这意味着成本必须反映"你在提供一个供给时，在其他方面的损失"（Coase, 1970d, p.124），从而，这要求企业的成本账目必须反映这样测度成本的方法。

会计与成本

虽然科斯在 LSE 求学时没有修过任何经济学课程，但他的确修过几门会计学课程。会计学课程的研究对象显然深深激发了科斯的兴趣，使他在其学术生涯早期与罗纳德·爱德华、罗纳德·福勒一同在会计研究协会（Accounting Research Association）赞助下进行相关研究。他们希望通过这些研究，"向经济学家展示会计账目将为经济学研究提供宝贵的资料……并说服会计人员改变他们的工作方式，以使会计账目变得对经济学研究更有价值"（Coase, 1990a, p.4）。作为向会计学领域进军的结果，科斯写了 12 篇标题为"工商组织与会计"（Business Organization and the Accountant）的系列文章，并于 1938 年将它们发表在《会计师》（The Accountant）上。科斯还与爱德华及福勒合著了两本调查会计学与经济学之间相互关系的书:《公开的资产负债表对经济调查的帮助:一些困难》(*Published Balance Sheet as an Aid to Economic Investigation: Some Difficulties*, 1938)以及《1926—1935 年的钢铁产业:基于上市公司会计账目的调查》(*The Iron and Steel Industry 1926—1935: An Investigation Based on the Accounts of Public Companies*, 1939)。

在"工商组织与会计"系列文章中,科斯使用了经济学中的机会成本概念,对成本核算的理论与实务提出了批评。有趣的是,在科斯接手《会计师》的写作任务时,他最初并没有打算论述成本核算问题,只是想讨论包括纵向一体化在内的企业管理问题。然而,当科斯把一篇有关纵向一体化的文章草稿交给爱德华过目后,爱德华提醒他,读者将难以理解文章的内容。鉴于此,科斯决定写一组导论性质的文章来解释他的方法,其成果就是 12 篇文章中所给出的介绍性分析。在这些文章中,企业管理问题就是为了例证他所要呈现的研究方法。[①]科斯并不认为自己在这些文章中所表达的观点具备任何意义上的原创性,相反,这些观点体现了与他一起在 LSE 工作的同事的一般看法。尤其要指出的是,这些文章反映出传统成本理论在 LSE 的发展:它吸收了菲利普·威克斯蒂德(Philip Wicksteed)和弗兰克·奈特(Frank Knight)著作中所体现的机会成本与选择的思想,并融入了后来加盟 LSE 的哈耶克的主观主义方法(subjectivist approach)。[②]

当科斯开始对成本核算进行分析时,他先是讨论了一些基本概念。对会计人员来说,要想为工商决策提供有益的信息服务,就必须知道这些基本概念。其中第一点,就是在进行工商决策时,无论这些决策是有关产出变化、机器购入还是关闭某一领域的运营,关注的核心都应该是成本与收入随供选择方案中的行动而发生的变化。在这些决策中,最为常见的,无疑是有关企业产出总量的选择。然而,尽管会计账目中反映

---

① 参见 Coase(1990a, p.7)以及 Buchanan and Thirlby(1973, p.97)对"工商组织与会计"一文的重印。

② 例如,可参见 Wicksteed(1910)和 Knight(1921)。要想了解 LSE 关于成本理论的传统,可参见 Buchanan(1969,pp.16-37)和 Buchanan and Thirlby(1973)。

的是有关过去运营的数字，但企业进行工商决策时，却需要估计未来的成本与收入。因此，会计人员必须能够估计出产出在未来发生变化时的成本与收入的变化。

考虑到要对这些未来的成本变化进行估计，科斯没有采用传统意义上对固定成本和可变成本的区分，因为这种一刀切的做法，可能具有误导性："使用这种严格的划分方法的困难在于：某种特定类型的成本是否会发生变化只唯一地取决于将要采取的决策"（Coase, 1938, p.142）。所以，要关注的不应该是固定成本与可变成本，而应该集中于可避免成本（avoidable cost），后者与企业所考虑的每个特定行动相关。当科斯使用"可避免成本"一词时，他所指的就是那些可以通过不从事某种行动而加以避免的成本。当我们只仅仅考虑产出水平选择这个例子时，可以得到这样一个规则：只有销售某种产出水平的产品总收入大于可避免的总成本时，生产这种产出水平的产品才是有利可图的（Coase, 1938, pp.108-109）。

为了有助于作出适合产出水平的决定，我们还必须计算边际成本，此时的边际成本就是追加一单位生产时的可避免成本。为了确定利润最大化时的产出水平，我们必须把这种追加（生产）的可避免成本与追加（生产）的收入进行比较。只要保证边际收益大于边际（可避免）成本，并保证总收入大于总的可避免成本，追加新单位的生产就会有利可图。科斯用了一个与"企业的性质"分析相关的例子——即企业是选择以内部投入进行更多生产，还是在市场上购入投入品来追加生产——来阐释这个问题。通过这个例子，科斯说明了他所使用的边际主义方法与可避免成本的概念是如何带来利润最大化的生产水平的；相反，传统的会计核算方法是依赖诸多计算平均成本的不同方法，将导致企业选择利润欠佳的生产水平。在这里，科斯事实上没有提到传统会计核算方法的一个有趣含义，那就是，即使企业认为它们正在努力最大化其利润，它们所采用的方法也会使得这根本无法实现，除非运气使然。①

————————

① 参见 Coase（1938, pp.109-115, 142-145）。

会计人员所面临的问题是，如何对边际成本和总成本进行正确核算，而这个问题也决定了科斯所提倡的方法是否有用。正确计算这些成本的根本在于必须理解被正确测度的可避免成本即某种行动的机会成本：

> 做任何事，其成本都包括这个特定决策如果没被采纳企业可以获得的收入……这种独特的成本概念，看来是唯一能够有效解决工商问题的成本概念，因为它关注的是经营者（business man）所面临的相机行动选择。只有经营者从他所面临的诸多行动中，选择能够最大化其利润的那个，成本才能得以补偿。补偿成本和最大化利润，从本质上看是对同一现象的两种不同表述。（Coase, 1938, p.123）

这种有着综合考量的基础（broad-based）机会成本式的成本概念，与传统会计方法所定义的成本概念截然不同，后者将成本定义为"为生产目的已经投入的所有支付"（Coase, 1938, p.123）。

我们可以从对机械设备成本的核算中，清楚地看到这两种成本核算方法的不同含义。会计人员会说，将机器用于某种用途的成本，就是这种用途所带来的机器折旧。而折旧的大小，显然会随着所采用折旧方法的变化而变化。另一方面，机会成本方法并不总是与机器成本相关，相反，机会成本方法认为，"使用机器的成本是将其用作他途时所获得的最高收入"（Coase, 1938, p.124）。如果机器没有替代性用途，则使用该机器的成本为零。科斯对折旧的看法（他称为"通过使用带来的折旧"）反映了替代性用途价值这一概念：如果现在使用某种机器，在这之后，它的价格就会减小。但科斯的这种关于折旧的看法与会计上的折旧概念并不一致。会计上认为，折旧是对机器成本的成比例冲销（charge against），但这种冲销不一定反映机器进行某种生产的机会成本。可以这么说，"通过使用所带来的折旧是'机会'成本的一部分，因为如果我们不生产某种产品，我们就将获得其他的某些收入——虽然这会发生在未来"(Coase, 1938, p.132)。

科斯把类似的推理用于分析材料成本和资本利息。就材料成本而言，传统的会计实务在估计企业使用库存材料的成本时，所依据的是这些存货在过去被购入时的价格。但机会成本方法显示，这并不能反映使用这些材料的真实成本。在科斯看来，这些材料的真实成本是它们在其他最优用途上所产生的价值，即下面两者中较大的那个："（1）如果出售这些材料，其出售价格减去销售成本；（2）将这些材料挪作他用时所能避免的花费"(Coase, 1938, p.125)。会计人员对资本利息的处理方案多种多样[①]，而机会成本方法所提供的是一种更简单却更精确的方案。在我们考虑是否购入机器时，因购入机器而放弃的货币利息应该包括在成本内。然而，当计算某种已有机器的使用成本时，"所有应被纳入考虑的，是这种机器如果被用作他途时，企业所能获得的净收益"(Coase, 1938, p.135)。[②]

上述分析使科斯做出如下总结：因为成本会计方法无法反映机会成本，并导致实际账目无法反映可避免成本，所以，

> 任何有关现代成本核算能够发现或消除亏损的论断，都是误导性的。我们只可能通过把某种活动的可避免成本与其收入进行比较，才能发现这种活动是否有利可图。就此而言，据我的理解，这正是现代成本会计核算方法所不能胜任的。(Coase, 1938, p.128)

然而，诸如时间和不确定性等因素的存在会使局面变得很复杂，可避免成本与边际成本并不容易计算出来。因为成本和收入会按照适当的折现率随时间变化而变化，而我们难以确定地知道这些变化。此外，即使我们能赋予不同的潜在产出以特定的发生概率，会计人员还是无法事先给

[①] 参见 Coase（1938, pp.132-135）对此的描述。

[②] 这假设持有机器所得到的收入超过如果卖掉机器所获得的货币利息，但要少于卖掉机器所要花费的成本。

出一组能够使利润最大化的数字。与之相反，利润最大化的决策将依赖于一些主观因素，例如会计人员为之服务的经营者的风险厌恶程度。鉴于此，科斯提出，"最有效的信息提供方式，恐怕是给出几组不同的数字。其中的每一组数字，都取决于某组有关未来事态发展的特定假设"（Coase, 1938, pp.117-118）。这样，经营者就可以在排除其他因素后，基于其风险态度进行决策。

科斯并非没有注意到他的这些论述——尤其包括会计人员所面临的问题、挑战，以及从根本上来看他们所需要的重新定位——意味着什么：

> 要研究出一种能够确定任何特定企业可避免成本的技术，这显然不是一件容易的事。实施这样的会计核算技术，需要有关会计人员具有相当强的主动性。但如果这篇文章的论述是正确的，则研究出这样的核算技术就是必然要走的一步，它能大大提高会计人员所提供服务的价值。毫无疑问，这种活动的扩展，将意味着有关成本会计师的专业培训中的授课范围与强调重点的改变。（Coase, 1938, pp.157-158）

但就算如此，"设想一个经营者能不靠运气就可以实现利润最大化，这无疑还是乌托邦式的想法。事实上，为了找到这个利润最大化的点所需花费的成本，可能比在这一点上所获得的额外利润还要高"（Coase, 1938, p.111）。然而，若这些会计改编方案能够实施，则会大大有助于企业有关利润最大化的产出水平决策。

与新古典成本理论的关系

"工商组织与会计"被结集于关于成本分析主题的两卷加以重印，主要针对会计学和工商管理专业的学生。[①] 科斯这项研究的重要性已经

---

① 参见 Solomons（1952, 168）。

得到了充分认可，这使科斯于 1988 年受邀在罗切斯特大学（University of Rochester）举办的"企业理论与会计学研讨会"（Symposium on Accounting and the Theory of the Firm）上发言。[1]然而，科斯在这些著述中的提议，并没有成为会计学科中的"常备武器"。仔细研读初级和中级的价格理论教科书，我们会发现，将经济学家的利润概念与会计人员的利润概念加以对比，已经成为教科书的标准做法。这些教材还指出，对这两种利润概念的区别，来源于会计人员在核算时没有考虑机会成本。

正如科斯所认识到的，他的这些（会计学）观点也未对经济理论产生重大影响。[2]但布坎南指出，科斯的这些文章与经济学实践关系密切，其中传递的信息代表着与标准新古典成本概念的重大背离，这些信息被大大忽视了。在新古典成本理论中，"成本是可以客观度量的支出，近似于替代产品的价值"（Buchanan, 1969, p.28），当我们采用一般性最大化法则时，这种成本会产生对客观产出的决定；另一方面，科斯的成本方法是主观的，它通过广泛应用机会成本思想，"相当明确地将成本与选择联系在了一起"（Buchanan, 1969, p.28）。

科斯断言，"补偿成本与最大化利润，从本质上看是对同一现象的两种不同表述"（Coase, 1938, p.123）。对此，布坎南指出，这可能是科斯这一系列文章对经济学理论的最大贡献：

> 任何具有实现可能性的获利机会一旦被放弃，都会成为优先行动所需承担的成本。尽管我们必须接受这显然与机会成本逻辑一致的明确结果，但经济学家却极其不情愿迈出这一步。把所有放弃的利润包含在成本之内，这将彻底摧毁成本曲线这个研究工具，而成本曲线正是我们（经济学家）的"常备武器"的一部分。没有它，

---

[1] 科斯在研讨会上提交的论文（Coase, 1990a）随后发表于《会计学与经济学期刊》（*Journal of Accounting and Economics*）。

[2] 参见 Coase（1990a, p.6）。

我们如何教授初级价格理论呢？（Buchanan, 1969, p.28）[1]

由此看来，为了恰当地刻画成本，我们必须如科斯所做的那样将它们与选择过程联系起来，由于某种行动所避免的成本也必须包括所放弃的利润。

这些思想虽然被塞尔比（Thirlby）和怀斯曼（Wiseman）在 LSE 传统内加以发扬[2]，也被米塞斯（von Mises）、罗斯巴德（Rothbard）和科兹纳（Kirzner）在奥地利传统内加以光大[3]，甚至在科斯的"社会成本问题"——虽然人们并未认识到这一点——和布坎南对科斯定理的分析中被推进，但它们在很大程度上仍然难以对新古典价格理论产生影响。布坎南断言，这些思想"甚至现在仍然被弃于正统经济学家的工具箱之外"（Buchanan, 1969, p.27）。这表明经济学家若要他们的理论工具服从于真正经得起推敲的成本分析，还要走很长的路。

成本与定价

在"对垄断定价的几点说明"（Some Notes on Monopoly Price, 1937b）中，科斯利用上述的推理思路，批评了琼·罗宾逊（Joan Robinson）在《不完全竞争经济学》（*The Economics of Imperfect Competition*, 1933）中所提出的垄断定价政策。罗宾逊夫人将其理论建立于这样一个假定之上，即垄断企业在决定其产出和价格时，将使边际收益等于边际成本。

---

[1] 布坎南对科斯方法的正确性抱有热情，他的这种态度恰好与 J.R. 古尔德（J. R. Gould）相反。后者称，"科斯对机会成本的说明，如果被人们理解为一种可以用于计算的概念，就算从最好的角度来看，也是不必要的；而从最坏的角度来看，则是全然误导性的"（转引自 Coase（1990a, p.9））。古尔德的这个说法正如科斯所回应的，"并不是一个人们愿意选作墓志铭的说法"（Coase, 1990a, p.9）。

[2] 参见 Buchanan and Thirlby（1973）中收录的塞尔比和怀斯曼的文章，另参见 Buchanan（1969）的讨论。

[3] 参见 von Mises（1949）；Rothbard（1962）；Kirzner（1963），另参见 Buchanan（1969）中所讨论的奥地利学派研究方法及其与 LSE 传统之间的关系。

3. 定价、会计与成本

科斯对此的回应直接反映了他在会计学和经济学领域的研究成果，因此值得在这里详细引述：

> 为什么罗宾逊夫人要假设一个垄断企业会使其边际成本等于边际收益？罗宾逊夫人说，这是因为经营者希望将他们的利润最大化，此外还因为我们必须假设他们的行动是理智的。但罗宾逊夫人所谓的理智行动（sensible action），包含了这样两层含义：首先，它假定生产者知道什么是理智行动，即他们知道边际成本等于边际收益时将带来利润最大化。如果我们站在经营者和会计人员的立场来看，这个假设是非常值得怀疑的……工商活动中的成本账目，通常会被编制成某种表格，使得人们很难发现边际成本；如果经营者认为边际成本是决定价格的一个重要因素，那么上述事实就是一个令人惊讶的事实……经营者的确经常或多或少地以罗宾逊夫人所假定的方式行动。但在许多情况下，很显然，他们似乎没有真正认识到这些行动为什么会带来利润，而且他们对产品的要价似乎并没有使边际成本等于边际收益……
>
> 罗宾逊夫人论述的第二层含义是，生产者具备必要的知识，使之能够做到边际成本等于边际收益。那就让我们先来考虑成本曲线，当不止一种产品被生产时——这是有可能的，计算某种产品的成本曲线将会非常困难。负责成本核算的会计人员是否能够准备一张有助于推导出边际成本曲线的表格，这无论如何都是令人怀疑的。（Coase, 1937b, pp.17-19）[①]

那么，实际定价活动的结果是什么呢？科斯（Coase, 1937b, pp.18-19）认为，由于生产者事实上并不知道（至少很可能不知道）边际收益与边际成本，他们所制定的价格将不是最大化垄断利润的价格，而生产者将

[①] 科斯接下来指出，垄断价格与 MR=MC 结果的差异是估计需求曲线中所存在的更大问题，他讨论了需求相关的一些情况。参见 Coase（1937b）中的讨论。

满足于保持现有的价格结构，只要这种价格结构与垄断价格结构之间的差异不是过于明显。

罗宾逊夫人的垄断定价模型是围绕利润最大化假设而构建的。而这一假设直接推导出了 MR=MC 条件。然而，科斯通过他对实际工商行为的分析表明，企业不大可能掌握它们成本曲线的实际形状，更不必说需求曲线和边际收益曲线了。鉴于此，具有垄断力量的企业事实上不太可能在利润最大化的价格－产出组合点上进行运营。这是科斯著述中反复出现的主题——为了分析经济活动，经济学家必须首先要对研究对象（subject）在真实世界中的运作方式进行研究，并且发展出一种能解释所观察事物的理论。[①]

在价格管制领域中，成本与价格之间的关系也是非常重要的，正如科斯对联邦通讯委员会（Federal Communications Commission，下简称FCC）所作的"对高于 890 兆赫（Above 890 Megacycles）"决议的考察所显示的那样。[②] 这一决议的结果就是使得电信产业中被管制的公共载波服务（common carriers）直接暴露于私人微波通信系统运营商的竞争之下。这种改变是科斯所欢迎的，因为竞争的冲击将会带来效率的提高。

FCC 的这一决议使私人建立微波通信系统得到准许。这意味着，在一个企业评估自身所需的通信系统时，它将面临在安装（私人）微波通信系统与购买公共载波服务之间的选择。而企业的选择，很可能是基于两个替代选项所对应的成本。科斯说，问题在于公共载波服务的要价受到 FCC 的管制，这使得其价格无法准确评估其成本，即评估公共载波系统在提供服务时所带来的额外成本。科斯举了一个简单的例子来说明这种情况会带来的后果。假设微波通信系统的安装成本是每年 125000 美元，而（管制下的）公共载波的价格是 150000 美元。在这种情况下，企业很可能会选择微波通信系统。然而若企业使用公共载波，仅仅会给

---

① 有关这一在科斯著作中随处可见的观点的更详细的讨论，参见本书第六章。
② 下面的讨论是基于 Coase（1970d, pp.124-128）。

公共载波系统带来 100000 美元的成本，所以，企业选择安装微波通信系统是无效率的。更一般地说，如果使用公共载波的追加成本要低于微波通信系统的安装成本，则只有允许公共载波的要价低于企业安装微波通信系统的成本时，社会资源才能得到最优利用。

由于企业将根据可行的替代选择的相对成本来决定资源的分配，所以，从效率角度看，这些成本必须反映资源被用于某种特定目的所产生的价值。在完全竞争条件下，价格将反映成本；但若价格受到管制，则价格与成本之间的关系将随着管制机构所采用的成本估算方法而发生变化。[①] 正如关于"高于 890 兆赫"的决议所带来的结果那样，如果某种公共产品不得不面对私人企业的竞争，则其有效竞争力将很可能受到管制定价政策的阻碍，因为管制价格不能反映真实成本。科斯认为，由于"管制的目标不大可能是要摧毁受管制的行业"，因此，这些（国有）企业必须被允许调整其要价，以使它们能够与那些不受管制的对手进行竞争（Coase, 1970d, p.128）。这是因为，只有在价格能够反映生产真实成本的条件下，我们才能有所把握地将资源分配到实现它们最大价值的用途上。

与企业理论的联系

科斯有关会计学与经济学之间关系的论文表明，如果我们以经济学方式构造会计账目并加以应用，将使这些账目更有利于经济学研究。事实上，科斯、爱德华和福勒的研究使他们确信，通过会计账目来看待企业行为的研究进路将会带来丰厚成果：

　　我们感到，现在可以进行如下总结："公开的会计账目是一种

---

① 正如上述讨论所表明的，科斯并不相信企业所使用的成本核算方法是正确的。但无论如何，科斯认为让企业自己来评估这些成本，远比让管制者来做这件事要好。科斯还提供了几则逸事性质的证据来支持这一论点（Coase, 1970d, p.126）。

经济统计资料，是不应该被忽视的"。这种观点在很大程度上源于以下事实，即当我们使用会计账目来获得反映企业行为的信息时，我们能够将有关企业某种行为的一组数字，与该企业所有其他方面的行为与处境加以联系。对我来说，这似乎仍是使用会计记录的决定性优势所在。（Coase, 1990a, p.6）

科斯、爱德华和福勒考察了英国钢铁产业中各企业的会计记录，从中获得的主要洞见之一就是：产业中的不同企业存在着显著的不对称性。他们说："事实上，我们认为（企业间的）这些差异是如此重要，以至于不可能提供出关于资产、负债和利润在商业周期中相继发生变化的合成性画面"（Coase, Edward and Fowler, 1939, p.31；重点为原文所加）。他们这项研究的最重要成果，也许就是对"代表性企业"（representative firm）这个概念提出了怀疑（Coase, Edward and Fowler, 1939, p.31），而这一概念是产业及企业研究中不可或缺的组成部分。于是，使用"代表性企业"或类似概念是否恰当，将取决于产业数据是否能表明这种企业确实存在。反过来讲，只有对产业中的所有（或至少许多）企业的特定数据（例如会计记录）加以考察，我们才能看出这种企业是否存在。如果科斯他们的分析是正确的，即在各种产业中"代表性企业"事实上是不存在的，则传统上用于产业分析的经济学方法所产生的结果将是既不精确又具误导性。

对科斯来说，会计学与企业理论之间的关系特别重要。这是他在"会计学与企业理论研讨会"（Coase, 1990a, p.12）上所提交的论文主题。虽然会计学与企业理论的关系常常被忽视，但对科斯来说，它是研究中不可或缺的一部分。科斯相信，"有关会计系统的理论就是企业理论的一部分"（Coase, 1990a, p.12）。会计系统在企业理论中所发挥的作用可以从科斯的组织理论中自然推演出来。该理论认为，尽管交易成本可以解释企业为什么存在，

　　一旦大多数生产在企业内进行，且大多数交易是企业之间的

交易（firm-firm transactions）而不是要素间的交易（factor-factor transactions），则交易成本的水平将被大大降低。从总体来看，决定生产制度结构的主导因素将不再是交易成本，而是不同企业在组织特定活动时的相关成本。（Coase, 1990a, p.11）[①]

为什么不同企业组织某种活动的成本不同呢？对这一问题的回答，将把会计学直接置于分析图景之中："如果经济学家想要研究企业组织不同活动的成本的决定因素，他们将不得不诉诸会计人员的帮助，因为组织成本明显取决于会计系统的效率"（Coase, 1990a, p.11，重点为本书所加）。

通过把会计系统与组织结构的决定清晰地联结起来，科斯解释了会计系统所发挥的作用：

由于使用一种资源就意味着否定它在其他用途上的使用，成本数字应该能反映出该资源被用作他途时所能带来的产出。**在企业这个计划社会（planned society）中，绝大多数成本并不直接产生于市场活动，而是由会计体系加以计算和提供。**在企业外部，价格及成本清晰可见（因为其他人对资源存在需求），并且由市场运行决定；在企业内部，出于同样的理由也存在显而易见的成本，但这要由会计系统加以提供。在这里，内部系统取代了市场价格系统。

在"工商组织与会计"中，我关心的是这些会计核算是否准确。毋庸置疑，在一些情况下进行会计核算将比在其他情况下更加困难。当企业所从事的某些活动或活动组合使得会计核算变得困难时，此时的组织成本将更大，要么是因为企业所犯的错误更多，要么是企业为了防止犯错误而支出更多。结果，那些由企业所从事的

[①] 显然，这里的论述与他对企业活动的范围和边界的讨论（Coase, 1937a）有直接联系。科斯认为，企业活动的范围取决于内部组织成本、市场交易成本，或由其他企业进行运作的成本之间的比较。

活动必然会在某种程度上受到这些活动对效率所产生作用的影响，而这正是会计系统所要处理的。（Coase, 1990a, pp.11-12，重点为本书所加）

因此，若期望对企业及其组织的研究能够产出丰厚成果，经济学家必须改变他们对企业的传统看法，并改变他们（对企业理论）的传统研究方法。此外，会计人员还要改变他们的工作方式，以准确核算出企业进行不同潜在活动的成本和利润。只有这样，经济学家才能通过会计人员的帮助，发展出一套能够反映现实的企业理论，并由此使该理论能被有效运用于解决经济问题。

4. 社会成本问题

"当我使用某个字眼时，"蛋先生（Humpty-Dumpty）说道，"它的意思就是我选择它所表达的意思——不多也不少。"

——刘易斯·卡罗尔，《爱丽丝漫游镜中世界》

如果一个心理学家准备和经济学家玩词语联想游戏，那么当他提出"科斯（Coase）"一词时，所得到的最高频反应无疑将是"科斯定理"（Coase theorem）。科斯定理及其所蕴含的观点已经牢牢占据了经济学家的想象空间，就好像他们对此再没有其他想法一样。的确，正如罗伯特·库特（Robert Cooter, 1987, p.457）所说，"任何向那些大一新生讲授科斯定理的学者，都会切身体会到它所激发的惊讶和赞赏"。这一事实本身就值得我们去分析，本书将在下文对此进行讨论。然而，本章所谈的最重要内容很大程度上是经济学内部所发生的一场全方位运动——即新古典法与经济学是如何围绕一篇文章——即科斯的"社会成本问题"（Coase, 1960）而发展的。[①]

科斯定理绝不是"社会成本问题"所包含的唯一思想，甚至也不是

[①] 卡拉布雷西（Calabresi, 1961）同样对新古典法与经济学的发展发挥了重要作用。另外，我们要承认，法与经济学并非开端于科斯与卡拉布雷西的研究。关于这一点，萨缪尔斯（Samuels, 1993）在综述法与经济学研究领域早期文献时给予了解释。

该文的主要信息。事实上,"科斯定理"这个术语并非科斯发明,而是由乔治·施蒂格勒(George Stigler)在《价格理论》(*The Theory of Price, 1966, p.113*)一书中首创。经济学家对这一定理引用最多,这使得对该定理的文本解读成为一项有趣的研究。鉴于科斯定理在学术界的显赫地位,我们值得在这里给予它足够的关注,而且我们确实将这么做。然而,由于它仅仅是科斯所试图描绘图景的一部分,因此,我们的讨论必须超越科斯定理以接近科斯分析的核心要点。若我们的分析仅仅局限于科斯定理,这就好比研究蒙娜丽莎时仅仅凝视她的眼睛:虽然确有所得,然而很多信息将会丢失。

4.1 一些背景

在这里,我们所要考虑的是外部性(externalities)——虽然科斯不喜欢这个术语①。科斯在"社会成本问题"开头就开宗明义:"这篇文章关注的是企业行为对其他人造成有害影响的问题"(Coase, 1960, p.1),或用传统的专业术语来说,即边际私人产出(marginal private product)与边际社会产出(marginal social product)有分歧的情形。

这种分析可以追溯到 20 世纪早期以及庇古(A. C. Pigou)在其《福利经济学》(*The Economics of Welfare, 1962*)一书中的研究。②在《福利经济学》第九章,庇古分析了造成经济行为人的自利行为无法最大化国民总收益(national dividend)的边际私人产出与边际社会产出有分歧的情况。庇古认为,在这种情况下,"我们希望,当某些特定(政府)干预行为作用于正常的经济过程,(国民)收益不是减少了而是增大了"

---

① 科斯对"外部性(externality)"一词的厌恶很大程度源于在他印象中对这个术语的使用往往暗含着需要某种政府行动来对付外部性(externalities)(Coase, 1988e, pp.26-27)。

② 《福利经济学》(*The Economics of Welfare*)初版于 1920 年,是庇古之前著作《财富与福利》(*Wealth and Welfare, 1912*)的一个修订本。

（Pigou, 1962, p.172）。庇古分析了好几种社会净产出与私人净产出有分歧的情况，而对我们目前所讨论的问题来说，最重要的一种情况是：

> 某 A 向第二个人 B 提供有偿服务，在此过程中，他顺便为其他人（并非相同服务的提供者）带来了服务或伤害，但无法向受益群体索取报酬或为受损群体提供补偿的情况。（Pigou, 1962, p.183）

在庇古看来，这些第三方效应（third-party effects）使市场不能良好运行，因此，必须要解决的是：如何纠正这些问题。

庇古明确否认存在对这些问题的可行的私人解决方案：

> 很明显，到目前为止，我们所考虑的那些私人与社会净产出之间的差异无法……通过合约双方修正他们之间的合约关系而得到改善，因为产生这种差异的服务或伤害是作用于合约当事人以外的群体。（Pigou, 1962, p.192）

稍后，他以一种看似更强的语气这样论述：

> 指望一群相互独立的投资者的自主活动能带来规划良好的市镇，这就犹如指望一群相互独立的艺术家分别在各个角落里进行创作，最终完成一幅令人满意的图画一样——毫无根据。我们不能依赖"看不见的手"把整体中不同部分的单独行动加以组合以产生良好的结果。所以，必须要由一个更高的权威（authority）进行干预以解决诸如美观、空气和光线一类的公共问题（collective problems），正如已被解决的天然气和供水这样的一些公共问题那样。（Pigou, 1962, p.195）

于是，解决私人产出和社会产出之间的分歧问题就落在了政府通过税收、补贴和管制等行为领域内。（Pigou, 1962, pp.192-194）

在庇古看来，政府是经济系统中不可或缺的重要组成部分，因为"许多障碍的存在，将阻止公共资源在不同用途或行业中被分配到最有效的用途"（Pigou, 1962, p.129）。他说，政府能够"明智地控制经济力量的运作，以增进全体国民的总福利"（Pigou, 1962, pp.129-130）。之后的学者就是利用庇古的这些观点来分析外部性问题的。庇古的分析进路正是当前现代经济学对外部性问题的分析基础。

4.2 "联邦通讯委员会"：打响第一枪

科斯对外部性问题的分析是对庇古分析及庇古传统的直接回应。按照波斯纳（Posner）的说法，科斯的"社会成本问题"是"整个法与经济学分析的基础"（Kitch, 1983, p226）。的确，当我们考察了法与经济学领域的标准教科书，就会发现这篇文章的特定方面——即科斯定理就是处于许多对财产法、合同法与侵权法的经济分析的中心位置。[1]

实际上，"社会成本问题"是科斯一篇较早论文即"联邦通讯委员会"（Coase, 1959）的智识后裔。[2] 在那篇较早写就的论文中，科斯想要说明的是：政府通过行政命令对广播频率进行分配是错误的，这种分配体系应该由广播频率的市场所取代。之所以会出现广播业中的管制结构，最初起因于各个广播电台任意选取自己想要的频率进行广播的混乱状况。这种放任自由的系统导致电波混乱，因为使用相同或相邻频率的广播台将相互干扰对方的播送。为了解决这一混乱状态，联邦广播委员会（Federal Radio Commission）于 1927 年提出一种方案，即对广播频率进行管制。[3] 这一委员会所拥有的权力在 1934 年被移交给联邦通讯委员会（Federal Communications Commission，下简称 FCC）。

科斯以菲利克斯·法兰克福特法官（Justice Felix Frankfurter）和查

---

① 可参见 Cooter and Ulen（1988）、Posner（1986）和 Hirsch（1988）。

② 以下我们简称这篇文章为 "The FCC"。

③ 对这些事件的描述可参见 Coase（1959, pp.1-7）。

理·希普曼教授（Professor Charles Siepmann）为例，分析了广泛支持这种管制的代表性论证的修辞。法兰克福特法官是基于稀缺性角度来捍卫电波管制的必要性，他说："广播设施的提供还不够充足，不能满足所有想使用广播之人的要求。"（转引自 Coase, 1959, p.13）希普曼教授则视管制的兴起是由于广播从业者之间的"残酷竞争""显然阻碍了广播业的有序发展，并使收听者不得不遭受供应紧张和使用不便的痛苦"（转引自 Coase, 1959, p.13）。但科斯对此的看法与他们全然不同。在回应法兰克福特法官的论断时，科斯所举论据是所有学过初级微观经济学的学生都耳熟能详的：一切资源的供给都是稀缺的，而美国用来解决稀缺性的通常方法就是依靠市场而不是政府来进行资源分配。对希普曼所说的广播业领域竞争所具有的摧毁性本质，科斯的回应则直指现代外部性理论的核心——这一问题并非由于存在竞争，而是源于"没有为这些稀缺的频率界定合适的产权"（Coase, 1959, p.14）。在科斯看来，广播业的现状，与土地没有界定合适产权将会发生的情况没什么两样：为了一小块土地而发生的竞争以及相邻土地之间不能相容的用途，都会导致与广播业相同类型的混乱。

当然，不能把没有界定产权所产生的问题说成是广播管制工具的罪过，因为管制就意味着政府（或公众）拥有广播频谱的所有权，对频率的分配是通过行政命令进行的。科斯分析的根本所在是我们应该采纳什么样的分配机制（allocation mechanism），我们的目标是使频率在使用者之间得到最优配置。就此而言，科斯对最优分配机制的看法是清晰明了的："原则上，我们所寻找的解决方案将会在私有财产制和价格机制能够运转自如的条件下得到"（Coase, 1959, p.29，重点为本书所加）。更明确地说，"资源配置应该由市场力量来决定，而不应该是政府决策的结果"（Coase, 1959, p.18）。

在描述这种分配机制何以能顺利运行时，科斯的下面两段论述同样是非常清晰明了的。将这两段论述加以组合就构成了人们通常所说的科斯定理：

> 对权利的界定是市场交易的基本前提；但是，使产出价值最大化的最终结果并不取决于对产权的法律裁决。（Coase, 1959, p.27）

> 一旦当事人的法律权利得以确立，在谈判可能导致的成本是值得付出的情况下，当事人是可能在法律规则内为更改权利安排而进行谈判的。（Coase, 1959, pp.26-27）

通过使用某种机制为广播频率界定合适的产权[①]，并为这些权利建立市场，相关的资源（包括频率以及与广播相关的所有其他资源）将会流向能使它们产生最大价值的用途。因此，庇古所认为的唯一可行的解决方案——税收/补贴/管制工具并不是必需的。正如科斯所说，现行法律结构所反映的基本是庇古的观点，它所存在的问题就是把发生这种"合意"市场交易的可能性排除在外（Coase, 1959, p.27，注释54）。很显然，由科斯在"联邦通讯委员会"中首次阐述的这些基本观点也可以直接应用于诸如污染外部性和有关产权、合约及侵权的普通法中，这并非什么先见之明。然而，科斯在"联邦通讯委员会"中已经认识到他的基本观点与污染外部性以及普通法之间的这些关系，比如他提到了污染外部性（Coase, 1959, p.29），还以英国财产法案例中的"斯特奇斯诉布里奇曼案"（Sturges v. Bridgman）作为主要分析工具。[②]

然而，科斯在这篇文章中的观点，尤其是对市场相比庇古方法所具有的优点的论述，并没有立即被学界接受。事实上，有一些学者——尤其是芝加哥大学的经济学家们还认为他是错误的。科斯在"社会成本问题"中对自己的观点进行了更广泛的分析，从而消除了这些反对者的疑虑和反对（Coase, 1988e, p.11）。这背后的故事颇具兴味，值得在这里加以复述。

1960年，一群来自芝加哥大学的经济学家，包括阿伦·迪莱克特（Aaron Director），米尔顿·弗里德曼（Milton Friedman）和乔治·施蒂

---

① 科斯似乎倾向于拍卖机制（Coase, 1959, p.30）。

② 参见 Coase（1959, p.26）。

格勒（George Stigler）等，齐聚于迪莱克特家中会见科斯，目的在于讨论"联邦通讯委员会"。①虽然当晚的讨论并没有留下文字记录，但施蒂格勒回忆了整个事件的基本过程：

> 那天晚上，我们一开始就进行了投票，庇古获得二十票，而罗纳德＊只有一票——如果不允许罗纳德参与投票，那么一边倒的情况会更加严重。
>
> 讨论开始了……我记得，罗纳德并没有说服我们，但他拒绝向我们的错误论点屈服。米尔顿开始从一个角度攻击他，然后从另一个角度，而后再换一个角度。然而令我们大为恐慌的是，米尔顿开始放过罗纳德，转而攻击我们。在那晚聚会结束的时候，投票结果发生了改变。罗纳德获得了二十一票，而庇古一票未得。（转引于 Kitch, 1983, p.221）

施蒂格勒后来把那一晚称作"自己生命中最激动人心的智识事件之一"（Kitch, 1983, p.221）。那晚的聚会之后，迪莱克特请求科斯整理出他的观点，为《法和经济学期刊》（*Journal of Law and Economics*）写篇文章，结果产生了"社会成本问题"。

4.3 "社会成本问题"：一个新的范式

在"社会成本问题"中，科斯大大拓宽了"联邦通讯委员会"中的分析维度，探索了一般意义上的有害影响问题。科斯尤其关注当时被牢固内嵌于新古典经济学理论的庇古传统。正如上文所述，庇古外部性分析的核心要素是，外部性问题应该由政府通过税收、补贴或管制加

---

① 此时，科斯仍就职于弗吉尼亚大学。

＊ 罗纳德是科斯的名，美国人习惯于称呼人的名，而不是姓。——译者注

以纠正。科斯认为，庇古分析的关键，往好里说是过于狭隘，往坏里说则是全然错误，根据它的处方所开出的政策常常是不适当的，会产生不合意后果（Coase, 1960, p.2）。为了佐证自己的观点，科斯列举了庇古传统中的两个主要缺陷：（1）忽视外部性问题的相互性质（reciprocal nature）；（2）没有分析市场在解决这一类问题时可能发挥的任何作用。

外部性的相互性质

科斯在"联邦通讯委员会"中只是略微提及外部性问题的相互性质（Coase, 1959, p.26），而在"社会成本问题"中他对这一概念进行了充分详述。考虑这样一种情形：某电厂 A 产生的烟雾，对邻近居民区的居民 B 产生了有害影响。经济学家（事实上大多数人）都会认为，电厂对周边居民造成了损害，我们应该通过某种机制来限制这种有害行为。但科斯认为，以这种方法来应对此类问题是南辕北辙的。我们不能说是 A 损害了 B，因为如果 B 不在那里，损害就不会发生。相反，"我们要处理的是一个具有相互性质的问题。为了避免伤害 B，就得损害 A。**真正要决定的问题是：是允许 A 损害 B，还是允许 B 损害 A？问题是要避免更严重的损害**"（Coase, 1960, p.2，重点为本书所加）。

科斯在这里指出了两个不同且重要的观点：（1）权利具有双重性质（dual nature）；（2）权利的分配应该使损害最小化。其中第一点——即权利的双重性质，是霍菲尔德（Wesley N. Hohfeld, 1913）和康芒斯（John R. Commons, 1924）在 20 世纪早期就已经提出的观点。A 和 B 都拥有一组利益（interests），而那些受到政府保护的利益获得了权利地位。于是，我们可以说，A 的利益在于通过他的资产来发电以使其利润最大化；而他的邻居 B 的利益在于享有居民区以使其效用最大化。当发电厂为追求利润最大化而造成空气污染，从而损害邻居们的效用时，问题就出现了。问题在于：谁的利益应该得到保护，或者说得到权利地位。如果将污染权授予 A，则 B 的效用将小于 B 被授权不受污染损害的情形，也就是说，授权 A 具有强加成本给 B 的权利；反之，若 B 拥有不受污染的权利，则 A 的利润将会减小，因为安装污染治理设备、迁往他处或彻底关门倒闭，都会带来成本；换言之，授权给 B 将会强加成本给 A。科斯认为，庇古分析只强调某一方是造成损害的唯一原因，从而掩盖了问题的相互性质。

科斯在讨论 19 世纪的 "布莱恩特诉勒菲弗案" (*Bryant v. Lefever*) 时，进一步阐明了他的立场。这个案例是这样的：被告人加高了他家住房的墙壁，致使其邻居（原告）家烟囱周围的空气流动性遭到破坏，并导致烟尘从壁炉倒灌进室内。科斯认为，是双方共同造成了这种烟尘损害。当壁炉生火时，若没有墙壁就不会有烟尘损害；当墙壁被砌高时，若不生火也不会有烟尘损害。只要不砌墙或不生火，烟尘损害就会消失 (Coase, 1960, p.13，重点为原文所加)。科斯继续陈述，从（损害产生）原因的角度看，双方都对损害负有责任，双方都应该在决策时考虑这种损害的影响 (Coase, 1960, p.13)。他认为，庇古方法的问题在于，它仅仅指定了某一方为损害的制造者，并要求该方对损害负责。

科斯的这个想法从理论上讲是很精彩的，甚至在某些情况下是正确的，但如果我们真的把它当作一般性原则付诸实践，相互性这个概念还是有其阴暗面，会与人们所珍视的许多社会习俗和传统产生冲突。例如，假设存在两个电台：科斯台（WCOASE）与庇古台（WPIGOU），这两个电台同时设立，彼此毗邻，并决定在相同时段以相同频率进行播送。结果，由于两个电台的信号相互干扰而造成电波混乱。于是，庇古台对科斯台提出诉讼，要求它停止对自己信号的干扰。面对这样的案例，科斯式的立场似乎就是非常正确的——既然两家电台最初是在同一时段进行广播，那么我们就不能说某一方是造成干扰的唯一原因。

现在让我们假设另一种情况：科斯台还是与庇古台在同一时段使用同一频率进行广播。但庇古台在过去二十年里，一直使用这一频率在这一时段进行广播。在这种情况下，如果庇古台对科斯台提出诉讼，要求对方停止干扰，我们就可能倾向于认为，法庭裁决应有利于庇古台，因为毕竟是它先运营了这一有争议的频率，而且已经运营了这么久——这是符合先到先得原则（first-in-time rule）的。但科斯可能不这么认为，他会认为，我们不能说科斯台是造成干扰的原因，尽管先到先得原则曾在西方的法律实践和意识形态中长期占据主导地位，但我们需要重新调整对这些问题的思考。或许可以这么说，但为了将思考推得更远，让我们来看另一个例子。

假设醉汉鲍勃（Bob Blotto）*的效用最大化过程包含在当地酒吧大量饮酒。一天晚上，喝得烂醉的他自行开车回家。途中，他失去了对车的控制，撞倒皮尔布莱德（Prudence Purebread）*—— 一个在自家院子玩耍的小女孩，并导致其身负重伤。根据相互性的分析进路，我们不能依照原始直觉来做出判断，即认为醉汉鲍勃是罪魁祸首。因为倘若小女孩不在她家的前院玩耍，她就不会受伤。我相信，这种思考方法甚至会使最极端的科斯主义者（Coasian）的情感受到伤害。这也说明了能使相互性观念合理地付诸实践的范围是有限的。①

科斯有关相互性的讨论，所提出的第二个观点是，解决这些有害影响的正确进路是"避免更严重的损害"（Coase, 1960, p.2）。由此可得出的结论：在存在有害影响的情况下，解决问题的目标应该是最大化产出价值（Coase, 1960, p.15）。鉴于这里要讨论的问题是权利分配，那么，决策原则就是权利分配应当使产出价值最大化。这个命题已经成为现代法律经济学分析的基础。②

这里有两个主要问题需要提出来：第一，这种分析进路是假设社会福利函数形式为 $W = f(Q)$，其中 Q 是产出价值，这意味着，社会福利

＊　音译为鲍勃·布洛陀。"Blotto"意即"烂醉的"，作者在这里使用了一个双关语。——译者注

＊　音译为普鲁登斯·皮尔布莱德。"Prudence"的意义为"谨慎"，这是作者的另一双关语。——译者注

①　参见 Randall（1974）有关科斯定理语境下因果关系的道德与伦理维度的讨论。

②　例如，可参见 Posner（1986，第一章）以及 Cooter and Ulen（1988，第一章）。

仅仅是社会生产出来的产品价值的函数。然而，如果我们采取这样的假设：社会福利是社会成员的快乐或幸福（well-being）的总和，而幸福是产出价值以及其他事物的函数，那么，我们就不能说产出价值最大化等同于社会福利最大化。[①] 进一步讲，对社会福利的特征性描述的分歧越大，这两种标准（产出价值最大化和社会福利最大化）中的某一个就越符合某一类人的利益。当然，这种思考就完全背离了效率衡量是否应该成为法律裁决的目标或首要目标这个问题。

第二个问题，也是更为根本的，是循环性（circularity）问题。[②] 效率是各种权利的函数，产值最大化是效率的一个变体。要对均衡时的收益、成本、产出、价格、财富、支付意愿以及其他因素的价值进行计算，就需要一个充分界定的权利结构。其结果就是，任何一个这样的价值都是权利结构的函数，而权利结构也是这些价值的基础。从而，任何特定有效方案（efficient solution）都是权利结构的函数，而权利结构也是任何特定有效方案的基础；换句话讲，权利可以唯一地由效率基础来决定就是一个循环命题。

市场制胜：零交易成本世界

接下来，科斯转向分析市场作为解决有害影响的手段。他从考察交易成本为零且造成损害的经济主体对所有损害负全责的情形开始。[③] 在一个已经成为外部性问题研究的经典案例中，科斯设想了这样一个场景：养牛人和农民在毗邻土地上进行经营，他们之间没有设隔离双方的栅栏。结果，牛群随意游荡到农民的土地，践踏损毁了一部分庄稼。牛群的头数与谷物年损失的关系如图表 4.1 所示。假设用栅栏将农民土地围起来的成本为每年 9 美元。

---

① 参见 Veljanovski（1981）和 Medema（1993）。
② 参见 Samuels（1989b）、Veljanovski（1981）和 Medema（1993）。
③ 我在这里所指的原因（causation）是传统（而不是相互性）意义上的（例如，污染者是造成损害的原因，因为烟尘是从他的工厂中排出的）。

图表 4.1

牛群数目 （头）	谷物年损失 （吨）	每增加一头牛所造成的谷物损失 （吨）
1	1	1
2	3	2
3	6	3
4	10	4

来源：Coase, 1960, p.3

  科斯首先考察了养牛人对其牛群带来的损失负有责任的情况。此种情况下，为了决定是否扩大自己的牛群规模，养牛人必须权衡边际收益与边际成本，其中边际成本包括向额外的庄稼损失所支付的额外赔偿。假设四头牛的总损害是 10 美元，准备饲养 4 头牛的养牛人会愿意花钱安置栅栏，因为安置栅栏的成本（9 美元）低于赔偿费用。由于养牛人不得不将谷物产值的减损计入自己的产出决策考量，因此，在假定完全竞争条件下，这将会带来产出价值的最大化（Coase, 1960, p.5）。

  科斯阐述了为谷物损失进行赔偿可能无效，反而双方进行互利性质的讨价还价可能提高效率的情形。假设农民的庄稼价值 12 美元，生产成本是 10 美元，这样农民的利润就是 2 美元。再假设已经拥有 1 头牛的养牛人，突然发现将牛群扩大至 2 头是有利可图的，则养牛人为饲养 2 头牛而需将赔偿额增加到 3 美元，但农民的利润不受影响，因为受损谷物的价值将得到足额赔偿。这样，虽然牛群规模对农民来说是无差异的，但对于养牛人则不然。由于农民的利润是 2 美元，任何高于 2 美元的补偿都会诱使他放弃耕作。进一步讲，因为养牛人必须为谷物损失支付 3 美元的赔偿，他会乐意向农民支付高达 3 美元的赔偿从而使农民放弃对土地的耕作。当然，这样一来，就会使损失总量为零，由此带来的赔偿总额也会为零，从而使养牛人的状况好于农民耕种土地的情况。因此，互利交易的确具有存在的可能，其中养牛人向农民的支付在 2—3 美元之间，以诱使后者放弃土地耕种。① 实际的支付额将取决于谈判过

———

① 这一结论适用于任何数量的农民土地。

程中双方的精明程度：

> 因为这笔支付不会高到使养牛人放弃这块放养牛群的场地，同
> 时也因为这块场地不会随着牛群规模而发生改变，所以，这样的协
> 议不会影响资源配置，只会改变养牛人与农民之间的收入与财富的
> 分配。（Coase, 1960, p.5）

科斯接着转向分析交易成本仍为零，但造成损害一方（这里即牧场主）
无须为损害负责的情形。回到图表4.1，现在我们要以一种不同的视角
来看待受损谷物的价值。在养牛人对损害负责的情况下，受损谷物的价
值代表了养牛人为饲养既定头数的牛群，必须向农民支付的总额。但如
果养牛人无须为损害负责，则这种支付就不在他的考虑范围之内。相
反，农民为避免这种损害，会愿意向养牛人支付不高于受损谷物价值的
数额。假设养牛人有3头牛，如果他愿意将牛群数目减少到2头，则
农民将最多愿意支付3美元；或者，如果养牛人愿意将牛群数目减少到
1头，农民最多愿意支付5美元，以此类推。当然，农民绝不会为了使
养牛人减小牛群规模而愿意向他支付超过9美元，因为9美元足够农民
安置栅栏的费用了。这样，农民为了避免损害而愿意进行的支付，使得
养牛人造成的破坏成本内部化，这与养牛人对损害负责的情形完全相
同。比如说，当养牛人负责对损害进行支付时，增加第3头牛所带来的
成本，会包含对农民的3美元赔偿；若养牛人无须对损害负责，则他增
加第3头牛所带来的成本将包含可怜的农民愿意支付的3美元"贿赂"。
于是，无论养牛人是否对损害负责，牛群规模都将维持不变，因为养牛
人面对的成本状况保持不变。

　　科斯将上述例子中的观点总结如下：

> 有必要知道损害一方是否对产生的损害负责。因为没有这种初
> 始的权利界定，就不存在能使权利加以转让和重组的市场交易。然
> 而，如果我们假设定价体系的运行是没有成本的，则（使产出价值

最大化的）最终结果，将不受法律状况的影响。（Coase, 1960, p.8,
重点为本书所加）

这就是科斯在这篇论文中，最接近于众所周知的"科斯定理"的论述。

为了将这里所得出的结果与庇古分析加以对比，我们假设政府命令
毗邻于农民的养牛人必须在双方土地之间安置栅栏，以使牛群不至于越
界。在这个农民-养牛人的例子中，如果利润最大化的牛群数量是4头，
则科斯式和庇古式的解决方案将是相同的，因为不管权利如何分配，栅
栏总会被安置。但如果利润最大化的牛群数量是3头或者更少，则政府
管制的结果将迥异于科斯式的解决方案，因为无论产权如何分配，哪一
方都不愿意安置栅栏。正因为在这种情况下，安置栅栏的成本高于所导
致的损害，所以，管制方案不会是成本最小化的方案，从而在科斯看来
就是无效率的。

为了阐述上述原理是如何适用于有害影响的实际情况，科斯把注
意力转向了对四个发生在19世纪的英国法律案例的分析。我们将考
察科斯对其中两个案例的分析："斯特奇斯诉布里奇曼案"（*Sturges v.
Bridgman*）[①] 和"巴斯诉格里高利案"（*Bass v. Gregory*）。[②]

"斯特奇斯诉布里奇曼案"首次出现于"联邦通讯委员会"：某位
糖果商在生产过程中，使用两套杵和研钵，其中一套已经在该地使用
60多年，另一套也使用超过26年。此时，一名医生迁居糖果商隔壁，
开了家诊所。头8年双方相安无事，直到医生决定在紧挨糖果商厨房的
一个房间里建起检查室。糖果商厨房所传出的噪声和震动，使医生难以
在这个房间里进行诊断，尤其是当他要使用听诊器时。于是，医生为了
阻止糖果商使用他的生产机器，决意寻求一纸法律禁令。结果，法院准
予医生的诉求，理由是若判决有利于糖果商，"将……对住宅用途的土
地开发产生不利影响"（转引自 Coase, 1960, p.9）。

————————

① 11 Ch. D. 852 (1879)。
② 25 Q. B. D. 481 (1890)。

科斯将他之前的分析应用于这个案例的事实，指出，只有在法院的裁决是把权利配置到它的最大价值用途上时，这种裁决才会决定权利的最终分配。也就是说，如果糖果商对他在此地使用制糖机器所产出价值的估计，大于医生对安静环境的价值估计，则糖果商将愿意买通医生，使自己留在此地。如果糖果商搬迁或停业的成本大于医生重新安排其办公室使噪声不再干扰工作的成本，上述这种结果就会出现。[①] 因此，在科斯看来，法院试图（通过提高土地的居住或职业用途）而做出的社会规划能否成功，以及这种社会规划是否合意，取决于诉讼双方对这块土地的相对估价。权利的最终"栖息地"与法院的判决无关。

"斯特奇斯诉布里奇曼案"表明私人交易可以颠覆法院的社会规划意图，而"巴斯诉格里高利案"则阐明，当传统的财产规则应用于争端解决，私人交易也可以产生相似效果。在"巴斯诉格里高利案"中，一位酒店老板在自家酒馆的地窖中酿造啤酒。从地窖中探出的通风井，开口于隔壁邻居所属土地的院子中。隔壁土地的所有者封住了这口井，使其无法通风。于是，酒店老板一纸诉状将邻居告上法庭。法院的裁决偏向于酒店老板，其判决基础是"遗忘授权原则"（doctrine of lost grant），该原则认为："如果某项法律权利被证明已经存在并被付诸实践多年，则法律就应该假定，这种权利是有法律渊源（legal origin）的"（转引自Coase, 1960, p.14）。该酒窖通风井已经存在40余年，这位邻居在购买这块土地时不可能不知道这一点，尽管通风井里飘出的空气，确实使整个院子弥漫着啤酒的气味。

然而科斯再一次指出，只有通风井对酒店老板的价值超过清新空气对于邻居的价值，（法院赋予的）权利才最终归属于酒店老板。若不然，邻居将买通酒店老板，让他挖一口新的通风井，或让他去别处经营，或干脆让他歇业。如果双方的讨价还价是无成本的，则权利将被吸引至最高价值的用途，而"遗忘授权原则"与最大化价值的结果的关系，就如

---

① 相似地，如果法院将权利判给糖果商，而医生对权利的价值判断更高，他将买通糖果商以使他搬走或歇业。

同它与法官眼睛的颜色一样，是毫不相干的"(Coase, 1960, p.15)。

若交易是无成本的，则诸如法律规则、社会规划意图或其他类似做法，与最大化产值的结果都是毫不相干的。经济学的问题是实现产出价值的最大化，而法院依据其他基础对权利所做出的分配最终将会被颠覆。事实上，就算法院以抛硬币的方式来决定权利的分配，也没有关系。诚如科斯所言：

> 我们应该记住，法院面临的迫切问题**不是谁应该做什么，而是谁有法律权利去做什么**。通过市场交易来改变法律对权利的最初界定，这总是有可能的。当然，如果市场交易是无成本的，如果权利的重新分配会带来产值的增加，则这种重新分配总会发生。（Coase, 1960, p.15，重点为原文所加）

人们通常认为零交易成本世界是"科斯主义世界"(Coasian world)，这一标签虽然不错，但科斯本人拒绝这种说法。[①] 如果我们对"科斯"(Coase) 与"科斯主义"(Coasian) 这两个词加以区分，那么这种貌似的矛盾就会自行消失。科斯明确认识到，零交易成本假设"是非常不真实的"(Coase, 1960, p.15)。然而，无论是科斯的追随者（即科斯主义者 [the Coasians]）还是他的批评者，似乎都视零交易成本世界为原则和启示（rule and message），而不是（科斯所想指出的）例外和幻觉（exception and illusion）。我们将在下文中对此进行讨论。

真实世界：正的交易成本

现在，让我们和科斯一起，来到正交易成本的世界。这些成本产生于提出、进行和开展交易（或合约）安排的困难："为了开展市场交易，必须发现谁愿意交易，必须告诉人们愿意交易的人和所依据的方式，必

---

① 参见 Coase（1988e, p.174）。

须通过谈判来达成交易、签订合约并督促合约条款被严格执行，等等"（Coase, 1960, p.15）。当交易成本为零时，权利将通过市场进行重新分配，直到实现它们的最大价值。然而，若交易成本为正，则只有在重新分配权利所增加的产出价值大于进行这种分配所带来的成本时，重新分配才会发生（Coase, 1960, pp.15-16）。

高昂交易成本的存在，意味着法院有关权利分配的决定将对产出价值最大化发挥关键性作用。在这种情况下，就会发生所谓的"法律粘蝇纸效应"（legal flypaper effect），即权利将被粘在它所撞上的地方。与零交易成本的情况相反，如果法院意图牺牲效率以作为社会规划的"祭品"（altar），那么，由于为实现有效率结果的讨价还价的成本过高，则法院的这种意图将获得成功。

法院也不总是能够通过对权利进行简单的分配以实现（全局的）产出价值最大化，如果法院能够做到这一点，则交易成本问题就无足轻重了。例如，假设某企业每年要向河中倾倒 100 吨的有毒物质。下游的用水者将该企业告上法庭，诉诸法院来阻止这种污染行为。在这种情况下，法院要么给予企业污染权，要么给予下游用水者免受污染的权利，这是一种非此即彼的选择。然而，如果能够最大化产出价值的污染水平是某个中间数量，但由于选择程序的性质，不允许法院对这个结果进行规定。此外，如果交易成本过高，当事双方也无法通过讨价还价得到这一有效率的中间数量。法院所面临的选择程序，可能是一种或另一种更有效率的权利分配，但是，如果全局最优解是某个中间数量，而且交易成本过高的话，就无法通过产权规则（property rules）来实现这个最优解。

科斯认为，这些高昂交易成本的存在，也许就意味着某种政府管制机制是必要的。科斯利用"企业的性质"（1937a）的分析，认为，倘若市场无法以划算的方式为有害影响问题提供协调功能，政府是可以提供这种协调的，这恰如当市场交易在投入产出舞台上代价高昂时，企业将取代市场。这种管制可以规定有害影响的允许规模，或是限制这样的活动所发生的地点。但是，在科斯看来，这里的主要问题是政府管制工具的成本是极高的。而且，从效率角度看，不能保证管制机构一定会采取合适的行动，也不能保证政府会使情况变好而不是变坏。然而，科斯确实认识到政府管制偶尔可能带来经济效率提高。他还认为，在大量案例——例如空气污染问题中，（私人）交易所带来的协调成本可能过高，因此选择管制可能会更好（Coase, 1960, p.18）。

然而，在科斯看来，不采取市场解决方案，并不意味着政府税收或管制就是合理的。当政府干预的所得可能小于其实施成本时，最优的政策就是对有害影响问题什么也不做（do nothing at all）。科斯相信，当我们把管制的所有收益和成本都纳入考量，"通常情况下"，政府管制的成本都会超过其收益，从而最优的（换言之，令产出价值最大化的）解决方案就是什么也不做。既然如此，那么，我们为什么还会看到这么多管制呢？科斯认为，这是因为经济学家和政策制定者倾向于高估管制所带来的收益（Coase, 1960, p.18）。

对于有害影响问题的解决，经济学家乐意推荐税收和管制，政府也乐意实施这样的政策，但科斯显然对此持否定态度。不过，科斯也认识到，这仅仅意味着当前存在的管制太多，我们并不知道合适的管制数量或管制结构应该如何。他认为，只有对各种可行的管制性或非管制性选择的效果进行深入考察，才能回答这些问题（Coase, 1960, pp.18-19）。强调必须调查真实世界中的政策效果，这是科斯著作中反复出现的一个主题。[1]

由于交易成本水平通常很高，而且政府管制工具的成本使对大多数经济活动的管制是不可行的，因此法官所建立的权利结构将可能在一段时间里持续发挥作用——即法律粘蝇纸效应。这一点对法院而言有两层含义：首先，既然权利的分配将影响产出价值，并影响相应的经济活动，那么，法官将这些影响纳入法律判决的考量，并选择最大化产出价值的结果，这是很重要的。当然，有人坚持认为，普通法法官所进行的（无

_____

[1] 参见本书第五章和第六章的讨论。

论他是否自知）裁决正是这样的。[①] 有趣的是，科斯也表达过相似的看法，虽然语气要弱于后来的评论者们如波斯纳（Posner），但却早于他们十多年：

> 稍加研究就会发现，法院通常是认识到了其判决所具有的经济含义……此外，法院在其判决中一贯将这些经济含义与其他因素一起考虑。（Coase, 1960, p.19）

虽然科斯（Coase, 1960, p.22）承认，法庭意见中的经济分析并不总是非常明显，但他认为诸如"合理的（reasonable）"或"普通或一般性用途（common or ordinary use）"这类术语似乎就具有某种经济学内涵，表明法官意识到了他们所处理案件中的经济含义。

对法院来说的第二层含义是，对有些案例来说，虽然采取市场交易的成本高昂，但市场交易仍然极为可行。在这样的情形下，法院应该构造使交易成本（从而也是实施交易所必需的资源总量）尽可能低的权利结构（Coase, 1960, p.19）。这一命题被库特和尤伦（Cooter and Ulen, 1988, p.101）称为"规范性科斯定理"（normative Coase theorem），是说权利结构要有利于市场交易，从而提高受影响当事人通过谈判实现科斯定理所说的效率结果的能力。

铲除庇古主义巨龙

在陈述完自己有关有害影响的理论之后，科斯转向批评庇古（Pigou）和庇古主义传统（Pigouvian tradition）。科斯对庇古的分析很难被认为是宽厚的。他花费大量时间与从庇古著作中断章取义得到的"庇

---

① 例如，可参见 Rubin（1977）、Priest（1977）、Goodman（1978）以及 Posner（1986e，第八章）。

古主义稻草人"（Pigouvian straw men）苦苦鏖战。①然而，这里确实有几项重要的批评值得我们思考。

科斯对庇古的批评，其核心在于，他觉得庇古是把政府视为对所有有害影响的解决方案。让我们看一下科斯的如下陈述：

> 庇古的根本思想似乎是说：有些人认为国家行为（State actions）是不必要的，但正是因为存在有国家行为，社会制度才得以运行良好。尽管如此，（社会制度）仍然存在一些不足之处，那么，我们还需要增加哪些国家行为呢？（Coase, 1960, p.29）

正如上文所述，科斯的立场是，市场方案有很大的可能性来解决有害影响；即使在那些通过市场似乎难以奏效的情况下，税收/补贴/管制也可能无法带来有效率的结果。

科斯还指责庇古没有认识到有害影响的相互性质。庇古把一方视为侵害者，另一方为受害者。对侵害者而言，存在着边际私人产出与边际社会产出之间的差异，后者由于损害行为所带来的有害影响而更小一些。在庇古看来，这种差异可以通过要求侵害者支付赔偿、缴纳税款或对产生有害影响的活动加以管制而得以纠正。"受害者"没有责任从事减小损失水平的活动，即使他们也许能以比侵害者更低的成本来减小损失水平。在科斯看来，把思考的重点集中于边际私人产出和边际社会产出是错误的和误导性的；在比较替代性制度安排时，合适的做法是比较这些替代选项所能带来的总社会产出。他认为，"比较私人产出和社会产出是无关紧要的"（Coase, 1960, p.34）。

科斯主张使用妨害法（law of nuisance）而不是使用税收或管制来处理这些问题。用妨害法来处理这些问题的优点是它鼓励从相互性观点来思考问题。在妨害法的视角下，任何一方都可能负有责任；而若使用税收或管制，"受害者"将永不负责（Coase, 1960, pp.37-38）。换言之，

---

① 对这一论题的近期讨论可参见 Goldberg（1981）和 DeSerpa（1993）。

使用税收或管制方法"将责任规则推向一个极端，从经济学角度来看，这与将责任规则推向另一个极端一样是不可取的"（Coase, 1960, p.38）。相反，妨害法要求法院在裁定是否应该对有害影响在一定程度上加以限制时权衡有害影响的收益和成本（Coase, 1960, p.38）。尽管科斯承认这其中包含的问题远不止对成本和收益进行经济学分析（Coase, 1960, p.38,43）①，但他坚称，"除非法院的行为极其愚蠢，一般情况下采用妨害法似乎很可能带来比采用严苛的规则更令人满意的结果"（Coase, 1960, p.38）。而且，一些案例中的当事方不能通过讨价还价来解决有害影响的事实，表明这些有害影响不值得去消除，因此政府命令式的解决方案可能是个坏主意（Coase, 1960, pp.38-39）。

同对待庇古本人一样，科斯对待庇古主义传统的追随者也毫不手软，并将这一传统的理论分析与政策结论都贴上了"不充分"和"不正确"的标签："令人奇怪的是，庇古提出的这一教条居然有如此大的影响力——尽管它获得成功的部分原因可能在于缺乏明晰的表述。既然表述不明不白，所犯错误也就不清不楚了"（Coase, 1960, p.39）。不论正确与否，庇古主义传统已经统治经济学家们的思维长达半个多世纪，而且已经成为经济学家有关公共政策问题的分析进路的基础。

科斯对庇古主义传统有三个批评。第一，正如科斯定理所证明的，在零交易成本世界中，为了获得有效率的结果，庇古主义纠正是不必要的。这一结论的重要意义在于它挑战了现代庇古主义者的地盘。新古典经济理论假设世界是零交易成本的，并将庇古主义纠正看作解决有害影响问题的必要方法。而科斯的分析表明，在这个世界中，我们所需的仅仅是权利的初始分配，讨价还价过程将导致有效率的结果（Coase, 1992a, p.717）。

第二，庇古主义传统的思考重点是私人产出和社会产出，这使人们觉得两者存在差异是一种"缺陷"（deficiency），必须不惜一切代价以

---

① 但他在整篇文章以及后续作品中的立场是反对过多倚重这一教条的。

某种方式加以补救。科斯认为，我们或许可以把这种思路称为局部均衡式看法，但这种看法无论从局部均衡角度还是一般均衡角度来看，都很可能是错误的。从局部均衡的视角来看，各种补救方法并不一定是相同的，最好的补救方法也可能是什么措施都不采取；从一般均衡的视角来看，不同的补救措施会对其他领域造成不同的有害溢出效应（harmful spillover effects），这些负面溢出效应可能比想要解决的问题所造成的损害更大（Coase, 1960, p.43）。

科斯的第三个批评是，庇古主义税收不能带来最优社会结果（Coase, 1960, pp.41-42）。科斯认为，将税收等同于损害赔偿金，将导致过多的人居住在排污工厂的周围，因为这些人无须承担他们行动的全部成本。因此，当更多的人搬往工厂附近，对企业的征税将会增加，这对企业来说意味着成本的提高。如此一来，我们所面临的就只有两种选择：要么是太多的烟尘和太少的附近居民；要么是太少的烟尘和太多的附近居民。鲍莫尔（Baumol, 1972）指出，科斯的这种分析代表一种对庇古主义税收的根本性误解。税收不会随损害赔偿金水平而发生变化，而是等同于每一有效产出／污染水平下的边际损害赔偿金。鲍莫尔证明：在这种情况下，庇古主义税收是可以带来有效率结果的。[①] 科斯断言，税收随损害赔偿金而变化将导致无效率的结果，这一点是正确的。事实上，这与合同法中强制执行信赖损害（reliance damages）的法律规定将导致企业（从效率性视角来看）过于依赖合约绩效的情况是没有什么差别的。科斯这一批评的另一局限性在于，他只是将庇古主义税收视为纠正有害影响的一种潜在方法，而没有认识到它同样也是政府的潜在收益源。巴拉德和米德玛（Ballard and Medema, 1993）证明，庇古主义税收很可能优于对诸如劳动收入、产出或销售等的征税。在比较评估庇古主义税收与责任规则的用途时，我们需要对所有这些影响都加以

---

① 科斯（Coase, 1988e, pp.179-185）认可了鲍莫尔在这里所提到的观点，但更为重要的或许是，这两位作者都承认实际执行这一套税赋体系是很困难的。本书第六章还将进一步讨论鲍莫尔－科斯的争论。

考虑。

那么，我们应该如何处理有害影响问题呢？科斯建议如下：我们必须把生产要素视为种种权利——实施某种行动的权利。因此，在生产过程中产生有害影响的权利，也应被视为一种生产要素。问题是，使用这种要素（即实施这种权利）对社会造成的成本，是否抵得上它给社会带来的收益。科斯认为，在决定这一问题的答案时，我们必须从整体上考察这种种影响，换言之，评估所有的成本与收益。对科斯来说，关键问题在于，我们必须按照世界实际存在的样子对它进行研究——即研究正交易成本的世界——并在这种世界的框架下评估税收、补贴、管制和谈判的不同效应。要获得合适的答案就要通过研究"真实的政府而不是想象中的政府实际上是如何行动的"（Coase, 1992a, p.717）。为了对这些问题进行有效的分析，我们必须：

> 从近似于真实状况的情形开始分析……考察所建议的政策发生变化的效果并……试着判断从总体上看新的情形是否优于或劣于原来的情形。（Coase, 1960, p.43）

这种制度比较进路，使得我们可以对处理有害影响问题的各种替代性方法的相对效果加以评估，并作出明智的政策选择。

4.4 "社会成本问题"的遗产

"社会成本问题"的核心论点可总结如下：（1）有害影响在本质上是相互性的，所以，我们不能清晰地定义某一方为施加损害的一方；（2）在解决有害影响问题时，目标应该是最大化产出价值；（3）当权利被充分界定且使用价格系统没有成本时，当事人之间的市场交易可以导致产出价值最大化的结果，而不管初始的责任分配怎样（此即科斯定理）；（4）当交易成本高得足以阻止（市场）交易时，在决定如何解决有害影响问题时，我们必须采取比较制度分析来选择能带来最大化产出价值的机制（如税收、管制、责任分配或无为而治）。上文讨论过（1）和（2）所涉及的问题，这里将不再重复。我们将把注意力转向后两点，因为构成"社会成本问题"遗产的正是这些思想。

科斯定理

交换系统（system of exchange）的顺利运行，有赖于发展完备的确立资源所有权的产权法律系统（system of property law）。微观经济学理论告诉我们，在存在这样一个法律系统的情况下，资源间的自由交换将使资源流向价值最高的用途。法律也创造了许多其他类型的权利（entitlements），如免于妨害和免于侵权伤害的权利，确保合约执行的权利。在"社会成本问题"中，科斯通过对零交易成本世界的分析（更明确地说，是通过后来被大家所熟知的"科斯定理"），将他对资源交换的分析一般化到包含法定权利交换的情形（Cooter, 1987, p.457）。在这个一般化过程中，科斯把许多法律置于经济分析的框架之内。同时，他对几十年里一直立于不败之地的庇古分析提出质疑。

正如上文所提到的，"科斯定理"一词源于施蒂格勒 1966 年的《价格理论》（*The Theory of Price*）中的这样一段论述，"科斯定理断言，在完全竞争条件下，私人成本与社会成本将会相等"（Stigler, 1966, p.113）。大概是反思了发生在迪莱克特家的那场辩论——这里就不再重复庇古影响力的广泛性了，施蒂格勒（Stigler, 1966, p.113）还说，"与那些在这一点上不会犯错的年轻读者相比，我们这些相信庇古观点长达一代的老一辈经济学家会更加认为（科斯定理）是不寻常的命题。"但对于"什么是科斯定理？"不可能有简单的答案。众多学者都以自己的方式对这一定理做出了诠释。然而，尽管看起来含义相同，但这些不同诠释所包含的差异却是微妙而重要的。证据如下：

　　如果交易成本为零，则法律结构不会产生影响，因为效率结果

无论如何总会实现。（Polinsky, 1974, p.1665）

如果我们假设行为理性，交易成本为零，且不存在对交易的法律妨害，则**所有的**资源错配都会通过市场交易得到完全纠正。（Calabresi, 1968, p.68，重点为原文所加）

在一个完全竞争、完全信息、零交易成本的世界中，经济中的所有资源分配都将是有效率的，那些对外部性成本的初始影响进行管制的法律规则不会对结果产生影响。（Regan, 1972, p.427）

该定理认为，倘若交易成本为零，则资源的使用效率将不会受到权利初始分配的影响。（Landes and Posner, 1987, p.31）

如果（a）需求不受财富效应影响（b）交易成本为零（c）存在污染或控制污染的权利，则分配结果将是最优的且恒定不变，不管初始权利如何分配。（Frech, 1979, p.254）

如果当事方能够在一起进行讨价还价，并能通过合作解决他们之间的分歧，则他们的行为将是有效率的，不管根本性的法律规则是什么。（Cooter and Ulen, 1988, p.105）

霍夫曼和斯皮策（Hoffman and Spitzer, 1982, p.73）的诠释可能是对这一定理的最冗长陈述：

在下面这个（隐含的）框架下，责任规则的变更不会改变当事方的产出和消费决策，以及经济上的效率：（a）每一个外部性和交易都涉及两个当事方；（b）当事方完全知晓对方的（凸的）生产和利润函数或效用函数；（c）竞争性市场；（d）零交易成本；（e）法院系统无成本运作；（f）生产者追求利润最大化，消费者期望效用最大化；（g）不存在财富效应；（h）当不存在交易成本时，当事方将实现互惠交易。

由科斯定理所产生的"证明"和反驳是如此众多，以致这里无法详细考

察 [1]，只能考察围绕这一定理所产生的两个核心问题进行讨论，它们都体现在上述几种代表性解释中。这两个问题是：(1) 科斯定理声称最终结果是有效率的；(2) 科斯定理声称不同权责安排下的资源分配将是不变的。

在详细研究这些不同说法之前，有必要把科斯定理区分为两大类。第一类强调完全竞争－完全信息，源于施蒂格勒 (Stigler, 1966, p.113)，也见诸于泽尔比 (Zerbe, 1976, p.29) 和里根 (Regan, 1972, p.427)。科斯本人也提到了竞争性市场假设 (Coase, 1960, p.5)。在这一类说法中，所有相关市场都被假设为完全竞争。第二类强调了讨价还价 (bargaining)，比如里根 (Regan, 1972, p.429)、卡拉布雷西 (Calabresi, 1968, p.68) 和法雷尔 (Farrell, 1987, p.113)，他们强调讨价还价机制（博弈）所发挥的核心作用。上述两类对科斯定理的表达的区别在于完全竞争情况与讨价还价情况是截然不同的。在完全竞争下，所有参与者为价格接受者，因而不存在讨价还价；而在讨价还价博弈中，不存在价格接受的行为，这打破了完全竞争的核心假设。[2] 每一种对科斯定理的表述都有关于效率、不变性方面的特定含义，并因此而面临某种批评。

有效性声称

完全竞争－完全信息的科斯定理是由泽尔比 (Zerbe, 1976, p.29) 所表述的："在一个完全竞争、完全信息、零交易成本的世界中，不管责

---

[1] 事实上，科斯定理从未以形式化方式被证明过。"证明"所采取的形式是各种案例。此外，围绕科斯定理的诸多讨论中，一种观点认为该定理是同义反复（例如可参见 Cooter, 1987, p.458）。尽管可以证明科斯定理的一些版本是错误的，但它们不全是同义反复。不过，霍夫曼和斯皮策对科斯定理的表述可能经不住同义反复的挑战。

[2] 霍夫曼－斯皮策对科斯定理的表述既假设完全竞争，又假设存在讨价还价，因而是自相矛盾的。这篇由霍夫曼和斯皮策所写论文是介绍对科斯定理进行实验性检验的结果的系列论文的一部分，还可参见霍夫曼－斯皮策 (Hoffman and Spitzer, 1982)、霍夫曼－库西－斯皮策 (Hoffman, Coursey and Spitzer, 1987)。

任的法律规则如何制定，资源的分配都将是有效的、不变的"。在这个表述中，"有效性"（efficiency）的使用是同义反复。在一个完全竞争、完全信息的零交易成本世界中，不存在摩擦，假定存在所有有益品和有害品的市场。在这种情况下，所谓的外部性一定也存在市场，只是其存在没有意义，因为根据定义，它们是没有被考虑进市场过程的影响。[①]因此，就效率而言，这个版本的科斯定理是正确的。[②]然而，考虑到它所具有的同义反复性质，以及在存在外部性的真实世界中并不存在完全竞争和完全信息，因此，这个版本的科斯定理并不是特别有趣，正如库特（Cooter, 1987, p.458）给它的标签，是"最弱形式的科斯定理"。

以上述对卡拉布雷西（Calabresi）的引述为例可以看出，在讨价还价版本的科斯定理中，有效性声称是否成立是很不明确的。里根（Regan, 1972, pp.429-430）对讨价还价版本（的科斯定理）所声称的有效性提出质疑，他认为这一版本没有考虑到讨价还价博弈中的所有要素，尤其是威胁的存在。里根将讨价还价版本可能产生的无效率结果描述如下：

> 每一个体都不仅希望看到合作能产生收益，更希望他能从中得到尽可能大的利益份额。他将以不合作作为威胁手段，以此提高其利益份额。显而易见，如果其他人不相信他，这种威胁将是无效的。另一方面，除非威胁的内容有时确实会付诸实施，否则威胁不大可能被广泛相信。然而，一旦某种威胁被付诸实施，博弈结果在帕累托（有效）的意义上就将是次优的。（Regan, 1972, p.429）

从某种意义上说，里根的断言是正确的[③]，但它所解说的科斯定理的含义却是自相矛盾的。泽尔比认为，若讨价还价博弈中存在威胁，则违背了

---

① 参见 Arrow（1969, pp.56-59）。
② 参见 Cooter（1982, p.15, 32）的证明。
③ 但须注意下文中布坎南和萨缪尔斯对效率特性的讨论。

零交易成本假设:"在零交易成本的世界里谈论讨价还价,这是自相矛盾的。类似地,敲诈(或威胁)似乎也与零交易成本不相容,因为它本身就是一种纯粹的交易成本"(Zerbe, 1980, pp.85-86)。同里根一样,库特也认识到讨价还价博弈的利益——即瓜分剩余的必要性——必然使得当事方进行讨价还价。考虑到上述因素,"如果我们把零交易成本理解为不存在有关价格的争议,那么讨价还价博弈也就不存在了"(Cooter, 1982, p.17)。因此,在泽尔比看来,这种讨价还价式的解释应归入正交易成本的类别,已经不属于科斯定理的范畴。在库特看来,按照泽尔比的解释,讨价还价模型是无意义的,若接受该模型,则意味着里根的断言——可能出现的讨价还价模型次优结果使得科斯定理的效率性声称不成立——是正确的。因为这些观点都取决于对零交易成本世界的特殊定义,则无论接受或拒绝哪一个,或者接受或拒绝哪一个关于科斯定理的效率性声称的含义,都是缺乏先验基础的(a priori basis)。

就此而言,效率问题最终能否得到解决似乎是个问题。然而,正如布坎南(Buchanan, 1986)、萨缪尔斯(Samuels, 1974)和卡拉布雷西(Calabresi, 1991)所指出的,如果效率的帕累托式概念能被正确应用,则这一争论将会得以解决。尽管他们的著述视角稍有不同,但这三位作者都承认,从帕累托意义上来说,科斯定理的效率性声称无疑是正确的。科斯式分析的问题在于假定了某种唯一的、外部可观察的社会最优解的存在,正是这个问题使它受到了里根和库特这些人的批评。布坎南-萨缪尔斯-卡拉布雷西的分析否认这种唯一效率点的存在。他们认为,在任何给定时点上,效率都是包括权利在内的制度结构的函数。具体来说:

> A 和 B 是有交换可能性的独立当事人,若他们没有就资产 T 发生完备的交易,则说明该资产还保持着其最高的使用价值。**给定制度性安排**,只要 A 和 B 拥有交换或拒绝交换的自由,则资源使用的"效率"就是有保障的。(Buchanan, 1986, p.95, 重点为原文所加)

这种对科斯定理效率性特征的论述有重要意义。如果现存的相关制度组合是自愿谈判的结果，则它就是有效率的。如果不是，那些自由参与自愿交换的当事人就会进行协商，直到形成新的制度结构。给定这种有效率的制度结构，当事人将通过讨价还价以取得有效率的结果，这个结果仅仅对相应的制度结构是有效率的。而且，给定这种制度安排，如果没有发生完备的交易，就意味着资源正处于其最高价值的使用上（即有效率）。有人批评说，这种论述暗示着什么是有效的。但布坎南并不接受这种批评。他认为，如果制度结构是无效率的——或许是政府与交换结果有冲突从而强行设立制度以规避交换发生，那么"分配模式就会被贴上'无效率的'标签，因为它不允许交易的发生"（Buchanan, 1986, p.98）。因此，我们可以得出这样的结论：在不存在人为施加的限制条件下，科斯定理中的讨价还价过程将会带来有效率的结果。①

然而，布坎南－萨缪尔斯－卡拉布雷西的分析，并不仅仅止于支持科斯定理的效率性声称，还拒绝接受零交易成本限制条件的必要性。事实上，布坎南（Buchanan, 1986, pp.96-97）是这样声明的，"由于嵌入了交易成本限制条件，科斯观点的影响力被削弱了"。他使用那些通过信息约束、搭便车问题和策略性交易而显示出来的交易成本例子，论证了上述论点。

布坎南对所有科斯定理的表述的分析基本上都是相同的。随着信息约束、搭便车问题和策略性交易而产生的交易成本，是某个给定时点上特定制度结构的结果。如果当事方可以在制度结构内进行自由交易，则该种结构的存在（以及相应交易成本的存在）就是有效率的。如此一

① 也许会有人认为，即使是布坎南的描述，其中的限制性也太强了。有这么一个观点：布坎南所称的人为加诸的限制不过是权利的某些特定表现——此时许多这样的权利结构都是可能的，而且如果不考虑预先给定的规范性假设，就没有哪种权利结构是先验性的更好。如果我们赞同这个观点，则当我们给定某种特定的制度背景，在这种限制下所产生的结果也是有效率的。萨缪尔斯的效率概念可能比布坎南的效率概念更接近这种有关效率的观点。

来，当给定制度结构（这一结构中包含了那些无法被有效消除的交易成本）时，若交换是自愿的，则围绕资源交易发生的讨价还价将会带来有效率的结果。以里根和库特所举的策略性交易博弈为例，如果制度结构允许威胁的存在，则当事方通过讨价还价而得到的某种结果，在某种程度上就是这些威胁的一个函数。[①] 给定制度安排，这一结果是有效率的，因为如果结果不是有效率的，则当事人将通过讨价还价而得到另一个最终结果，或者重设一组制度，以排除策略性交易或威胁发生的可能性（Buchanan, 1986, pp.96-101）。因此，在这种框架下，里根与库特对效率性声称的反对，就是不成立的。更一般地，科斯定理的效率性声称（无论是否包含零交易成本限制条件）的含义是如此广泛，以致从极端来看，它要么是普适性的，要么就是同义反复——这取决于人们的不同视角。

不变性声称

对科斯定理争议最大的，还不是效率性声称，而是所谓的不变性声称，即在零交易成本世界中，最终结果不仅是有效率的，而且不会随权利/责任的分配而变化。用科斯的话来说："倘若假定价格体系的运作是无成本的，则（使产出价值最大化的）最终结果与当事人的法律地位无关"（Coase, 1960, p.8）。

存在两种对不变性声称的可能解释，其含义截然不同。第一种解释在过去最为流行，学者们无论是赞同还是反对不变性声称，都会这样表述：无论权利如何分配，最终都将实现相同的有效率结果。这是一个引发了上千篇论文的不变性声称的版本，这个版本暗含于科斯所举的农民 - 养牛人的例子中，即无论责任在最初是如何被分配的，当事双方都会讨价还价以达成同样有效率的结果。学者们设想出来的对这一命题的验证或反驳所涵盖的要素，包括诸如完全竞争或不完全竞争（Regan，

---

① Coase（1988a）在他的一篇有关敲诈的文章中介绍了有关讨论。

1972; Hoffman and Spitzer, 1982)、策略性交易的存在或不存在（Regan, 1972)、租金的存在或不存在（Nutter, 1968; Regan, 1972; Zerbe, 1980)、成本函数的可分或不可分（Gifford and Stone, 1973; Marchand and Russell, 1977)，还有准入可能性和排他权（Calabresi, 1965; Frech, 1979）等等，这些要素太多太杂，以致我们在这里无法一一加以考察。然而，有另一种要素，它的存在使得不变性声称即使在交易成本为零的条件下也是不成立的，这就是收入效应（income effect）。

收入效应使得不变性声称不成立的观点是由密山（Mishan, 1967, 1971）提出的。要想理解收入效应的重要性，我们就必须承认，对权利的任何划分都会对特定的收入和财富分配产生影响，接着就会影响需求模式，进而影响社会中的资源分配。也就是说，不同的权利划分，通过影响收入和财富，进而产生不同的需求模式，改变社会中的资源分配，从而推翻不变性声称。要明白这一点，我们只需要考察一个现象，那就是：人们为了获得某种权利所愿意支付的货币金额与愿意放弃该权利而获得的货币金额是不同的，即补偿和等效变化（equivalent variations）是有差别。因此，考虑到权利变化所带来的收入效应，即使假设对科斯定理的其他批评不成立，其不变性声称也只有在需求收入弹性为零时才能成立。

目前，收入效应的观点已经被广为接受，这使科斯定理被加上了一个有关收入效应的限制条件。泽尔比（Zerbe, 1980, p.84）对科斯定理的解释即是一个例证，"在不考虑收入效应"的情况下，可保持结果的不变性。然而，由于收入效应是普遍存在的，因此这一限制条件就使得不变性声称的重要性大打折扣。泽尔比（Zerbe, 1980, p.90）承认，"科斯定理是否正确以及在何种意义上正确，这取决于人们是如何对科斯定理世界的性质进行假设的"。当然，我们所生活的世界是真实世界，这个真实世界与科斯定理世界的差别越大，科斯定理所蕴含的意义就越弱。[①]

---

① 例如，可尝试在真实世界中寻找符合上文所引述的霍夫曼和斯皮策（Hoffman and Spitzer, 1982, p.7）对科斯定理解释中的诸多限制条件的情形。

这个版本的不变性声称的吸引力，在于它暗示了权利的初始划分是不重要的，因为这既不能决定权利的最终栖息之处，也不能影响资源的最终分配。但是，诚如萨缪尔斯（Samuels, 1974, p.13）所言："如果权利不重要，那么人们为什么还想要它们？"人们想要权利并为得到新的权利和改变现存权利结构而进行持续竞争的事实，就有力地表明了这种不变性声称的应用性是非常有局限的。

不变性声称的第二种形式是说，权利／责任的替代性规定虽然没有产生相同的（same）的有效结果，但会带来同等（equally）有效的结果。卡拉布雷西认为，这个版本的不变性命题，才是科斯及其追随者的真实想法："某种混乱之所以产生，是因为科斯似乎在说，若不存在交易成本，无论起点如何，都会达到相同的（same）终点……科斯（及其追随者）实际上所想表达的是，若不存在交易成本，则无论起点如何，都会达到同等有效的（efficient）终点"（Calabresi, 1991, p.1215, 注释12，重点为原文所加）。这里我们必须解决两个问题：其一，这种形式的不变性命题是否成立；其二，卡拉布雷西宣称这是科斯对不变性的真实看法，这种宣称是否成立。

很容易证明这种形式的不变性声称是否成立。根据上述布坎南、萨缪尔斯和卡拉布雷西对效率的分析，给定初始权利结构，当事方将通过讨价还价得到有效率的结果。在不同的初始权利分配下，由于权利分配对收入、财富或偏好的影响，这些结果不可能在（完全相同的资源分配意义上）是相同的；但当事方的交易并没有带来福利的提高，从这个意义上说，这些结果的确都是同等有效的。此外，正如卡拉布雷西（Calabresi, 1991, pp.1221-1222）所指出的，这个版本的不变性声称，在卡尔多－希克斯的效率定义下同样有效。卡尔多－希克斯式的效率定义认为，如果一种交换的受益方在补偿了受损方后，其境况仍有改善，这就是发生了效率提高。这里的关键是要认识到交易成本的存在阻止了补偿性支付的发生。但在科斯定理的零交易成本世界，这不是问题。因此，在不存在交易成本的世界里，当事方所达到的结果既是帕累托有效的，也是卡尔多－希克斯有效的。[①] 然而，这个版本的不变性声称虽然正确，但真的没有什么意义。正如萨缪尔斯（Samuels, 1974, p.5）所说："将科斯定理解释为是中性的，不同的资源分配都是同等有效（equally efficient），这样的解释所给出的信息并没有超出帕累托最优"。就这种解释本身而言，它并没有为科斯定理增添什么信息，因为若说两个有效率的点"并非同等"有效，这毫无意义。虽然萨缪尔斯所言可能是正确的，但我们必须记住，（从效率意义上看）与其说科斯证明了什么新的东西，倒不如说他将有效配置的观念笼统地推广到了法律权利上。

既然已经承认这个版本的不变性声称是成立的（虽然它是无趣的），那么，我们现在就要转向讨论卡拉布雷西的论断，即考察上述不变性声称是不是科斯及科斯主义者真正想要表达的想法。如果我们接受卡拉布雷西的解释，这无疑会使科斯看上去更合理（至少在许多地方），然而有证据表明，卡拉布雷西并不正确。思考一下科斯下面的这些陈述：

> 若我们假设价格体系的运作没有成本，则最终结果……独立于法律地位。（Coase, 1960, p.8）

> 无论养牛人是否为牛群损害的庄稼负赔偿责任，长期均衡点……都将是相同的。（Coase, 1960, p.8）

下述文字可能是他最清楚的表述了：

> 若市场交易不存在成本，法院就损害责任所做出的裁决，不会对资源分配发生作用。（Coase, 1960, p.10）

[①] 在正交易成本的情况下，我们不再有帕累托效率和卡尔多－希克斯效率之间的这种对称性。很可能存在这样的情形，它虽然是帕累托有效的，却不满足卡尔多－希克斯标准。参见 Calabresi（1991, p.1223）。

鉴于上述这些论述，以及科斯后来对这些相同观点的回应（Coase,
1988e, pp.163-174)，毫无疑问的是，科斯所宣称的不变性，就是从完全
相同的有效率结果（identical efficient outcome）这个意义上说的。[①]

一个正交易成本的世界

在诠释学（hermeneutics）的各种研究方法中，不同学派认为文本
的意思来源于（1）作者的意图;（2）读者的解释;（3）作者与读者的视
域融合。有时候，通过这三种途径所得到的解释是相同的，但就"社会
成本问题"而言，情况并非如此。由这篇文章所引发的文献，几乎全部
是围绕科斯定理及其零交易成本世界。如果你随机地挑选一名经济学
家，让他谈谈"社会成本问题"的最主要信息是什么，他（或她）几乎
总是肯定地说是科斯定理。

然而，科斯本人对这篇文章的主旨却有全然不同的看法，他认为
这篇文章基本上同"企业的性质"一样，其主旨在很大程度上是被忽视
的。对科斯来说，对零交易成本世界的说明（仅仅只是文章的一小部
分）并非文章主题，而是一座桥梁:"零交易成本的世界经常被人说成
是科斯世界（Coasian world）。没什么比这更加离谱的了。这个科斯世
界是现代经济学理论的世界，正是我希望说服经济学家们离开的世界"
（Coase, 1988e, p.174）。他说:

> （在考察零交易成本世界时）我的目标并非要描绘这一世界中
> 的生活将会怎样，而是要提供一个简单开端（a simple setting）以建
> 立分析，更为重要的，是要解释清楚交易成本在构成经济系统的制
> 度形成中，所发挥的和应该发挥的基础性作用。（Coase, 1988e, p.13）

[①] 有坚实的证据表明，这正是大多数科斯追随者所坚持的看法。例如，可参见
Demsetz（1972a）和 Furubotn and Pejovich（1972, p.1143）。

施蒂格勒（Stigler, 1972, p.12）很好地描述了零交易成本世界的特殊性质："没有交易成本的世界，就跟没有摩擦的物理世界一样奇特。垄断者将得到补偿，以使其像竞争者那样行动，保险公司和银行将不复存在"。因此，科斯认为，"花那么多时间去研究这种世界的性质，似乎是不值得的……它只是一个起点，我们要以此为起点建立一套能够解决正交易成本的真实世界所遇到问题的分析体系"（Coase, 1988e, p.15，重点为本书所加）。即使在为受到攻击的科斯定理进行辩护时，科斯（Coase, 1981, p.187）也是以退为攻来结束他的讨论，指出："我们最好不要再沉迷于对零交易成本世界进行详尽研究了，因为这正像占卜师试图通过仔细观察鹅的内脏来预言未来一样"。只可惜学界的其他人并不这样认为！

正如上文所提到的，科斯给出了正交易成本存在的两个含义：一是，所构建的制度（包括权利在内）应该使当事方更容易通过交易得到有效率的结果。这是正交易成本分析成功进入文献的一个因素，事实上，这也是科斯在"企业的性质"一文中所进行分析的直接延展。在"企业的性质"中，科斯认为，企业的运作是为了使交易成本最小化。阿罗（Arrow, 1969, pp.56-60）认为，外部性发生于市场不存在的情形，而市场不存在是由于交易成本。如果我们接受阿罗的这一看法，则制度设计要满足最小化交易成本的呼吁，就变成要寻找某种方法来创造市场，以使外部成本内部化。[①]

呼吁构筑使交易成本最小化的法律－经济关系对构建制度／权利有两个含义：第一是协调、信息、监管和策略性交易的成本应该被最小化，以便于达成合约。第二是波斯纳所断言的"当（1）法律将权利分配给这样的当事方，当该权利被分配另一方且交易成本为零，他将从另一方的手中购买这种权利；或者（2）换一个思路，如果法律将责任（liability）置于这样的当事方，当他拥有这项权利并且交易成本为零，他将卖出这项权利。在上述情况下，交易成本将会被最小化"（Posner,

---

① 然而，Cooter（1982, p.23）指出，在讨价还价博弈背景下，降低交易成本可能会减弱合作的动机，从而竞争双方所达成的协议会更少。

1973, p.18)。这是当前著名的波斯纳论断的一部分，即权利的分配应当"模拟市场"。尽管这一结论看起来直截了当，但若用它来说明经济学家所认识到的正交易成本世界中的问题，却并不总是正确。正如波林斯基(Polinsky, 1974, pp.1673-1674) 所指出，若考虑到其他的市场缺陷以及由此而产生的成本，则市场解决方案的效率甚至比现存情形还要差，也就是说，其成本会更高。因此，有效率的解决方案可能是某个中间结果，它反映了在交易成本与其他成本之间的权衡。此外，正如泽尔比(Zerbe, 1980, p.94) 与萨缪尔斯(Samuels, 1974, pp.20-21) 所注意到的，当交易成本与负有责任的人不是对称关系时，并不必然会出现这样的结果。[1]

正交易成本世界的最重要含义，是为了确定解决有害影响的最适合制度，必须采用比较制度分析。科斯的目标是要发现能最大化产出价值的制度结构，他所反对的是视税收或排污管制为处理所有有害影响的最优方案的庇古主义思潮。因为政府并不是无成本运作，所以征收税费或给予管制性补贴的成本可能会超过它们所带来的收益。考虑到科斯的目标是分配责任以获得产出价值的最大化，最优的解决方法也可能是无为而治。[2]然而，在对各种替代性政策的收益与成本进行仔细评估之前，我们无法确定哪种方案是最适合的。

科斯似乎没有认识到这需要在研究中进行分配分析(distributional analysis)。遵循上述所讲的效率分析，任何为处理有害影响而设立的特定制度结构(一组权利)都会带来一个帕累托最优结果。但由于收入财富与权利密不可分，因此对任何一种权利的确定，都会产生对收入和财富的特定分配。因此，我们所面临的选择，就是位于帕累托边界线上代表不同收入分配的两点。边界线上的所有点都是同等有效的，所以我们

---

[1] 与上面所讨论的产出价值最大化问题一样，交易成本最小化观点同样受困于相同的循环性问题。

[2] 正如 Zerbe (1980, p.92) 所指出的，科斯在这里的分析存在一个缺陷，即他对优先选择的责任规则的阐述中，没有考虑搜集损害 (collecting damages) 的成本。没有将这些成本纳入考虑，将可能导致选择错误的责任规则，并扭曲税收和管制的结果。但选择性的本质就在于它必然随着人们对成本和收益的看法而变化。

无法依据效率原则进行选择。正如卡拉布雷西所强调的，"分配分析是必然的，因此也是根本性的。经济学家最低限度也必须阐明他们所进行的分配性判断（或推测）"（Calabresi, 1991, p.1228）。[①]

4.5 总结

为什么经济学家几乎总是将他们的关注点局限于科斯定理的零交易成本世界呢？为什么他们正如萨缪尔斯（Samuels, 1974, p.19）所指出的，"(零交易成本）限制条件会被给出，但在分析过程中却好像这一限制条件是次要的或无足轻重的"呢？科斯的门徒们一方面已经接受了科斯在有关企业理论中所给出的正交易成本重要性的启示，但另一方面，他们在处理法律问题时，却对科斯的这个启示视若无睹。由上述讨论可知，一种可能的解释，是在处理法律问题时，利用这一启示就意味着需要进行分配分析（distributional analysis），经济学家回避这么做。但这种解释也很难令人信服。

在 1988 年出版的《企业、市场与法律》一书中，科斯讨论了他对这一问题的看法。科斯将"企业的性质"所遭受的冷遇描述为"被引用甚广但应用甚微"，与这种冷遇形成鲜明对比的，是"社会成本问题"在法学文献和经济学文献中都被广泛引用并加以分析。但在科斯看来，这两篇文章的最终结局并无差别：因为如此众多的人都没能领会这篇论文的主旨，所以，"它对经济学分析所带来的影响，并不如我所希望的那样有所助益"（Coase, 1988c, p.13）。对此，科斯的解释和他对"企业的性质"缺乏影响力的解释一样，都取决于他对现代经济学特征的看法：

> 科斯定理所适用的零交易成本世界，正是现代经济学分析的世界。经济学家在处理这个世界所提出的问题时感到游刃有余，尽管他们可能远离了真实世界。大量针对我的论点的讨论都是批判性

---

① 就此而言，Samuels（1974）也重点关注了分配分析的必要性。

的，这一点是可以理解的。如果我没弄错的话，这是因为当下的经济分析根本无法处理它声称能够解决的许多问题。这一令人沮丧的结论很难受到欢迎，因而我的分析所遭遇到的种种反对是相当自然的。（Coase, 1988c, p.15）

毫无疑问，这个推理有很大的真理成分，但它还是不能给我们一个完整的解释，特别是考虑到视科斯为旗手式人物的芝加哥学派也几乎只是关注科斯定理，纵然科斯就站在他们身边告诉他们搞错了重点。

对有些学者（尤其是芝加哥学派）而言，与比较制度分析对立的科斯定理之所以有吸引力，是因为他们所理解的这个定理暗含着有关经济体中政府干预程度的含义。已经被普遍接受的一种对科斯定理的刻画是说它暗含着这样的意思：除了对权利进行初始规定之外，政府在市场上的任何干预都是不必要的。然而，这种说法很容易遮掩如下事实：即政府对权利所进行的分配，和政府征收税费或实行管制一样，都是政府使某一组利益凌驾于另一组利益成为合法的体现。然而，对芝加哥学派的追随者和其他一些学者来说，这种"创造权利，让市场自发运作"的研究进路要更令人满意得多。通过把世界看作一个交易成本可以忽略的世界，他们就能将税收和管制排除在最优政策的选项之外，因为这些有缺陷的政策只有在市场解决方案不能完善运作的时候才会有吸引力。正如萨缪尔斯（Samuels, 1974, p.11）所说，"科斯式分析（Coasian analysis）只是试图将科学信条引入对市场的规范性辩护和无处不在的有关市场的幻想中，并以此来看待一切。无论科斯定理与科学以及现实的关系是多么脆弱，它都体现了一种意识形态，这正是它的一个最为深奥之处。"①

① 正如 Goldberg（1976a）对科斯与康芒斯的关系的讨论中所指出的，强调制度结构在决定经济产出中的重要性的制度经济学家们（不要与新制度经济学家相混淆），也不会接受科斯的观点，即使科斯对比较制度分析的呼吁与制度经济学的方法有姻亲关系。我们也许可以认为，他们之所以反对是因为"社会成本问题"似乎反映出科斯是偏爱选择市场的，但是，更为重要的，或许是科斯的分析很快被拉拢进芝加哥学派的研究进路中。事实上，如果制度经济学和芝加哥学派都能仔细考察科斯的著作，或许他们都能从中有所收获。

尽管在文献中被人们相对忽略，但科斯对有关解决有害影响问题进行比较制度分析的建议还是应该（与交易成本的重要性一起）成为"社会成本问题"的最重要且有望成为最持久的贡献。[①]达尔曼（Dahlman）领会了科斯这一思想的重要性，他说：

> 科斯为制度的经济学理论打开了一扇门。相反，现代福利经济学理论只能端详着抽象数学的水晶球，充满哲理地说天堂距尘世还很远。此话虽然不假，但无论是对经济政策的正确实施或是对外部性理论来说，都不会有特别的意义。（Dahlman, 1979, p.162）

比较制度分析是一种有重大意义且用途广泛的研究进路。它把制度置于分析的中心，而不是假设某种给定的模糊不清地隐身于背景之中的制度结构。这是一种开放性的研究进路，因为它要求对经济中替代性制度结构的不同后果进行考察，而且（虽然科斯没有指出这一点）在这些制度结构进行比较的过程中，先前隐藏的价值判断必然会显现出来。现在，我们就要看看学术界是否会广为接受科斯的这一思想。

---

① 如果情况确乎如此，就必须对科斯分析应用于讨论这些问题的方式作出根本性改变，但截至目前，情况看起来并不乐观。当前有关污染许可权市场交易的实验被誉为科斯定理的逻辑延伸（甚至被说成是科斯定理的动人表现），并被作为全然抛弃管制工具的理由。然而，考虑到这种交易过程中所存在的交易成本，更加公允的做法是把这些许可权视作比较制度分析的一个组成部分，它们解决污染问题的效率需要留待历史来评判。

5. 政府与市场

5.1　引言

有关政府经济角色的观点几乎与对政府这一角色进行评论的人一样多。从经济学诞生之日起，有关政府角色的争论就已经开始。[①] 大多数经济学家可能会认为科斯属于光谱一端的反政府干预者。这种看法似乎没什么可奇怪的，因为与科斯本人密切相关的科斯定理的含义就被广泛认为是要高度限制政府在经济中所发挥的作用。

然而，通过仔细研读科斯著述，我们发现，他有关政府的观点是非常实用主义的（pragmatic），与当代这种漫画式的说法大相径庭。他强调，有必要评估某个特定行动过程的所有收益和成本，做出的决定要以为社会带来最高价值产出为基础。科斯的著述中确实充满着"反政府干预的科斯"的例子，但这仅仅是因为他要通过成本收益来解释政府在许多政策领域内的行动都是南辕北辙。正如我们下面所要论述的，科斯对市场的偏爱，并不是出于意识形态上的倾向，而是因为他认为政府从事管制活动通常会使事情变得更糟。

[①]　有关一些现代经济学家和其他社会科学家对政府经济角色的看法，可参见 Samuels（1989a）。

5.2 英国广播公司的垄断

科斯最初对政府与市场关系所做的主要研究体现在 1946—1954 年间出版的有关英国广播业垄断的一本书和一系列文章中。这些著作很大程度上是以实证的（positive）与历史的（historical）为特点，主要内容是描述英国广播公司（BBC）对广播业方方面面进行垄断的过程。在这些著作中，科斯本人并没有表达自己对 BBC 垄断或对政府经济角色的一般看法。[①] 就这些作品本身而言，与他所持有的一般性观点是一致的，即如果经济学家要想胜任地给出一个判断，就必须对所研究的问题进行详尽考察。[②] 没有经过详尽考察就试图提出政策结论，这正是科斯后来严厉批判庇古的原因。[③]

无线电广播业

英国广播业的演化是一部企业家精神的历史。在这个演化过程中，政府不断削弱私人企业家的权利以扶持 BBC。在"英国广播业垄断的起源"（1947c）中[④]，科斯考察了 BBC 是如何成长为广播节目垄断供应商的。最初，人们把无线广播设想为有线电话服务的一种补偿手段，服务于电话建设有困难的一些地区。在此原则下，无线广播的管理归属于

---

① 正如科斯在其 1950 年出版的关于 BBC 的著作序言中所说，"英国广播业是在垄断基础上被加以组织的。这是否是合意的？本书没有对此得出结论。但我希望自己的这项研究能为有关这一问题的任何理性讨论起到抛砖引玉的作用"（Coase, 1950a, p.ix）。

② 科斯（1939, 1955c, 1961a）出版于 1939—1961 年的一系列文章，展示了他对英国邮政垄断所进行的相似研究。如同他对广播业的研究一样，这些文章大体上是实证性质的。简言之，科斯的考察表明，英国的邮政业最初建立垄断，是作为一种阻止叛国和暴乱的方法。它的垄断历史就是一部斗争史：私人企业和联合公司（例如信使公司、牛津和剑桥联合会等）试图摆脱垄断，而邮局随后就会因为这种竞争损害了邮局收入而企图镇压之。

③ 参见 Coase（1960, pp.43-44, 1974b, 1988e,pp.28-31），也可参见本书第四章和第六章对此问题的讨论。

④ 这篇文章的修订版重印于 Coase（1950a）的第一章。

管制电话服务的邮局。不久，各方面的个人和公司都产生了这样的想法：这项技术可以用来向那些拥有接收装置的人广播各种有声节目。马可尼公司（Marconi Company）最早尝试开展这种广播服务，但遭到邮局的强烈抵制，从而使其节目播送服务终止于 1920 年夏天。然而，许多业余爱好者仍然继续定点播送各类节目，尽管这样做是不合法的。这些广播深受欢迎，而且各种团体也乐意提供它们，这给邮局造成了巨大压力，迫使它要为这些公司——尤其是马可尼公司——颁发广播许可证。但是，邮局并不甘心向这些压力屈服，因为只要把许可证授予一个公司，就意味着不得不对其他公司也授予许可证，而问题在于并没有足够的频率来满足这些需求，同时还必须保留一些频率以满足各种政府活动的需要。最终邮局做出让步，在 1922 年初，允许马可尼公司实验性地播送少量节目。

正如所料，很快就有一些其他公司要求得到广播许可证。这些要求广播许可的公司并不是那些想通过广播赚钱的新公司，而是现有的无线电接收机制造商，他们的想法也并不是简单地向大众提供广播节目。正如科斯所说，"这些公司申请许可证的原因非常明确。美国的经验已经表明，一旦广播服务得以提供，就会带来巨大的收音机市场。因此，收音机制造商迫切希望建立广播业服务，从而创造对他们所生产的收音机的需求"（Coase, 1947c, pp.194-195）。帝国通信委员会（Imperial Communications Committee）下属的无线电委员会对此做出回应，建议可准许在特定波段提供广播服务。但广播的传送和接收都需要为这项特权支付许可费，而且节目要接受监管；此外，不允许播出广告。最重要的，正如科斯所指出，"很明确的一点是，当时并没有公开表达的观点认为英国广播服务业应当被垄断经营"（Coase, 1947c, p.197, 重点为本书所加）。

然而，情况很快就发生了变化。邮局召集那些希望获得广播许可证的公司开会，并相当明确地表示，它只支持一家广播公司获得广播许可。这些公司经过讨价还价，最后达成一项旨在建立单独一家公司的协议。正如科斯所指出的那样，这些公司有强烈动机去签署这份协议，因

为没有哪家公司愿意与邮局交恶。此外，马可尼公司不仅支持成立一家
单独的公司，而且还控制着许多其他公司需要获得使用权的相关专利，
它也乐意为达成这份协议做出让步。同时，由于这些公司的核心利益是
销售收音机，因此它们希望建立起广播服务并愿意为此作出妥协。销售
收音机的能力并不取决于这家厂商是否是独立的广播公司，所以，合作
不会造成任何大的危害。最终的结果是英国广播公司（BBC）于 1922
年 12 月 15 日注册成立（Coase, 1947c, pp.200-201）。

BBC 的成员资格被限于收音机制造商，他们购买 BBC 的股份，并
同意每卖出一台收音机就支付给该公司一笔使用费。因为这些制造商的
赚钱途径是收音机业务而非广播服务，因此，结果可想而知。正如科斯
所述，授予 BBC 的执照是为了"确保广播服务所带来的收音机需求能
提高 BBC 成员的产品销量，这就要求听众只能使用该公司成员所生产
的设备，并且这些设备必须使用英国本国所生产的组件"（Coase, 1947c,
pp.202-203，重点为本书所加）。许可证进一步规定，任何新闻广播都只
能播报由一些经过批准的新闻通讯社所提供的新闻，广告（尽管没有赞
助节目）仍是被禁播的内容（Coase, 1947c, p.204）。

尽管邮局没有授予 BBC 合法的垄断地位或独家许可证，但它给予
BBC 的默许保证已足以使 BBC 免于潜在的竞争。而且，由于 BBC 实
际控制着所有广播所需的相关技术专利，因此，它实际上已经从根本
上控制了任何竞争性广播服务的建立。结果，"不管 BBC 的法律地位如
何，在它成立之时，就已经实际得到了被许可的垄断地位。事实证明也
确实如此"（Coase, 1947c, p.205）。

虽然邮局有权力建立竞争性的广播体系，但它还是选择了垄断。它
为什么这么做呢？毕竟（收音机）制造商并不在乎究竟是一个还是几
个广播公司，他们仅仅是希望所生产的收音机能有（销售）市场。科
斯认为，邮局之所以会选择一家让所有收音机生产商都可以参与的垄断
公司，是为了不用再在众多公司中选择能使用有限数量的频段进行广播
的公司。由此，邮局不仅可以规避徇私的罪名，而且还开启了政府通过
使一些私人厂商处于有利的地位而人为创造垄断的先河，这种做法在其

121

他产业中也能轻易获得成功。因此,建立这样一家能吸纳任何愿意购买公司股份的收音机制造商加入的广播垄断公司就很奇特地成为使政府能避开垄断问题的解决方案。而且,在美国的广播业演化的奇特转折期,"垄断就是被邮局当作解决公务员管理(Civil Service administration)问题之一的一个方案。随后,认为在广播业中进行垄断是对听众更为有利的说法就开始出现了"(Coase, 1947c, p.210)。

正如科斯在其 1950 年的著作中对 BBC 所作的描述,这个广播垄断的建立并没有得到广泛认同。[①]结果,英国政府在 1923 年指派赛克斯委员会(Sykes Committee)来解决广播业的组织、运行与融资问题。该委员会建议:政府管制广播业,取消收音机的专利费,代之以收音机使用的许可证费,允许广播电台播放受赞助的节目。政府在很大程度上采纳了该委员会的建议,但也明确表示,政府保留在未来授予其他新增广播机构许可证的权利,换句话说,正式的垄断没有建立起来。

1925 年,政府任命另一个委员会——克劳福德委员会(Crawford Committee),再次研究广播服务业的组织与融资问题。[②]邮局和 BBC 总经理 J.C.W. Reith 都认为,需要在广播业中建立正式的垄断,邮局所持有的理由是从技术上考虑的,而 Reith 所持有的理由是公众利益。该委员会建议,对 BBC 颁发的许可证不再有效,取而代之的是建立一个公共机构(public corporation)来充当广播业的垄断者。政府采纳了这些建议,于 1927 年 1 月 1 日成立了英国广播公司(British Broadcasting Corporation)*。尽管没有在法律上明确这一机构为垄断组织,但在特许权协议中,只字未提邮局官方能授予其他的广播许可。科斯报告说,从邮局的用辞和英国下议院的争论中可以看出,"这无疑就是要建立垄断了"(Coase, 1950a, p.62)。

虽然在支持垄断的观点中,技术方面的考虑对促成这个结果发挥

---

① 以下讨论基于 Coase(1950a)的第二章。
② 这里的讨论基于 Coase(1950a)的第三章。
  * 前述英国广播公司 BBC 全称为 British Broadcasting Company,注意和这里的 British Broadcasting Corporation 相区别。——译者注

了重要作用，但随着时间推移，在那些积极寻求保护 BBC 垄断地位的人那里，垄断有利于公共利益的说法开始变得更为重要。由于 BBC 的垄断地位受到两个新的阵营——有线广播和面向英国听众的外国商业广播——的挑战，这个有利于公共利益的观点就显得更为醒目了。

有线广播、外国商业广播和对垄断的捍卫

有线和无线广播的主要差异在于，有线广播可以简单规避开适用于广播的无线电频率数量的限制。[①] 通过有线广播，有收音机的人可以将线接到其他能收听到节目的地区，连接上扬声器就能收听节目，且音质受损极其微小。在无线信号很弱的地区，有线广播尤其有用。而且，由于不必购买和维护无线电收音机，有线广播对用户来说要便宜得多（Coase, 1948, p.200）。

很多小企业家认识到有线广播提供节目是有利可图的，于是他们纷纷建立了中继交换站为用户广播节目，并从中收取一小笔月费。到1929 年——即有线广播在英国出现五年后，就已经有 34 个中继交换站，为 8592 名用户提供服务（Coase, 1948, p.195）。BBC 并非没有察觉到这些中继交换站的运营潜力。然而，由于 BBC 是由生产无线电收音机的公司组成的，其本质上是用来刺激收音机市场的，因此，它们对于促进有线广播技术的发展并不感兴趣。由于有线广播服务事实上已经参与到广播业中来，所以它就引起了邮局的兴趣，并由此导致了更为激烈的后果。

有线广播的出现引发了这样一个问题：邮局应该如何对它进行监管？邮局咨询了 BBC 的意见，BBC 提议应该准许它来运营中继交换站，以确保只播送"适宜"的节目——而这正是 BBC 垄断无线广播节目的原则。邮局拒绝了这一建议，理由并非是因为播送节目，而是如果这样

---

① 参见 Coase（1948）对有线广播的讨论。此文重印于 Coase（1950a），是该书的第四章。

做，就会成为政府赞助垄断机构（BBC）与私人企业（即生产收音机的企业）进行竞争的危险先例。最终，邮局要求中继交换站的运营商和用户都要得到许可证，但运营商的许可证有三个重要的附加条件，其中一个就是交换站的运营商不能播送任何原创性节目，只能播放被限制用于广播收音机无线接收的节目。这对保护 BBC 的节目垄断地位产生了重要影响，尽管它仍然可能播送来自外国的节目。

许可证的另两个条件是"经营中继交换站的商人要在短期内受制于邮局的强制性购买，不能从事在短期内无法回本的任何投资"（Coase, 1948, p.199）。由于投资转播系统的成本只能在相当长的时期内才能收回，因此，这一条款就使投资于转播系统的风险更要大得多了，而且从表面看，这似乎是一项旨在阻止这一产业发展的政策。邮局没有对这项政策给出任何官方理由，但诚如科斯所言，尽管邮局没有让 BBC 实际控制交换中继机，但这项政策必定是与保护 BBC 的节目垄断是一致的（Coase, 1948, pp.199-200）。

即使是在这样的阻抑下，对中继交换站服务的需求仍足以保持着这个产业的快速扩张。到 1935 年，运转中的中继交换站已达 343 座，服务于大约 25 万用户（Coase, 1948, p.201）。然而，尽管这明显符合消费者利益，但反对意见仍然持续高涨：有来自无线收音机制造商的，因为他们不喜欢那些不需要收音机的竞争；有来自新闻界的，因为由国外赞助的节目违反了不许播放广告的禁令，而且外国赞助的节日所表达的观点与 BBC 的观点是不一致的；有来自 BBC 的，因为这对它的节目垄断地位造成了威胁。这些反对意见使邮局进一步加强了对许可证的限制，但这仍然没有对有线广播的发展起到多大的阻碍作用（Coase, 1948, pp.201-203）。

1935 年，乌斯沃特委员会（Ullswater Committee）被任命，来考察 BBC 的特许权在 1936 年到期后，如果需要的话，广播产业应当做出哪些调整。乌斯沃特委员会根本不赞成将中继交流站继续置于私人控制之下。科斯在综述委员会观点时对此进行了说明："委员会认为中继交流站的发展并不'符合公共利益'，因为这一服务并没有提供给无利可图的地区，而且一些经营者没有'好的技术装备'，另外，经营者还会通过选择他要转播的内容，'破坏 BBC 的节目政策'"（Coase, 1948, p.208）。鉴于此，委员会建议邮局接管中继交流站的所有权和经营权，同时由 BBC 控制节目的播送。

乌斯沃特委员会的意见没有被采纳，这对中继交流站的经营者来说是一大幸事。然而，邮局确实在许可证上进一步强化了限制条件，其中包括一项命令，即经营者在 BBC 播送某个节目时必须转播该节目。结果正如科斯所说的，造成了"使中继交流站运营商对该产业的未来发展感到很不确定。紧接着便是一段发展停滞期，只有极少数的新中继交流站被建成，如果说有的话。这个直到 1935 年都保持稳定增长的产业，停止了扩张"（Coase, 1948, p.214）。尽管中继站的数量不再增长，但第二次世界大战的爆发使人们对中继站服务的需求不断增长。结果，即使邮局明令禁止建立新的中继站，但中继站的用户仍然增长到几乎是原来的三倍，达到 75 万。主要原因是许多地区的无线接收出现了故障，而且在战争岁月里购买和维护收音机是很困难的（Coase, 1948, p.217）。

BBC 垄断地位所面临的另一威胁是外国商业广播的广泛出现。外国商业广播出现于 20 世纪 30 年代早期，它最初得到了英国公司的赞助，旨在面向英国的听众。[①] 新闻界为外国商业广播的这一发展深感不安，这是可以理解的，因为他们担心这种竞争会对其广告收入产生不利影响。BBC 也强烈反对这些广播，即使这对他们自身的利润没有影响，因为其利润主要来自于许可证费用。BBC 之所以反对这些外国商业广播，是认为这些广播会对"听众的智力和道德"产生负面影响（Coase, 1950, p.118）。这些来自反对派——尤其是 BBC 的压力，使政府试图通过国际政策渠道来阻止这些广播，但收效甚微。[②] 科斯报告说，国内唯一真正反对这种政策的，是那些在这些节目中做广告的产品制造商、

---

① 这里的讨论基于 Coase（1950a）的第五章。
② 科斯对抑制这些广播公司发展的政府政策和意图的讨论，可参见 Coase（1950a, pp.110-116）。

参与组织这些节目的以及英国广告协会（Incorporated Society of British Advertisers）。

科斯认为，BBC 的垄断在很大程度上既促成了外国商业广播的发展，也带来了打压外国商业广播的政府政策。就广播业发展而言，科斯认为，BBC 并不能总是满足人们的需求。一个例子是 BBC 周日节目的大部分内容都是反映基督教的周日仪式；一个事实是 BBC 在诸如清晨这样的时候，根本就没有任何广播。而大部分的外国商业广播的听众都是集中在周日和 BBC 没有广播节目的时候。科斯认为，BBC 的垄断为外国广播的需求作出了巨大贡献，如果没有 BBC 垄断，这些消费者需求很可能会通过国内的其他广播节目而得到满足。如果没有 BBC 的垄断，当 BBC 不能给听众提供所喜爱的节目时，这些国内广播节目就可以向这些听众提供他们想听的节目。就政府政策而言，正是由于垄断地位，使得 BBC 有可能通过宣传那些支持 BBC 来有效实施节目垄断的强有力证据，从而倡导旨在打压外国广播的政策（Coase, 1950a, pp.116-120）。

正是为了限制有线广播和外国商业广播的发展，有关 BBC 节目垄断有利于公共利益的观点（唯有"好的"节目才被允许播放）才成为垄断广播服务业的主导性理由。在这一原理下，通过限制有线广播节目，极大地确保了 BBC 垄断地位的维系。正如科斯在讨论有线广播时所说：

> 我认为，正是以垄断方式来组织英国广播业的事实以及支持这种垄断的论据才导致了对竞争性体系和有线广播发展的打压。这个问题本身就激发我们对社会制度产生兴趣，但它也可能有更加直接而重要的实践意义。可以看出……广播业的未来取决于有线广播节目的传播而非无线广播。无线广播的困难在于，有限的波长意味着只有少数的几个不同节目才能在不造成互相干扰的情况下进行播送。而使用有线广播，这一困难就会得以克服。（Coase, 1948, pp.219-220）

尽管科斯对未来的预测是有误的，至少在广播领域（但有线电视的发展符合科斯关于电视广播发展的预言），但波段有限所带来的问题为科斯未来研究的一个非常重要的研究课题——广播频率的分配——埋下了伏笔。

科斯认为，截至 20 世纪 40 年代中期，BBC 的垄断意愿基本上没有受到挑战。批评的声音主要集中于广播垄断对言论自由所带来的潜在威胁（Coase, 1950a, p.141），比如，BBC 拒绝温斯顿·丘吉尔（Winston Churchill）通过电波批评政府"二战"前对希特勒的绥靖政策。新闻界和议会用以捍卫 BBC 的论点包括：（1）"英国广播是'世界上最好的'"——这个论点回避了是否存在其他可能更好的非垄断体系这一问题；（2）"唯一可替代英式（广播）体系的是美式体系"，但后者的效果被认为是不合宜的；（3）"由于波长数量有限，在英国采用竞争性广播业制度，从技术上来讲是不可能的，或者说不能令人满意"（Coase, 1950a, pp.127-128）。直到 20 世纪 40 年代中期，对垄断的批评声音才开始逐渐变大，即使垄断的支持者仍然属于多数派。然而，公众意见（public opinion）并没有一边倒地支持垄断，事实上，工人阶层支持废除垄断以引入商业广播。但受过良好教育的中上阶层则支持保留垄断。科斯认为，这其中的原因是"BBC 的节目政策给社会较低阶层的人们带来了应该得到的，而给受过教育的人们带来了所想要得到的。或者说，带给他们的至少要比他们所认为的商业广播能带给他们的要多"（Coase, 1950a, p.177）。

对上述有关广播垄断的所有争论，让科斯最烦恼的似乎并不是垄断本身——他的确从未建议过垄断是应当被保留或是被废除，而是政策制定者没有认真质疑过支持垄断的前提假设，或者说，它从未对可供选择的组织架构的合宜性进行过调查。1950 年，科斯在有关英国广播公司的著作结尾"说明"部分，探究了支持垄断的论据背后的逻辑关系，并认为基于技术、财务和效率因素而为垄断进行辩护的观点要么不正确，要么不能证实，而从公共利益角度来论证要保持节目垄断的，"是宣称自己可以代表听众来决定哪种广播材料应当被收听"，体现的是

"一种极权主义哲学，或者至少是与这种极权主义哲学相接近的思想"
(Coase, 1950a, p.191)。科斯在这里所表达的思想在他的著作中经常重
现：一个行动特定进程的合宜性，常常是被假定的而不是被证明的；只
有通过对各种可能的替代方案进行细致而系统的考察才可以决定行动的
最优进程。

英国的电视传播业

科斯对英国广播业发展的研究最终会促使他去思考电视服务业的发
展，这看起来是很自然的，而且他确实在1954年发表了相关文章"英
国电视服务业的发展"。在文中，科斯所研究的问题不仅包括英国电视
服务业是如何发展的，还包括为什么尽管英国和美国的技术水平大致相
当，而英国的平民化电视服务的建设要快于美国。问题的答案和英国
广播业发展的许多其他问题的答案是一样的，都与 BBC 所扮演的角色
有关。

早期从事英国电视传播业的是一家私人公司——贝尔德电视发展公
司（Baird Televison Development Company）。与广播业的同行一样，贝
尔德公司希望通过销售接收装置使播送有利可图。贝尔德公司开展业务
的能力取决于与 BBC 的合作情况，因为它要通过合作才能使用广播频
率和传输设备。BBC 考虑到这项投资的技术不够发达，而且电视业的
发展前景不太明朗，所以它对与贝尔德公司的合作有所顾虑。然而，邮
局对 BBC 施加压力，使之参与合作，BBC 最终接受了合作。到 20 世
纪 30 年代早期，大约有 1000 台电视接收装置投入使用，由贝尔德公司
制作节目，并由 BBC 进行转播（Coase, 1954, pp.207-209）。

1932—1933 年间，BBC 对电视业的态度发生了转变。它宣布自己
将直接接管电视节目的制作，并将于 1934 年终止与贝尔德公司的合作
协议。由此，BBC 迅速将自己定位于英国电视广播的供应商。与美国
私人企业家同行相比，BBC 由于其显赫地位和所拥有的资源，使它对
英国电视业的快速发展发挥了主要作用。为什么 BBC 如此迅速地发表

声明，说要建立自己在电视业的地位？科斯的答案是明确的：

> 事实上，BBC 当然是支持电视服务业发展的。因为一旦电视服务开始运营，就必然要发展。给定一项正在运营的服务，BBC就会想要对之进行接管；一旦接管开始，BBC 就不得不继续运营它。正如毛里斯·戈勒姆（Maurice Gorham）对此所做的评论，"确切的事实是，BBC 是一个垄断者"——我想要在此评论上再加一句，它还希望一直保持垄断者地位——"它不想留下任何空白以使其他任何机构有机会最终找到要求被允许从事业务的理由"。（Coase, 1954, pp.209-210）

更有甚者，BBC 向电视业垄断地位进军的举动，实际上并没有遭到什么抵制，正如科斯所说，"它被当作一种自然而然的发展而被人们接受，甚至被认为是合意的"（Coase, 1954, p.211）。

支持 BBC 控制电视业的理由有两个：第一，广播与电视的密切关系使已经控制了广播业的 BBC，自然也应当控制电视业。第二，是有关节目垄断的。科斯引用《新政治家》（*New Statesman*）的话来反映新闻界对 BBC 垄断的普遍支持，"BBC 教化国民的殷切希望，显然有赖于保持它的垄断地位，包括对电视的垄断"（Coase, 1954, p.212）。

"二战"结束后，有一部分人发生了态度转变，结果人们开始呼吁结束 BBC 在广播业和电视业中的垄断地位。科斯记述了支持此种观点的四个论据：（1）与广播和电视有关的技术是不同的，这表明它们应该由相互独立的、不同的专业组织来运营；（2）控制 BBC 的那些人的巨大利益与广播业的进一步发展息息相关，这可能会造成对电视业发展的阻碍；（3）BBC 的规模已经太大且效率低下，它对电视业的参与会加剧这种情况；（4）要把竞争和多样化引入既存的垄断播送结构（Coase, 1954, pp.212-213）。BBC 对此做出回应，强调了广播和电视这两种播送方式的相似之处以及维持节目垄断的好处。政府站在了 BBC 的一边，但舆论趋势已经发生转向，人们开始支持成立一个新的独立的电视服务机构。

科斯在 1954 年的文章中，记述了有关是否应当建立一个独立电视播送机构的辩论。新执政的保守党政府虽然承认 BBC 的重要性，但提议要在资源条件许可情况下，把竞争引入电视业；不过，必须要对节目进行严格控制，而且只有在 BBC 得到所需资金之后，其他机构才可以得到资金。这项提议激起了有关独立的节目播放是否就意味着商业性节目播放的激烈争论。很多人强烈反对商业性节目，认为它可能会鼓励播放迎合低级趣味的节目。科斯总能敏锐意识到利己主义的阴暗面，他说，"需要强调的是，很多反对商业播送的理由是认为人们的某些需要不能被满足，而另一些则需要满足"（Coase, 1954, p.219）。那些支持商业播送的人认为，把私人企业引入电视业将会促进竞争和提高产业收益（Coase, 1954, p.219）。政府对竞争的好处有充分认识，也十分怀疑那种声称建立一个新的公共机构来运营电视服务的计划会带来负面广告效应的说法。在科斯发表这篇文章时，成立这样一家机构的提案正在成为法律。

5.3　联邦通讯委员会与美国广播业

随着科斯移居美国，他的注意力很快从英国广播业转向美国广播业，特别是美国联邦通讯委员会（Federal Communication Commission，简称 FCC）所扮演的角色。科斯研究英国广播业的文章以实证方法为主，且大部分是描述性的，但在他有关 FCC 的著作中，则让人看到这样的一个科斯：批判性地对该领域进行一番视察之后，就开始用上膛的双管枪进行扫射。为什么他对英国邮局和 BBC 没有进行相同风格的批判呢？这还是一个谜，但毫无疑问，他对 FCC 所制定的政策不甚看好。

除了"联邦通讯委员会"（1959），科斯还另外写了三篇有关 FCC 及其广播政策的文章。这些文章都是对 FCC 的各种活动持批评态度。[①]

——————

① 参见 Coase（1961b, 1966a），以及 Coase and Johnson（1979）。

他对 FCC 所持有的不宽厚态度，从下述言论中可见一斑：

> FCC 更像是搁浅在岸边的一头鲸鱼，等待着那些对鲸鱼解剖学一无所知的当地居民来指示它应当游向哪里。如果我们想要得到有关这一领域的明智的政府政策，恐怕我们将不得不仰仗那些不属于政府部门的（也不属于广播业的）经济学家的研究。（Coase，1966a, p.445）[①]

科斯所想要的"明智的政府政策"属于两个一般性的领域：广播频率的分配和决定哪些节目应被播送的方法。

广播频率的分配

频率的分配问题是"联邦通讯委员会"（1959）的主题，我已经在第四章做过论述。科斯在这篇文章中，已经表现出对政府指定频率分配的反感；在随后的文章中，他继续紧盯这一点，并认为 FCC 通过命令来分配频率的方式是"低效、不公正而且不灵活"（Coase, 1966a，p.445），是一项"针对百万富翁的扶贫计划"（Coase and Johnson, 1979，p.45）。有一种观点认为，因为频率的稀缺性和政府为了保证"正确的节目"被播放，由政府来分配频率是必要的。科斯对此进行了反驳。他认为，广播频率只是另一种生产要素，既然其他生产要素都是由价格体系来分配，那么广播频率也应当由价格体系来分配。

对科斯而言，支持采用价格机制的论据有四个：（1）"这将避免委

[①] FCC 的首席经济学家 H. H. Goldin 在美国经济学会（American Economic Association）组织的会议上讨论了科斯的论文，他是这样回应科斯的："让我来这样回敬科斯博士的恭维：我仿佛窥见了亚哈船长的音容和手腕"（Goldin, 1966, p.471）。（亚哈船长：美国作家赫尔曼·麦尔维尔的长篇小说《白鲸》中的一号人物。由于他在一次出海捕鲸中被白鲸咬断了一条腿，从此，亚哈出海的目标就是复仇。他因此变得自闭、凶残、毫无同情心，似乎只有这样，他才能对付白鲸。——译者注）

员会为频率分配而开展许多耗财耗时的程序";(2)"这将排除频率的无效使用,因为任何对频率使用的提议都将面临市场的检验,要通过精确的成本收益的货币测算";(3)"这将在最广泛意义上避免产生对新闻自由的威胁,而这种威胁是当前程序所固有的,虽然这种危险很不明显,但此刻可能已经存在";(4)"这将避免广播和电视台的私人运营者进行任意的敛财,而这在现有体制下是不可避免的"。因为,在这种体制下,某个人"可能被授予一个非常有价值的他愿意为此支付百万美元的权利,而如果其他人可以与他为此频率而竞标的话,他要想获得这项频率就不得不支付这笔钱"(Coase, 1961b, pp.53-54)。

有人声称,有必要由 FCC 对频率进行分配以保障公众利益和节目水准。对此,科斯要求我们只要看一下电视播送的内容就会发现"尽管经过了筛选程序,节目水准并未显著高于"其他任何产业的水准(Coase, 1961b, p.54)。在科斯看来,当前体制所提供的任何好处都没有明显高于价格机制分配所带来的好处。

科斯还把这个频率分配的观点运用于对美国政府的部门间频率分配咨询委员会(IRAC)的调查研究中。IRAC 负责在政府部门之间分配频率[①],事实上,它的成立先于联邦广播委员会(FCC 前身)。IRAC 对频率的分配不同于 FCC 的分配机制,FCC 的许可证要在规定时间后进行审查,而 IRAC 的分配时效是无限期的(也就是说"先到先得"),它对频率需求的背景调查更是少得多。科斯指出了这种安排所存在的问题:

> 首先,IRAC 开展工作的方式,使之不需要对所有部门的需求进行调查研究,而只需遵循"先到先得"政策,这必定导致广播频率的错配。其次,与 FCC 相比……IRAC 所拥有的权力更大,从而导致分配给联邦政府使用的频率过多,而分配给其他使用者的太少。(Coase, 1962, p.40)

---

① FCC 在私人用户之间分配广播频率。

更为复杂的问题是频率的政府使用者和非政府使用者之间不存在频率交换机制的事实。

毫不奇怪，科斯建议政府要使用价格体制在政府部门与机构之间进行广播频率的分配（Coase, 1961b, p.54）。他这样论证自己的提议：

> 如果使用广播频率就不得不支付一定的价格，那么，政府部门只有在认为把钱花在购买广播频率上比花在其他任何地方都更有利于其部门目标时，才会使用广播频率。而且，只有使广播频率供求相等的价格足够高，才会既消除行政分配的必要，又确保用于政府目标的广播频率值得为之作出最大的货币牺牲。（Coase, 1962, p.41）[①]

科斯认为，仅凭这一点并不会带来有效率的结果，还必须结合着把价格体系运用于私人用户之间来分配频率，这样，政府机构和私人用户所支付的价格才会是频率在最佳用途上的价值（Coase, 1962, p41）。这样，所有的频率才会被分配给出价最高者。

然而，尽管科斯认为价格机制具有明显优势，但"在思考如何制订无线频谱政策的人的脑海中，却似乎从未考虑过采用价格机制的可能性"（Coase, 1962, p.41）。他甚至在陈述中做出了这样的控诉，"那些处于权威位置来负责处理分配无线电频率的人，表现得好像他们并不知道除了无线频率分配之外的美国经济体系大多都是按照不同原则来运行的"（Coase, 1962, p42）。所以，对科斯来说，频率需求过剩的情况根本就没有什么值得奇怪的，因为使用频率的价格实际上为零。

采用价格体系的另一个好处是，这将解决频率分配带来的信息问题。在"先到先得"体系下，政府部门有动力去夸大自己对频率的需

[①] 科斯在这里忽视了部门预算对频率支付意愿的影响（即收入效应），也忽视了政治过程的反复无常（例如，特权部门的预算调整，会使其更可能赢得竞争）。这两点都有可能在频率分配中发挥作用。因此，即使科斯所推崇的这个机制，也未必能保证效率。

求，而 IRAC 很难正确评估这些相互竞争的需求。如果采用价格体系，只有谋求频率的部门才需要了解自己对频率的需求程度，而它的支付意愿将会通过市场暴露自己的需求程度。此外，价格体系会给那些被需要频率的拥有者带来货币收入，如果他们对频率的使用价值较低，则放弃这些频率就是值得的。相反，目前的零价格制度，再加上 IRAC 的"先到先得"思路，使得高价值用户出现时，低价值用户也没有动力放弃他们所拥有的频率（Coase, 1962, pp.43-45）。

播送节目：付费电视的案例

科斯砍向 FCC 的另一把斧头是有关广播体系的融资，尤其是它一方面支持商业电视的继续发展，而另一方面对付费（或者说订阅）电视的尝试持反对态度。科斯支持开展付费电视业务，对此，他所持论据与很多其他案例中一样是基于消费者的支付意愿：

> 如果采用商业播送，赞助节目播送的是广告商。这意味着，被播送的是能够最大化广告利润的节目。播放节目的市场是对消费者不开放的，因为消费者支付多少对播送节目的决定毫无用处。结果就会使一些公众感觉自己没有被照顾到。（Coase, 1966a, p.446）

缺乏消费者表达其支付意愿的机制，就意味着吸引较多观众的节目将被播放，而拥有较少观众的节目将不会被播放，即使这小部分观众愿意比更受欢迎的节目的观众支付更多的费用，如果他们被允许（支付）的话。因此，商业播放制度阻止了节目资源投入到价值最高的用途上。

包括商业广播电视台在内，许多针对付费电视所提出的反对意见都认为，付费电视意味着免费电视的终结，这不符合公共利益。对那些商业传播产业中高举公共利益旗帜的成员，他的回应可谓一针见血，"我认为，一个普遍性规律是，当商人们忙着限制潜在的竞争时，他们就会打出最崇高动机的口号"（Coase, 1966a, p.446）。更一般地，他说：

> 支持 [免费电视] 的观点在本质上与支持社会主义和福利国家的观点是相同的。受到攻击的是价格机制。电视产业所使用的生产要素都不是白白获得的，需要有人为其支付：有赋税收入的政府、广告商或者消费者。重要的是，生产要素应当被用于产出最有价值的用途，而这最可能发生在由消费者的支付意愿决定生产要素使用的时候。（Coase, 1961b, p.57）

为了强调这一点，科斯说，如果让人们为电视节目付费是不公正的，因为只有那些付得起的人才能收看节目，那么，让人们为基本必需品，例如食物、衣服和住所甚至电视付费，就更是罪恶了。这些所谓的免费"并不是真正的'免费'，而是效率不高"（Coase, 1961b, p.57）。

科斯把本质上相同的分析思路应用于"教育电视：谁应该付费？"（1968b）一文中，这是一场与哥伦比亚大学新闻学研究生院院长爱德华·W. 巴雷特（Edward W. Barrett）的论战。论战的焦点是 1967 年通过的《公共传播法》，此法案使美国建立了公共（或教育性）电视系统。当该法案通过后，可以想象，提供这项服务的大部分资金将来源于私人资本，同时联邦政府仍需承担每年约 2 亿美元的费用。

科斯不支持公共电视，这一点也不奇怪。他称此项法案"是完全没有必要且考虑不周的立法"（Coase, 1968b, p.2）。他质疑政府为什么愿意补贴无法在商业利益上取得成功的电视节目而不愿意对诸如报纸、书籍这样的业务进行补贴。① 与政府声称公共电视将为民众带来文化类和教育类节目大唱反调，科斯断言，富人们才是最有可能观看公共电视的人群，"事实上……这项政府补贴是完全负面的——因为这是一项针对富

---

① 科斯举了这样一个可行的非商业性质的节目规划的有趣例子："还有一次，在卡耐基基金会的刊物上，有人建议把摩托车赛纳入（电视）计划中。这样，我们也许就能见证"地狱天使"（Hells Angels，这里指 20 世纪 60 年代骑着大功率摩托车四处乱逛的美国嬉皮士——译者注）得到联邦政府的赞助，这将会成为对扶贫计划某些部分的有益补充"（Coase, 1968b, p.8）。

人的扶贫计划"（Coase, 1968b, p.23）。^① 科斯也不赞成创设一个垄断性的节目提供机构，因为这个垄断机构的成员将由行政部门任命，大量资金由国会拨款，因此它的播送就会受制于政治影响（尽管其他部门可能对此持有相反意见）。科斯说，他不能确定这些政治影响会以什么样的危险形式出现，但他预见到这些危险是"非常巨大的"，并且警告说"任何人骑到老虎身上都有理由感到不安"（Coase, 1968b, p.77）。他说，这样一个结构"与我们所有关于市场应该如何组织的概念背道而驰，更不必说一个思想市场（a market for ideas）了"，"[即使]它完全独立于政治组织，也是很糟糕的"（Coase, 1968b, p.26）。

科斯承认，由广播电视产业提供节目确实存在一些问题，但他提倡付费电视，而不是由公共机构来解决问题。基于上述他反对商业播送的理由，他认为，只有那些人们愿意支付的节目才应当被提供。就此而言，巴雷特（Barrett）院长与科斯针锋相对，他坚持认为付费电视会导致播送"最低趣味的节目"，因为不会有资金愿意支持文化类节目。对此，科斯这样回应：

> 这意味着那些愿意欣赏优秀节目的人，如果面临收费，他们就会宁愿在其他节目上花钱。为什么政府要强迫他们在其如果自愿就会拒绝的方式上花钱呢？更何况，若观众不愿意花自己的钱来观看某个节目，政府为什么要强迫其他人为其观看节目来支付呢？（Coase, 1968b, p.72）。^②

---

① 作为回应，巴雷特院长严厉批评了科斯：

> 有些观点认为，公共广播是"一项完全负面的针对富人的'扶贫'计划"，我对这样的观点感到厌恶。我为这种把财富等同于品味、求知欲和智力的知识分子优越感深感遗憾。这种观点似乎表明，所有不那么富裕的人，都只会对低级趣味和肤浅空谈感兴趣。（Coase, 1968b, pp.31-32）

② 即使穷人确实能从这种节目中受益，科斯也会更愿意看到使穷人能用于他们想看的电视节目上的额外的收入转移，而不是公共电视（Coase, 1968b, pp.73, 95-97）。

虽然科斯一直表示他不认为政府赋税、补贴和管制在所有情况下都是有害的，但他坚信将它们用于广播电视行业是错误的。他指责是 FCC 直接导致了这样的问题。科斯认为，FCC 是被广播电视产业俘虏的一个机构，其影响力体现在通过种种管制来阻碍付费电视和有线电视服务的发展。付费电视和有线电视服务与现存的产业正在进行着竞争。在科斯看来，这个问题与频率分配问题，都说明了 FCC 是"效率低下、行动迟缓且如果不是动机卑鄙的话也是动机不纯的"，而且其"重要性主要在于它所造成的损害"（Coase and Johnson, 1979, p.41）。正是在对 FCC 的案例研究中，科斯看到政府活动通常会带来低效率。

使科斯感到困扰的是，很多人将政府看成是经济生活中每一个现实或想象中的问题（比如这里所讨论的频率分配和节目质量的问题）的解决者，但政府通常并不会对问题进行任何实际的调查。科斯认为，"如果把应用于经济其他部分的一般性原则应用于美国广播电视产业，并没有治愈美国广播电视产业的问题，这并没有什么"（Coase, 1968b, p.189）。然而，他似乎对通过内部修正来解决问题并不抱多大希望，因为广播电视产业和 FCC 似乎只对保持现状感兴趣（Coase, 1966a, p.446）。事实上，科斯甚至认为，要想解决广播电视产业的问题，除非撤销 FCC（Coase and Johnson, 1979）。[①] 尽管 FCC 仍然存在，但科斯的部分愿望已经成真，因为有线电视如今在美国得到了普及，付费观看的广播电视已经开始实际存在。虽然它还不能代替商业或公共电视，但它在近些年的扩张表明，科斯所设想的那种电视体系有可能在未来得以实现。

5.4　红包贿赂：广播业中为效率而进行的贿赂

科斯对广播业的研究最终使他注意到广播产业中的红包贿赂

[①]　Nicolas Johnson 对科斯呼吁废除 FCC 的回应，可参见 Coase and Johnson（1979, pp.47-56）。

问题。[①]在"广播和电视业的红包贿赂"(1979)(Payola in Radio and Television Broadcasting)一文中,他探讨了这一问题。科斯把广播业中的红包贿赂的历史追溯到 20 世纪 30 年代早期,视之为音乐行业中贿赂行为(大部分是向表演者支付一定费用使之演唱或表演既定歌曲的做法)的必然产物。为了终止这种红包贿赂行为,先是广播产业内通过了行业内的自我管束,而后则通过政府的权力来加以遏制。

尽管红包贿赂事实上是一个有组织的行贿系统,但最初阻止它的努力并非来自政府,而是来自音乐出版商自身,因为他们意识到参与这种红包贿赂是在自取灭亡。虽然科斯并没有如此形容,但音乐界早期的自我规制运动就是囚徒困境的研究案例,因为音乐出版商们都互相不信任对方会停止贿赂行为,这就使得他们之间有关停止红包贿赂的协议很快就会破裂。实际上,音乐出版商早期所做出的让联邦贸易委员会(Federal Trade Commission)执行一套贸易行为准则来禁止贿赂的努力也没有获得批准。到了 20 世纪 50 年代,贿赂的主要方式就演变成唱片公司向电台节目主持人塞钱。由于广播节目增加了唱片销量,所以唱片公司(特别是那些发行当时刚出现的摇滚唱片的公司)发现贿赂电台主持人是符合自身利益的。

在 1960 年,国会就红包贿赂问题举行了听证会。国会的态度随即变得非常明朗,即坚决反对这种行为。科斯引用众议员奥伦·哈里斯(Oren Harris)的话说:

> 我们得知,当发生红包贿赂时,公共利益会在很多方面受到损害。当节目素材的选择不是出于公共利益,而是出于那些想让唱片曝光度增加,并乐意为此付钱的公司,广播节目的质量便下降了。就所播放唱片的流行度而言,这种行为是在误导听众。此外,这种行为对拒绝参与贿赂的诚实商人来说,是不公正的竞争……这些

---

① 红包贿赂(payola)是指"那些为使某些相关材料能在广播节目中播出而作出的隐蔽性支付或其他诱惑"(Coase, 1979, p.269)。

诚实的商人没有办法在这场不公平竞争中生存下来。（Coase, 1979, p.292）[①]

结果，政府在 1960 年对《通讯法案》（Communications Act）进行了修订，把广播业中的红包贿赂视为一种犯罪，FCC 负责强制执行这些修正案。尽管如此，科斯（1979, pp.304-306）发现广播业中的红包贿赂现象仍然继续存在，虽然可能并不如从前那么盛行了。

科斯指出，对电台主持人的红包贿赂行为似乎并没有对广播电台的所有者造成困扰。事实上，在让红包贿赂继续存在这个问题上，电台所有者、唱片公司和电台主持人之间存在着强大的共同利益。唱片公司的唱片销量要比竞争对手增加得更快，电台节目主持人的收入更多，无线电台所有者支付给电台节目主持人的工资更少（Coase, 1979, p.308）。而贿赂也并非必然导致不流行的唱片被播放，因为电台主持人的收入一定程度上还取决于他的收听率，他有动力播放流行的歌曲。因此，他对于播放唱片的选择并非完全随贿赂的多少而变化，而是映射了对贿赂和收听率各自带来的收入增量进行权衡后所做选择的函数（Coase, 1979, pp.308-309）。

由于红包贿赂具有某些类似于市场的特质，科斯对它表示支持，这是毫不奇怪的，虽然爱打趣的人可能会说，因为 FCC 反对贿赂，所以科斯自然就支持贿赂。科斯的观点是基于比较的结果——他将贿赂驱动型的节目与替代性的能带来合适的广告受众的节目进行了对比和分析。科斯此处的论证与他有关付费电视的论证是相同的，值得加以详细引证：

禁止贿赂，对节目的最主要影响是对（除唱片之外的）的其他

[①] 议员们似乎认为，摇滚乐只有依靠红包贿赂才会被播出，如果没有红包贿赂，它将无法续存。他们敌视红包贿赂的动机显然是由于他们对正在取代广播中的"好"音乐的摇滚乐的反感。

物品和服务的购买者有吸引力的唱片将取代对唱片购买者有吸引力的唱片。很难说这样的节目是否具有更多"优点"……毫无疑问，使得国会议员（或其他人）认为这样是有好处的原因在于他们相信播放的音乐（大部分是摇滚或类似音乐）是毫无益处而且腐朽的，它们只是因为红包贿赂才得以被播放……但红包贿赂一直是流行音乐产业的一大特征。过去公众喜爱的音乐（和歌词）与今天公众所喜欢的音乐（和歌词）迥然不同，正是对演唱者的付费才促使今天这样的歌曲得以流行。红包贿赂所推广的流行音乐通常要取决于公众在听过这些音乐之后所产生的购买意愿……所以，流行音乐是由一个时期的公众品味所决定的。（Coase, 1979, p.312）

因此，在科斯看来，红包贿赂所带来的音乐类型正是观众想要听到的，而以商业广告为基础的播放系统使广播的音乐成为广告商所希望播放的。与付费电视一样，科斯支持基于消费者支付意愿的分配机制。

然而，科斯认为由谁来决定音乐播放的问题，只是支持红包贿赂的论点之一。在科斯看来，红包贿赂无非是一种特殊的广告费用（Coase, 1979, p.316），他不认同标准经济学家所宣称的劝诱性广告是无效率的：

经济学家一般不赞同……劝诱性广告。我不清楚为什么会这样。任何诱导人们进行消费某种产品的广告都在传播着信息，而消费行为所给出的信息……比广告本身所传达的信息要多。因此，劝诱性广告是信息性的。（Coase, 1977a, p.8）

红包贿赂在摇滚音乐界的盛行被看成是随着新的商业投资而出现的大型广告攻势的表现。"二战"之后，在摇滚革命中失败的唱片公司极力反对红包贿赂，但这仅仅反映出扼杀新竞争是能给他们带来利益的。科斯指出，随着以红包贿赂来做广告的方法被禁止，唱片公司将会增加其他类型的广告宣传，如促销活动、平面广告、电话销售等。且事实上，这些类型的广告宣传的确在贿赂被禁止后就发生了。结果，"由于对红包贿赂的禁止导致在促销活动上雇用更多资源，因此，这一禁令倾向于减少其他方面的国民产值"（Coase, 1979, p.317）。

科斯认为，政府禁止红包贿赂的主要影响是将价格体系排除在外，从而导致了无效率的结果。在广播中播放唱片增加了唱片的销量，因此这一活动是有价值的。在科斯看来，"对这一活动收费是自然的也是合宜的"（Coase, 1979, p.318）。对红包贿赂的禁令实际上是将这一有价值的活动的价格设定为零，这导致唱片公司在唱片生产上以低效方式花费更多资源。此外，科斯说，我们可能会看到这种禁令的结果是更糟的唱片节目、更少的竞争和更多的监管费用。这些成本可能会抵销由于禁令消除了广播节目中的欺骗而给唱片购买者带来的效率收益（Coase, 1979, pp.318-319）。然而，没有记录显示政府在制定贿赂禁令的过程中，试图对这些收益与成本进行比较。科斯说，"仅仅因为某种报酬被描述为'不恰当'而宣布它们是不合法的，这是不够的。政府应当努力揭示这种报酬为什么会发生，以及在它们实际存在的情况下如果宣布它们为不合法，将会发生什么样的情况"（Coase, 1979, p.319）。科斯认为，政府在管制决策程序中没有进行这样的分析，这很大程度上导致了政府倾向于采用低效的政策。

5.5　工商业利益与消费者利益

人们倾向于从"社会成本问题"中得出这样的推论：科斯是亲工商业的（pro-business）。这一观点的产生根源，是科斯声称在许多外部性情况下，采取无为而治才是最佳方案，由此可以允许企业继续排污。然而，科斯著作的大部分都与这一声明不相符合。事实上，科斯将商人视为管制程序中某一时段内的自愿参与者。在一篇有关消费者利益集团活动的评论中，科斯说：

　　　　我承认商人是邪恶的，尽管其他人也不见得是善良的。我认

为，若放纵自流，他们会沉溺于实施垄断，且对消费者进行欺诈，
但我更期望这些垄断行为会受到市场的约束。考察商人是如何利用
管制的，这会对我们有所帮助，他们会利用管制中固有的政府权力
来阻止竞争……（Coase, 1972b, p.316）

所有人看起来都只是在没有竞争对手的情况下才会喜欢竞争。科斯对于
英国广播业、红包贿赂和教育电视频道的分析，就例证了商人们往往以
"公共利益"之名，利用政府来限制竞争。因为科斯相信商人们总是喜
欢搬出崇高的动机，所以他对此现象毫不奇怪。

　　然而，科斯并不认为消费者利益集团有足够的力量来抵消工商实
践中比较卑劣的方面。事实上，他将消费者利益集团活动所带来的管制
看作是这个一般性问题的一个不可或缺的组成部分。在评论消费者协
会（Consumer Union）的科尔斯顿·沃恩（Colston E.Warne）所写的一
篇文章时，科斯（1972b）反驳了消费者利益集团会增加公民福利的观
点。在科斯看来，消费者利益集团所存在的问题，是根本就不存在要促
进的普遍性消费者利益。政府所颁布的各类政策都会在消费者中造成赢
家和输家，游说政府通过或否决某一政策的压力集团只仅仅代表某一类
消费者的利益，也只有一类消费者的观点被听到（Coase, 1972b, pp.311-
313）。关于哪一类消费者集团会成为压力集团的受益方，"哪一类消费
者"的声音将被听到，科斯是相当肯定的。我认为，科斯的答案是明朗
的，即受过教育的中产阶级，他们的成员在激进主义的消费者集团中占
据大多数。（Coase, 1972b, p.313）

　　如果政府只能听到一类消费者的声音，而且持有一种错误认识，即
这一声音就是代表着普遍的消费者利益，那么，与政策制定相关的基本
选择程序就会被干扰。科斯以污染为例：

　　　　一般来说，计算结果会显示拥有污染较大的空气、江河和湖
　　泊要比拥有更清洁的空气、江河和湖泊的生活要更好一些，这是
　　很有可能的。而消费者群体则竭力掩盖我们所面对的选择的性质，

并用他们的尖锐观点和夸张声明，试图说服大众，污染每减少一点，人们的收益便增加一分。我认为他们这样做取得了一些成功。（Coase, 1972b, p.313）

清新空气所带来的消费者利益，往往被看作是唯一的消费者利益。当把这种利益与问题的另一面——造成污染的大型工商企业进行对比时，就会博得广泛同情。然而这并不是事情的全貌，因为

> 我们应当考虑纳税的人们——国民大众，他们更需要那些通过污染才可能生产出来的产品。从本质上说，社会中某一阶层的一部分人正试图迫使社会中其余的人来生产他们所能享受的产品，并让其他人为之买单。我对此非常反对。（Coase, 1970b, p.16）

在科斯看来，正是社会中较为富裕的成员，他们从污染减少中获益，增加了娱乐休闲的机会和诸如此类的产品，而穷人则被迫为这种娱乐休闲而支付，因为他们要为消费品支付更高的价格。

一种观点认为，消费者利益集团可以有效抑制工商业集团对政府所施加的压力，对此，科斯也是反对的。他说，"我并不同意这种乐观的想法。通过堆积谎言并不能使真理变得更加容易获得"（Coase, 1972b, p.314）。他注意到，"事实上，消费者集团就是压力集团，正如所有压力集团一样，他们做事同样不顾及他人的利益"（Coase, 1972b, p.314）。在这一点上，人们可能会误读科斯的观点，以为他是反消费者的（anti-consumer）。但他并不是反消费者，而是反消费者集团；他是亲消费者的（pro-consumer），这里所说的亲消费者是指他支持消费者的支付意愿。对科斯来说，真正的消费者主权（consumer sovereignty）只存在于一个竞争性的私营企业经济中，在这样的经济系统中，消费者的支付意愿才可以决定经济产出。科斯说，"[一个]消费者是君主的经济系统……显然比消费者集团是君主的系统更好"（Coase, 1972b, pp.314-315）。在科斯看来，无论压力集团是亲企业的还是亲消费者的，都会将政府权力和

由此产生的经济活动引向不利于国家利益的方向。

5.6　管制机构

虽然不能认为科斯反对所有的政府管制，但毫无疑问，他对普通管制机构的看法是不够宽厚的。证据如下：

> 我们很难察觉管制委员会正在做什么，而且在很大程度上我们也很难知晓这些委员会实际上会带来什么影响，我们所能看到的常常是很荒谬的。（Coase, 1964, p.194）
>
> 我们必须要首先记住的是，要考虑世界中的经济要素，但在这个世界中，无知、偏见和精神错乱，并没有由于政治组织的存在而被消除，相反是受到了鼓励，它们对政策制定施加着强大的影响力。（Coase, 1966a, p.440）

在科斯看来，管制机构所导致的问题源于两个方面：一是在不需要管制机构（即它们存在的弊端大于好处）的时候还要设立管制机构；二是这些机构一旦设立之后，所发挥的功能是低效的。

科斯的著述处处都反映着一个主题，即施加管制（如赋税或补贴）的决定只有在细致的收益和成本考量之后才能作出。然而，科斯看到，政府常常在没有进行这些考量，甚至没有用合乎逻辑的分析来证明这些管制的正当性的情况下，就出台了一个又一个管制法规。他把这归因于有关政府经济角色的现代观点："如果你接受了这个现代观点……即唯有建立一个新政府机构，才是所有疾病的唯一药方，那么细致的诊断便无从谈起"（Coase, 1968b, p.14）。科斯专注于揭露这种观点的错误之处，并在大量有关政府管制的文章中，列出了一份由管制程序所带来的问题清单。

科斯认为，管制所存在的问题之一，是其受制于变化莫测的政治程序。这一问题始于任命和拨款程序，而科斯对公共利益是否能在任命与拨款程序中获胜并无信心。他在讨论公共电视背景下的政治程序和公共利益的关系时，说"期望总统和国会能不受政治考量的影响来对公共广播公司（Public Broadcasting Corporation）的人事进行任命并拨款支持这一机构的运作，这就好似期待屠宰场的经营者会是一个对动物充满仁慈之心的人"（Coase, 1968b, p.25）。此外，管制的代理人一旦到位，就会把公共利益视为政治利益和个人利益的一个可怜"继子"，因为"主管一个机构的那些人是由政府来任命并从政府那里接受薪酬，如果他们开展工作时不去考虑政府的愿望，这实非明智之举"（Coase, 1968b, p.156）。科斯倒不是认为这是邪恶的人在做邪恶的事，而只是制度使个人利益与公共利益发生了背离：

> 大部分人都是热爱自己甚于任何其他人或事物，而且我相信，假如你我处在这一位置，也会同样行事，不会更好也不会更糟。总的说来，对于增进政治利益，我们有自己的看法，也有自己的利益。仅此而已。（Coase, 1968b, p.173）

无法使个人利益与公共利益保持一致，这会造成大量的低效率，甚至看起来有效率的政策提议也会由于影响它们贯彻实施的政治考量而遭受质疑（Coase, 1966a, p.441）。

然而，管制者在公共利益方面的失败，并不只是由于他们的个人利益使之对政治权威感恩戴德。个人利益也会使特殊利益集团在管制中发挥突出作用："管制者通常是想要把事情做好，但他们常常无法胜任并受制于特殊利益的影响。他们如此行事，是因为他们也像我们所有人一样，是凡人，最强烈的动机并不是最崇高的"（Coase, 1974d, p.389）。科斯担心，组织惰性和产业俘虏（industry capture）以及由此而在长期导致的低效率，因为管制机构会从被管制产业的角度来考察被管制产业的问题。由此来看，即使管制机构相信自己正以公共利益为准则行事，它仍然"没有能力构想或带来任何行业惯例或结构方面的根本性变化"

（Coase, 1966a, p.442）。科斯说，"令人不愉快的场景莫过于管制者与受管制行业之间结成了一个'邪恶联盟'，通过压制竞争来解决竞争所产生的问题"（Coase, 1970d, p.125）。

科斯也担心管制机构平衡集中决策与分散决策的能力，特别是那些具有分配功能的机构，如 IRAC 和 FCC："试图由中央控制所有事情，这容易导致政府瘫痪，对控制权进行委派又会导致行动的不一致"（Coase, 1962, p.39）。中央集权式管理的代价高昂，因为当大量信息涌向中央，就会产生大量成本和决策延迟。科斯对产生更好的决策根本就不抱任何信心，因为那些中央决策常常与受政策影响的领域发生严重背离。另一方面，分散决策会导致协调问题，就像一只手通常不知道另一只在做什么，因此，执行一项一致而连贯的全机构性政策，以及在替代性用途之间选择如何配置机构资源的能力会受到抑制。综合考虑上述所有情况，科斯说，"某些资源错配一定会发生"（Coase, 1962, p.40），并且在评估管制政策时一定要考虑这些导致低效率的因素。[1]

5.7　政府的经济角色

尽管人们通常认为科斯是反政府管制和反政府干预的，但他本人却一直努力表明这并非事实。在"社会成本问题"一文中，他清楚地表明自己并不认为管制和税收不是解决外部性问题的合适方案。在有关政府补贴教育电视的争论中，他说，"我对此（即一般性补贴）的感觉是，我们不能说不应当有补贴。在有些情况下，补贴是应该存在的"（Coase, 1968b, p.98）。经验所验证的管制弊大于利的事实"并不意味着应该废除所有管制。毕竟，废除所有的管制就等同于废除法律制度"

---

[1]　在"竞拍体系与北海油田：一个评论"（The Auction and North Sea Gas: A Comment, 1970a）一文中，科斯描述了英国通过政府政策而非竞争性拍卖体系来分配北海天然气和石油开采许可证，是如何导致英国天然气价格体系与边际成本发生偏离，从而造成了资源的错误配置。

(Coase, 1977a, p.7)。科斯认同这样一个基本观点，即政府颁布的法律法规构建了社会制度，而社会制度引导着经济行为（Coase, 1966a, p.444）。毕竟，如果没有政府，就没有市场系统。

科斯所反对的是，把赋税、补贴和管制看作市场运作中所有真实存在的和臆想中存在的问题的唯一解决方案。科斯认为，在市场出现问题的时候，应该考虑每一种情况所具有的优点：

> 我不反对任何能使境况变好的政府支出。真正的困境是，我们似乎进入了一个思维定式，即每当出现问题，我们认为需要一个新的政府部门，然后就继续增加政府机构。事实上，有很多种其他的方式来解决问题。当然也有许多问题无从化解。我认为：只有政府部门的利大于弊时，才应该通过构建政府部门去解决问题。（Coase, 1968b, p.106）

让我们来看一下科斯是如何把他的上述观点应用到分析思想市场与商品市场上的政府角色的。

在"商品市场与思想市场（The Market for Goods and the Market for Ideas, 1974d）"和"广告行为与言论自由（Advertising and Free Speech, 1977a）"这两篇文章中，科斯考察了政府在两种不同类型市场中的作用。人们通常认为，政府在思想市场（科斯用这一术语来描述由美国宪法第一修正案所要保护的那些活动）上没有合法的管制权威，政府管制会导致不良后果；然而，在商品市场上，却需要政府之手来使之正常运行。科斯说，知识分子群体对这个观点非常支持，他们"迫切希望严格执行第一修正案关于禁止政府在思想市场上实行管制的规定"（Coase, 1974d, p.386），但与此同时，他们又那么"迫切希望政府广泛管制第一修正案没有涉及的那些活动，[以致]几乎国会每天都会通过加强管制的新提议"（Coase, 1977a, p.1）。

科斯认为，这里就存在着生产者、消费者和政府在每个市场中的特性"悖论"。生产者在商品市场上被视为毫无道德的剥削者，而在思想市场上被视为公共利益的捍卫者；消费者在商品市场上被认为无法辨识自身最高利益，但在思想市场上却极具此种判断力。至于政府，在商品市场上，它被视为"行为称职且动机纯正；因此，政府进行管制（包括人们能购买的服务和物品、购买条件、支付价格以及能从何处购买等等的最细微之处）是合宜的"（Coase, 1977a, p.2）。然而，在思想市场上却并非如此，"人们似乎相信在思想市场上，政府是无效的且动机不纯，会压制那些应该进行传播的思想，而鼓励那些如果没有、人们反而会生活得更好的思想"（Coase, 1977a, p.2）。

科斯说，支持这一悖论的正当理由通常是：思想市场的自由是民主社会之必须，它要比商品市场上的自由更为重要。这一理由听起来好听，但实际上却并不高尚。科斯认为，与其他许多生产者一样，知识分子的行为也只是出于个人利益。他们不仅通过使自己的活动（思想）免于管制而获得大量好处，还从对其他领域的管制中获取利益，因为他们参与了对这些领域的管制过程（Coase, 1974d, pp.385-386）。如果我们有充足理由相信思想市场事实上就是要比商品市场更为重要，那么，那些支持这一两分法（dichotomy）的人的动机便无关紧要了。然而，科斯相信，事实并非如此。他认为，事实刚好相反，"对大部分国家的大多数人来说，衣食住所的供给远比'正确思想'的供给更为重要，即使假定我们知道什么是'正确思想'"（Coase, 1974d, p.386）。即使思想市场更为重要，科斯认为，也不能得出结论说，"支持第一修正案是因为政府对思想市场的干预是糟糕的。如果这一观点是正确的，那么，为什么不更广泛地应用这种观点，并使有关政府干预的观点在两个市场上保持一致呢？"（Coase, 1977a, p.3）。

科斯认为，思想市场和商品市场并不存在任何内在的差别使之成为人们区别对待它们的正当理由。在两个市场中，都有不讲道德的生产者，都有由于信息有限而无法辨识自身最佳利益的消费者，还有动机不纯的政府管制者。鉴于此，要评价是否需要进行管制，就应该把每个市场的相同的一般性因素都加以考察（Coase, 1974d, p.389）。更为重要的，我们必须使对这两个市场的分析保持一致性：

　　我们不得不作出这样的决定：政府是像思想市场的一般假设的那样无能，从而我们要（would want to）减少政府对商品市场的干预？还是政府是像商品市场的一般假设的那样有效，从而我们要（would want to）增加政府对思想市场的管制？当然，我们也可以保持中间立场——政府既不像思想市场所假设的那样无能而低劣，也不像商品市场所假设的那样有效而高尚，从而我们应该（ought to）减少商品市场中的政府管制，并可能需要（might want to）增加思想市场中的政府干预。（Coase, 1974d, p.390）

流行的思路认为：让思想市场免于政府的束缚是极其神圣的，而以任何形式来管制商品市场都是适当的。依据这种思路所制定的政策，除了一些偶然情况外，都不会提升社会福利的最高水平。

　　在科斯看来，思想市场需要政府干预的情况要比商品市场上更多。在思想市场上，界定与实施产权的困难使得市场失灵的"幽灵"抬头，在这样的情况下，政府干预可能是可取的（Coase, 1977a, p.4）。此外，他认为，不同的思想通常比不同的货物更难于评估，因此（不受管制的）思想市场的错误和误导性言论至少与（受到管制的，如广告）商品市场一样普遍。相反，"如果思想市场上的自由使我们能发现和寻觅真理，那么商品市场上的自由为什么不能让我们发现哪些产品是可以得到的，并做出更明智的选择呢？"（Coase, 1977a, p.13）。科斯认为，市场就是市场，在评价是否需要管制时应当采用相同的一般原则（即比较每一情形下的所得和所失）。

　　具有讽刺意味的是，科斯关于政府经济角色的实用主义的(pragmatic)、具体分析的(case-by-case)观点与约翰·肯尼斯·加尔布雷斯（John Kenneth Galbraith）并非完全不同。加尔布雷斯说，"我认为这个问题[即政府的经济角色]不可以用一般性理论来解决，只能通过实用主义的、具体分析的方法来加以解决。"（Carroll, 1992, p.85）他还说，"我认为，这种做法不是理论性的（in theory），而是实用主义的

(in pragmatism)。这是我们无法逃避的从思想到理论的一个步骤。我们必须根据特定案例所处的特殊环境来对情况做出判断"(Carroll, 1992, p.85)。在对待如何决定政府的经济活动这个问题上，这两个好像站在意识形态光谱两极的经济学家采取了相同的实用主义观点，这似乎很不可思议。这两位学者可能会在大量实例分析中有不同的解决方案，这表明他们对收益和成本的理解是不同的，但他们对收益和成本的不同理解都服从于上述解决政府经济角色的观点。

尽管科斯是实用主义的，但他无疑对市场有所偏爱："我对于解决这类社会政策问题的一般性看法是让个体来决定，将体系分散化，看看会发生什么"(Coase, 1968b, p.95)。作为一个几乎是芝加哥学派代名词的经济学家，科斯得出这样的结论并不奇怪，但是，也可以认为科斯的这种观点发轫于他在阿诺德·普兰特（Arnold Plant）指导下对经济学所进行的最早期探索。①

科斯基于人类心理的本质，来探求市场优于政府协调的证据，并援引亚当·斯密在《道德情操论》（1759）与《国富论》（1776）中的思想。斯密把人类描述为受自利（self-interest）和仁慈（benevolence）动机的驱动。但是，他认为，当一个人远离了他的最亲密朋友和家人，这种仁慈动机的影响就会下降。由于协作的范围必然会扩展到各个分散的彼此不认识的个体之间，仁慈就不足以维持文明生活标准所必须的劳动分工。科斯说，在产品和服务生产过程中，市场实际上是使这样的协调得以保障的唯一途径。他说，"市场的巨大优势在于它能用利己主义的力量来抵消仁慈的缺陷和偏颇，从而使那些默默无闻、没有吸引力或微不足道的人也能得到需求上的满足"(Coase, 1976, p.544)。科斯坚持认为，不能期望政府来完成这种协调功能，因为政治家和其他人一样，也是自利和仁慈的，他们的仁慈主要惠及与其亲近的人，而不是增加公共利益(Coase, 1976, p.544)。政府，不同于市场，它没有能力站在非人格化的立场把自利和仁慈纳入公共物品。

———————

① 参见本书第一章有关普兰特对科斯所产生影响的讨论。

科斯的这一立场并不仅仅出于他对市场本身的固有偏好，而是相信政府行动往往弊大于利，甚至在市场表现不佳的情况下也是如此。他说，"可能有一些管制是有益的，但是大多数管制机构的活动并非都是有益的"（Coase, 1972b, p.316），而且"很明显，无论管制是来自生产者压力还是消费者压力，它通常都会有损于总体社会利益"（Coase, 1977a, p.5）。科斯认为，政府无法改进市场表现的一个重要因素是，政府现在已经变得太过庞大，以至于到了"边际生产率为负"的状态，似乎在他看来"政府机器现在已经失控"（Coase, 1977a, p.6）。他的著述中有很多用以支持这一观点的例子和分析，有一些已经在上文讨论过了。[1]

科斯认为，政府是否要征税、补贴或管制，或者干脆什么都不做，这要进行收益－成本分析，需要考虑所有的收益和所有的成本。目标就是要选择出能够最大化生产价值的选项——这就是科斯的价值理论。[2]在有关水污染的问题上，他说，"需要考虑的问题是，建造娱乐设施的价值是否抵得上把湖滨供民众娱乐而损失的化学制品的价值……这是一个困难而重要的问题，但这只是一个估价的问题"（Coase, 1970b, p.9，重点号为本书所加）。他又说：

> 我认为，探讨污染应当考虑以下几个问题：首先，降低既定污染水平的收益和成本是什么？其次，谁从污染降低中获利，谁会由于降低污染而被取消的生产中受损？第三，为了促使我们想要达到的目标，所建议的安排在实践中会产生什么样的实际结果？（Coase, 1970b, p.9）

---

[1] 还可参见 Coase（1974a）。

[2] 科斯除了在"社会成本问题"一文中略微提到了一个基于更加宽泛基础的社会福利函数之外，在其所有作品中有关社会福利函数的分析，他都是把社会产出价值视为唯一的考虑对象。如果我们认识到，对某种特定的社会福利函数的选择，将会决定我们的收益－成本分析的结果时，社会福利函数的重要性就更加凸显出来。

科斯认为，"理想的政府"会在做出决策前考察所有的成本，包括调查这些收益和成本的费用以及执行政策的费用。政府要在预期收益大于预期成本时，才推行有关税收、补贴或管制政策，从而实现"总的国民所得最大化"（Coase, 1988e, p.25）。科斯并不满足于把这一收益－成本方法只用于分析商品市场的政府行为，他认为，应该把这一方法沿用到分析第一修正案所涉及的各种个人权利和公民自由，因为这些权利同样会带来收益和成本。

上述讨论已经相当明确地表明科斯是认为政府干预的成本通常是大于其收益的。他说，管制"通常使事情变糟"（Coase, 1988e, p.26），一般情况下政府配置资源所导致的结果是不如市场配置的。这一观点对管制的含义是，（最大化生产价值的）最佳政策经常是政府什么也不做，允许市场的不完美继续存在。当认识到外部性是普遍存在的、管制外部性所带来的成本是巨大的，这对科斯来说，上述观点就更加有力了（Coase, 1988e, pp.26-27）。类似地，由于政府在很多情况下进行资源配置都伴随着成本高昂和效率低下，因此，科斯倾向于采用价格机制进行资源配置。

科斯清楚地意识到，在这个问题上，无论是在整个社会还是在自己的专业领域，他都是逆流而行的。[1] 但让科斯最感烦恼的可能是，为什么有那么多领域都在抵制使用市场和价格机制来配置产品和服务。在讨论知识界不愿意将付费电视看成是由政府补贴的免费公共电视的有效替代品时，他的论述很有魄力：

> 我或许可以告诉你一个关于整个教育界之所以反对价格体系的原因。当有人提议要为某事付费时，教育界会为此而感到惊骇。想象一下：要为此付费！谁听过这样的事？他们没有注意到自己也是领薪水的。这就说明，知识界对价格体系存在诸多敌意。（Coase, 1968b, p.104）

---

[1] 参见本书第六章。

对科斯来说，市场通常会按照最高使用价值的原则配置资源，但政府只会碰巧如此。根据这一观点，市场为王，而政府通常是一个不够格的觊觎王位者，尽管其意图是好的。

因此，科斯关于政府经济角色的观点并非如有些人所认为的那样是天生就应该加以限制的。在科斯看来，政府的真正失败之处，在于它做决策之前，没能考察税收、补贴和管制的潜在影响（特别是其实施的成本与收益）。毫无疑问，科斯坚信通过对税收、补贴和管制的潜在影响进行研究会使当前所实行的各类管制有所削减。然而，这并不意味着科斯是反政府的（anti-government），这只意味着他是支持最大化产出价值的。

虽然科斯意识到法律规则构建了社会制度，而后者又决定了经济绩效，但他似乎并未进一步研究政府在经济中所具有的一般性特征的含义。从根本上来说，政府活动是权利的创造与再创造，是通过建立市场制度（权利）框架或者是实施所谓的管制，这本身就是在社会中对权利的一种重新配置。同样地，正如科斯所言，我们不能说，在这里要有更多的管制或干预，在那里要减少管制或干预。这并不是政府管制多少的问题，而是不同权利结构的问题，而每一种权利结构都会带来一个特定的结果，从而，问题就变成了：要采用的适当权利结构是什么？——这应该正是科斯真正想要问的。

科斯大概会这样回答：权利结构的选择应当基于最大化社会产出价值。但这也有其自身的困难，即我们并没有先验的理由认为，产出价值是社会福利函数的唯一参数（或其参数之一）。而且，科斯同样也没有认识到，一般来说，收益、成本、产出价值和效率的度量必然因权利界定的不同而不同。每一种权利结构都会形成一系列特定的偏好、收入、需求、成本结构等等，从而导致一种特定的且相互不同的有效资源配置。这里有两层含义：第一，不存在唯一的最佳解，因为每一个可能的效率产出都是特定权利结构的函数；第二，根据上述观点，因为效率是权利的函数，我们无法仅仅依据效率来划分权利；每一权利结构都会导致一个特定的有效产出，这些产出是不能相互比较的。[①] 如果我们认识到效率准则的循环性特征以及有效率的结果或者说最大化产出价值的结果的非单一性，这就必然要求考虑其他的选择标准，这样才能在各种权利结构中作出选择。从而，谁拥有权利的问题就演变成谁的利益将被算作权利、谁的收益和成本将会参与到社会决策计算的问题。

这里还有一个问题：谁来决定这些？决策问题根本上说是价值问题，但是参与决策过程的人往往会掩盖其选择的价值驱动的性质。有效的政策要求公开性和价值明晰性，而不是含糊其词。科斯分析的一大优点就是，他将他的许多底牌都摊到了桌面上。

---

① 参见 Samuels（1989b）；Veljianovski（1981）以及 Medema（1993）。

6. 科斯的经济学观

我常常逆流而上，对潮流保持着警惕。

——温斯顿·丘吉尔（Winston Churchill）

罗纳德·科斯在 1991 年被授予诺贝尔经济学纪念奖，这一荣誉证明了他的著作被广泛阅读、引证并已对经济学界产生巨大影响。但他本人却在 1988 年这样说，"我的观点并未博得广泛赞同，我的论证大体上也未被世人所理解"（Coase, 1988e, p.1）。他认为，之所以如此，是因为"大多数经济学家看待经济学问题的角度与我不同，他们并不赞同我关于经济学性质的想法"（Coase, 1988e, p.1）。由此，就产生了两个重要问题：科斯对人们普遍接受的经济学性质是如何看待的？科斯本人认为我们应该如何从事经济学研究？

6.1 经济学的性质

在 1991 年的诺贝尔经济学纪念奖的获奖演讲中，科斯提出这样的看法：现代经济学的主要工作，大体上是在精炼和细化亚当·斯密的著作："在我看来，《国富论》问世后的两个世纪里，经济学家的主要活动就是弥补亚当·斯密体系中的不足，修正其错误，并使其分析更为精确"（1992a, p.713）。在这项斯密主义的遗产中，最显著的贡献是分析一个高度分散化的经济系统，这一系统由价格体系——看不见的手——支配，它引导事物朝着最好的境况发展。然而，科斯认为，问题在于，这一"伟大学术成就"在制造光明的同时也留下了一大片黑暗（Coase, 1992a, p.714）。现代经济学家集中研究价格体系，而忽视了那么多的经济活动领域都有待解释，以致让人觉得"经济学家好像是认为他们的研究对象仅仅与定价体系有关，定价体系之外的事物都不关他们的事"（Coase, 1992a, p.714）。正如我们已经知道的，科斯相信，企业和产业组织理论就是这一问题的突出表现。但这只是冰山一角。经济系统的许多方面都被经济学家假设不存在，在研究中被忽视，或者被巧妙地隐藏在其他条件不变（ceteris paribus）这一巨大的保护伞下。于是，对于真实世界经济活动的许多重要方面，经济理论都显得苍白无力。经济理论若想应对描述现代经济系统这一挑战，履行其职责，就必须向更广与更深处扩展。

科斯认为，经济学家们鲜有超越亚当·斯密两个多世纪以前在《国富论》——这本让科斯"带着敬畏去沉思"的著作——所作出的分析：

> 它分析之敏锐、范围之宽广超越了其他任何经济学书籍。然而，它的卓越令人心绪不宁。在过去两百年里，我们究竟都做了些什么？我们的分析当然越来越复杂，但是，我们并没有显示出关于经济系统运行的更高明洞见。而且，在某些方面，我们的方法还不如亚当·斯密。（Coase, 1977d, p.325）

当科斯考察经济学（性质）时，他发现这门学科的研究对象契合了罗宾斯勋爵（Lord Robbins）的观点，即经济学是一门研究资源稀缺世界中的人类选择的科学。① 这种把经济学视为选择科学的观点为所有那些需

① "经济学是一门研究如何安排人类目标与具有多种用途的稀缺资源之间关系的人类行为科学"（Robbins, 1932, p.16）。

156

要作出选择的领域——包括法学、政治学、社会学等等——进行经济学分析打开了大门。[①] 在科斯看来，尽管这一观点赋予经济学以广泛的应用性，但也存在重大缺陷，即它的研究方法（选择分析）脱离了它的研究对象；由于经济学家不去严肃分析进行选择的行为主体，因此经济分析中的决策者完全没有实质意义。

经济系统和经济学研究都要以生产者、消费者、市场和政府为中心。然而，在科斯看来，经济理论对上述任一经济主体的处理要么是不完备，要么是误入歧途，要么就是错误。他认为，之所以如此，是因为我们"对经济学……缺乏认识。我们……对经济系统运行发挥至关重要作用的所有要素——如企业、市场、缔约过程和财产权等的分析是一种原始的分析系统（*a primitive analytical system*）"（Coase, 1978, p.244，重点为本书所加）。他说，（在这个分析系统中），我们所讲的是"没有人性的消费者，没有组织的企业，甚至是没有交换的市场"（Coase, 1988e, p.3）。结果，"我们对经济系统运行的许多方面都无知得令人震惊"（Coase, 1974b, p.171）。

消费者理论

科斯对消费者理论的不满，源于他认为经济学家不愿意对消费者决策过程进行系统性研究。经济理论中的消费者被刻画成一束假设存在的偏好，给定这些偏好，假设能根据效用最大化原则做出理性决策。然而，没有好的理论工具来描述这些偏好从何而来、如何形成以及随着时间流逝会发生怎样的变化。经济学家也不考察消费者选择背后的动机。消费者被简单地假设为基于理性效用最大化原则而对经济环境作出反应。在科斯看来，这样的消费者理论使需求理论无论是作为解释性理论框架还是经济学分析工具都是不完整的。

科斯认为，消费者决策问题应当通过社会生物学（sociobiology）

---

① 下文将讨论科斯对经济学帝国主义的看法。

来寻求答案。在社会生物学中，人性被看成是长期演化的结果，遗传因素发挥了重要作用。科斯提出了这样的研究进路，

> 人类天性的结构包括学习规则（learning rules），这一点在经济学中尤其重要。因为通过学习，我们能把经验转变成预期。人类天性之所以如此，是因为这有助于人类在其赖以生活的环境中存活下来（human survival in the conditions），而不是如（经济学）有时所假设的，是为了人类快乐（human happiness）。（Coase，1978，p.244）

在科斯这里，理性因素被弱化，他所强调的偏好带点儿马尔萨斯的味道，是为了促进人类在不同条件下的生存。然而，科斯强调的关键问题是我们要利用社会生物学的发现来提高对经济学的认识，而不是通过经济学范式对生物学施加影响（Coase, 1978, p.245）。

除非这样的知识被吸收进经济学，否则效用理论就会像科斯（1977d, p.318）所说"通常是经济分析的装饰，而不是工作内容之一"。科斯说，我们必须要安于使用我们确实知道的事物，并且要以合适的方式对这些事物加以使用。我们所知道的（而且在科斯看来，几乎就是我们所知道的全部）是不证自明的需求定律在大部分经济环境中是真实存在的，即当某一活动的（广义）价格上升，消费者将减少参与此项活动；反之亦然。虽然需求定律可以有理性效用最大化直接推导，但科斯断言，需求定律"并不需要假定人是理性效用最大化者。另一方面，它也无法解释人们为什么会那样选择"（Coase, 1988e, p.5）。[1]科斯认为，选择过程背后的驱动力仍然是一个悬而未决的问题，而他不能从理性效用最大化中得到这一问题的答案："没有任何理由假设，大多数人是在

---

[1] 波斯纳（Posner, 1993a, p.29）不能接受科斯对效用最大化的拒绝，因为他认为，一个人相信需求定律就意味着相信效用最大化法则，而科斯是相信需求定律的。波斯纳显然没有意识到，虽然需求定律可以从效用最大化中推导出来，但理性效用最大化并非需求定律成立的必要条件，参见 Becker（1976, pp.151-158）和 Coase（1993a）。

忙于最大化某样事物，除非这样的事物是苦恼（unhappiness）——但即使这样，这一假设也不完全成功"（Coase, 1988e, p.4）。[①]

科斯对从经济学内部来解决消费者理论所存在的问题根本不抱任何信心。他认为，对这一问题的解决，要借助于经济学研究领域之外的学者——尤其是社会生物学家的研究。经济学家乐于在给定偏好和理性效用最大化的理论基础上构建理论，对此，科斯并不觉得奇怪。他认为，关于理性效用最大化的人性观点是"空洞的"（Coase, 1988e, p.5）。但这种"空洞的"人性观点与经济学家对诸如企业、市场、法律等经济制度的处理是一致的。这些经济制度与消费者一起，构成了经济系统的基本部分，但在现代经济学理论中，它们只是被假设为既定的存在，而非具体研究的对象（Coase, 1988e, p.5）。而科斯本人在其职业生涯中大部分都把精力用于了研究经济制度上。

经济制度在经济学分析中的地位

在科斯看来，这些经济制度——企业、市场和法律——构成了经济中的铁三角（trinity），成为经济系统运行的基础。除非人们能更充分地理解这些制度的活动及其影响，并将其纳入分析，否则就无法理解经济系统。科斯把关注制度的重要性视为亚当·斯密《国富论》中被后人遗失的学术遗产：

> 经济学家倾向于认为，亚当·斯密仅仅是在提倡使用价格体系，但通读《国富论》后，我们会发现，他是在讨论价格体系运行所依据的恰当制度框架……他显然认为，对这些制度问题的讨论，是经济学家的研究工作中正确且重要的部分——正是这一点把斯密的方法与很多从那时起就开始存在的方法区别开来。（Coase,

---

① 他甚至进一步称效用为"一个不存在的实体，我猜它所起的作用与过去物理学中的'以太'类似"（Coase, 1988e, p.2）。

1977d, p.320 ）^①

在新古典经济学理论中，这些制度是不变常数，然而在现实生活中它
们是活跃的，通常是内生的参与者，它们的行动会对市场的无形之手
有引导作用（Coase, 1966a, p.444），从而对经济绩效产生影响。科斯把
他 1988 年出版的最重要论文集命名为《企业、市场与法律》，这说明了
这些制度（企业、市场与法律）对他的研究工作以及他有关经济如何运
行的看法都发挥了核心作用，他相信这些制度在经济理论研究中的重要
地位。

　　如上所述，科斯相信现代经济学中的企业理论，数十年来都没有发
展出有关企业自身的真正理论。企业仅仅是被视为一组成本曲线/函数，
与需求曲线/函数一起确定价格与产出。企业为何存在、为何那样做以
及产业中为何有如此数目的企业（除了与需求相关的规模经济），有关
这些问题的原理都未引起经济学家的重视。经济学家对价格和产出水
平的分析是在一个无摩擦的市场框架中进行的，而在这个无摩擦的市场
框架中，只是假设存在着企业，尽管在一个无摩擦的市场中并不需要企
业。科斯眼中的世界，市场是有摩擦的，市场和企业内部都存在着交易
成本，这些交易成本反过来在很大程度上决定着企业的规模和所从事的
活动。由于没有认识到这些成本，这使得经济学家进入到一个理论世界
中，在这个理论世界里，根本无法分析企业的活动或发展出与企业相关
的有用政策。

　　同样的批评可应用于对市场的分析。经济学家对市场的分析几乎全
部集中于价格和产出的决定，完全忽视了对市场制度本身的研究。科斯
对此做出的解释很明确：市场的存在是为了减少交换过程中的交易成本，
而主流经济学理论并没有认识到这些成本的存在，从而就不需要对真实
世界中的市场进行深入分析，因为在那样一个理论世界中，双方的无摩

---

① 　正如 Lazonick（1991, p.2）所指出的，斯密使用顶针工厂的例子对劳动分工进行
　　的分析，事实上是在讨论生产的制度结构，阐述的是企业内而不是市场中的协调。

擦交换可以运行自如，并能够推广到 n 方交易。尽管这种分析进路能揭示出交换带来贸易利得，却无法说明实际上会有哪些物品被用于贸易以及有多少数量被用于贸易（Coase, 1988e, pp.7-8）。

而且，经济学家对市场结构的分析忽视了诸如法律这样的社会制度在交换过程中所发挥的作用。在科斯看来，一旦人们认识到在市场中进行贸易的不是有形物品，而是"一束权利，一束采取某些行动的权利"，在经济分析中引入法律的重要性就变得清晰起来（Coase, 1988a, p.656）。①何种物品被贸易，以什么价格进行贸易，这取决于"个人和组织被认为拥有哪些权利和义务，而这要由法律系统进行确定"（Coase, 1988a, p.656）。考虑到这些制度对经济绩效所发挥的重要作用，科斯对经济学家居然能够建造一个本质上忽视了这些制度的理论体系感到相当困惑。科斯（1984b, p.230）说，"这就好比一个人在研究没有身体的血液循环"。正如他在 1991 年诺贝尔纪念奖演说中所说，

> 由于交易赖以发生的制度背景会影响对生产的激励和交易的成本，因此，对经济学家而言，如果没有具体说明有关的制度背景就来讨论交换过程，那是没有任何意义的。我认为，这一点正逐渐得到人们的认可，当前所发生的东欧事件也使这一点变得更加明了。经济学家不厌其详地分析两个人在森林边缘用胡桃交换草莓，并认为这种对交易过程的分析是尽善尽美的，这样的时代已经一去不复返，尽管这样的分析在某些方面具有启发性。现在，我们必须在真实世界的背景下来研究合约的缔结过程。（Coase, 1992a, p.718）

在科斯看来，这种研究进路的好处是显而易见的："这样，我们才会了解我们所面临的问题，以及如何克服它们，当然也就会明白我们不得不在其中进行选择的备选制度的丰富性"（Coase, 1988a, p.718）。

科斯认识到，离开法律就没有市场可言，对市场的分析以及对整

----

① 康芒斯（Commons, 1924）对这一点进行了深入阐述。

体经济的分析都必须基于这一认识——法律结构将决定经济绩效:"个人所拥有的权利,包括他们的义务和特权,在很大程度上是由法律所决定。因此,法律系统将会深刻影响经济系统运行,甚至可以说是在某些方面控制了它的运行。"(Coase, 1992a, pp.717-718)法律的变化会增加或降低交易成本,并因此阻碍或促进贸易的进行。然而,新古典理论并不承认交易成本所具有的任何作用,这使它不可能分析造成这些成本发生变化的那些法律或非法律规则的影响。科斯认为,我们要做的是发展一个理论装置(a theoretical theory),允许我们对交易成本以及交易成本在经济制度构建中所发挥的作用进行分析(Coase, 1988e, pp.9-10)。虽然大多数经济学家还没有意识到这一点①,但法和经济学这一学科的发展,正在促使经济学家意识到法律系统在决定经济产出方面的重要性,科斯对这一研究领域所产生的所有经济理论,都报以很大希望(Coase, 1992a, p.718; 1988e, p.31)。

新古典理论对政府角色的认知存在同样的缺陷。科斯将其归咎于庇古传统。在新古典理论中,政府被看成是市场失灵的救世主,有能力通过颁布合适的赋税、补贴、管制政策或采用适当的分配结构而实现社会最优产出。科斯认为,这一观点的问题在于它没有考虑政府活动的成本。在科斯看来,这些成本通常会导致次优结果。新古典经济学之所以没有考虑这些因素,是因为它没有将政府作为一项经济制度来研究,这导致有关的政策分析难以有效评估政策对我们周围真实世界所产生的影响。②

经济学家对制度的忽视,造成了一个相当明显的后果,就是他们无法进行比较制度分析。企业或市场?企业或政府?市场或政府?如果没有认识到使用企业或市场来组织交易所涉及的交易成本或政府活动成本,这样的分析就不可能有意义,因为在没有交易成本的世界里,这

---

① 康芒斯(Commons, 1924, 1934)是个例外,他将法律系统的作用置于其分析的中心地位。

② 参见第五章对科斯有关政府经济角色观点的讨论,以及下文对科斯有关经济学家和公共政策观点的讨论。

些制度"既无实质内容也没什么用途"（Coase, 1988e, p.14）。而在真实世界中，这些制度当然既有实质内容也有其用途，因此，经济学必须要在理论中对它们进行考虑。对科斯来说，这并不意味着要颠覆新古典理论，因为他发现自己的研究进路与新古典理论的基本进路是相当一致的。正如他在 1988 年出版的论文集中所言，"本书所收录文章的与众不同之处，并不是它们要抛弃现存的经济学理论……而是要使用这些经济理论来检验企业、市场和法律在经济系统运行中所发挥的作用。"（Coase, 1988e, p.5）

6.2　真实主义（realism）的作用

科斯对制度分析的核心在于他有一个信念，即经济理论要以真实（reality）为基础。这有两层含义：第一，假设应当是真实的（realistic）；第二，理论应当以理解实际运行的经济系统为目的。科斯在其整个学术生涯都秉持这一信念。在"企业的性质"（1937a）一文中，科斯反驳了琼·罗宾逊（Joan Robinson）的观点，即如果不真实的假设是唯一可处理的，那么使用这些假设便是合理的。科斯对仅仅易于处理的假设并不感兴趣，他还想找出真实的假设。数十年后，科斯在一个有关经济学家应该如何选择自己所要信奉的理论的演讲中，详述了真实主义的重要性："如果我们的理论是为了帮助我们来理解经济系统为什么要以这样的方式来运行，那么假设就必须符合真实主义。真实主义的假设迫使我们去分析真实存在的世界，而不是那些并不存在的假象世界。"（Coase, 1982c, p.7）为了说明这一点，科斯在"企业的性质"中煞费苦心地将他的观点、假设以及它们的含义与真实世界进行了对比。[①] 同样地，在"有关垄断价格的一些说明"（Some Notes on Monopoly Price, 1937b）中，他"旨在有把握地进行一些重要的修正，以使垄断分析更

---

① 参见 Coase（1937a, pp.386,403）以及本书第二章中的讨论。

为有用；如果要使罗宾逊夫人的理论有助于提高我们对实际经济系统
（actual economic system）运作的理解，就必须对她的理论做出这样的修
正"（Coase, 1937b, p.17，重点为本书所加）。[①]

在科斯看来，现代经济学理论的假设和分析，都远远"背离了真实
世界"（Coase, 1988e, p.23）。科斯认为，这导致了不幸的后果："当经济
学家发现他们无法分析真实世界正在发生的事情时，就创造出一个他们
可以掌控的假想世界"（Coase, 1988c, p.24）。此外，经济学家通常对其
假设并不做出清晰阐明，从而阻止了理论选择中的评价程序：

> 过去，经济学理论一直未能对假设进行清楚阐述而备受困
> 扰。经济学家在构建一个理论时，往往不去考察理论赖以成立的基
> 础。然而，对理论所基于的假设缺乏认识会导致误解和不必要的争
> 论，对基础的考察不仅对避免这些误解和争论十分重要，而且对
> 在一系列不同的经济学假设选择中保持良好的判断力也极为重要。
> （Coase, 1937a, p.386）

由于"经济学家所面临的是在相互竞争的理论中进行选择"（Coase,
1982c, p.17），所以除了对竞争性理论的其他方面进行评估外，还必须对
作为竞争性理论基础的假设进行评估；但如果没有明确阐述和澄清假设
的含义，这一选择过程就不能有效进行。

科斯对真实的、清晰阐明的假设之重要性的强调，使他直接站在
了弗里德曼（1953）的对立面——后者认为一个理论唯一重要的是其预
测能力。科斯在回顾自己在"企业的性质"一文中有关真实主义的陈
述时，这样说，"大多数读者会跳过这些开场白……其他人则会认为那
是年轻人所犯的错误，正如许多现代经济学家一样，他们相信我们应
当基于预测的准确性来选择经济理论，假设是否真实完全无关紧要。"
（Coase, 1988c, p.24）弗里德曼的这个被广为接受的观点忽视了理论在经

---

① 本书第三章讨论了这些洞见。

济学分析中所发挥的更为重要的作用。除了要形成可检验的假说外，理论还要为我们提供一个用来组织思维的框架，以使我们能对研究中的经济现象有更好的理解（Coase, 1982c, p.6）。仅仅因为能够很好地预测未来就被接受的理论不会增强我们解释实际经济系统运作的能力，因而也就无法完成其最核心的任务。

理查德·波斯纳（Richard Posner, 1993a, c）最近在其批判科斯方法论立场的文章中反驳了上述观点。波斯纳视"预测和控制"为"科学的最重要目标"，因此，他与弗里德曼的观点相似。他认为"[理论]的目的……在于增加我们的有用知识（useful knowledge），主要是有关因果关系（causal relations）的知识，因此一个不真实的理论也可以是相当有用的——事实上还可能是至关重要的"（Posner, 1993a, p.76）。波斯纳表示，如果这些模型作出的预测结果是正确的，"我们就能从中了解到关于经济行为的一些知识"（Posner, 1993a, p.77）。波斯纳显然满足于预测能力好的理论，对他而言，预测的功能在某种意义上就如同知识的功能。然而，科斯并不满足于理论仅仅具备预测力（predictive power），而更注重理论的**解释** (explanation) 功能。对科斯来说，事情如何发生、为什么发生和发生了什么一样重要，理论只有在尽量真实的时候才会具备这种解释力。

应当注意的是，科斯并不是死板地认为所有经济学假设都应当是完全真实的：

> 我们由于不知怎样处理而忽略了一些因素。而另一些因素会因为我们感觉不值得包含到分析中而不予考虑，比如，如果假设中包含这些因素，可能在很大程度上会使分析变得复杂，但却没有让我们对正在发生的事产生更好的洞见。此外，对其他因素的假设不需要完全真实，因为它们完全不相关。（Coase, 1982c, p.8）

科斯认为，问题在于经济学家倾向于将上述不需要假设真实性的理由扩大化，直到几乎完全忽视真实，采纳假设与真实脱离的观点，进而赋予完全不关照真实世界的假设以合法性。我们需要做的，不仅要对假设的真实性进行考察，还要致力于寻求真实的假设。"企业的性质"一文的形成就是这一过程的例证：科斯不满于有关企业的标准假设，并通过观察周围的世界来寻找真实的假设。因此，科斯认为，尽管"有正当的理由说明理论的假设不需要完全真实"，但这"并不意味着我们应当完全脱离真实"（Coase, 1982c, p.8）。

唐纳德·麦克洛斯基（Donald McCloskey）在某种程度上也属于芝加哥学派，他同意科斯有关真实主义的一些观点："为了方便叙述，经济学理论的风格违反了'真实'这一准则。在一个假说的世界里取得令人吃惊的研究成果已经成为司空见惯的事情"（McCloskey, 1990, p.30）。他接着说，"经济学的一些研究领域主要就是由各种有趣的可能性构成。国际贸易理论中的第一百个可能性世界让人觉得像是一首美妙至极的寓言性诗歌"（McCloskey, 1990, p.31）。麦克洛斯基的这一评论说明了经济学家开始越来越关注经济学研究中对真实主义重视不够的问题，至少在一些领域内是这样的。在 1986 年美国国家科学基金会（National Science Foundation）有关经济学发展状态的研讨会上，"许多与会者提出，研究生教育中的经济学内容与真实世界问题严重脱节"（Kreuger et al, 1991, p.1035）。这很大程度上引起了美国经济学会（American Economic Association）委员会对经济学研究生教育问题的关注。委员会的研究发现，研究生教育很少关注培养学生将经济学工具应用于解决真实世界的问题；委员会建议，尽管不能忽视这些经济学工具的传授，但经济学的研究生项目应当向更适于解决真实世界问题的方向迈进。显然，这一建议会得到科斯的鼓掌欢迎。

正是"企业的性质"所体现的真实主义，使张五常（Steven Cheung）非常推崇这篇文章，认为它可能导致经济学理论更加注重真实性："过去的十年里，人们对'企业的性质'所表现出的浓厚兴趣，说明了经济学家开始重视科斯等人所呼吁的把理论应用于真实世界的重要性"（Cheung, 1983, p.20）。虽然这多少是鼓舞人心的，但"社会成本问题"一文的主要影响——或者说至少是最重要的影响之一——却是引发了一大批文章在零交易成本的世界里讨论科斯定理，这个事实表明我们距离把理论应用于真实世界还有很长的路要走。

6.3 数理与量化分析

至少从 20 世纪 50 年代以来，经济学最典型的特征之一就是日益坚定地采用复杂的数量工具，以至于在进入博士课程学习阶段，本科专业是数学的学生比本科专业是经济学的学生更有优势。[①] 从 1969 年设立诺贝尔经济学纪念奖以来，获奖者几乎全部都是发展或使用数理或计量分析技术的高手。正如科斯所说，这（经济学）是一个"数学方法大获全胜"（Coase, 1975, p.31）的专业。然而，科斯是基于毫无数理或量化分析的研究成果而获此项殊荣的。事实上，科斯的所有文集都没有收录这类数理和量化分析。除了 20 世纪 30 年代对生猪周期和会计核算的研究之外，在科斯著述中完全没有数理形式化，也没有量化分析。他抵制住了对其研究进行形式化的任何诱惑，不论其他人以形式化的方式拓展还是反驳其观点，科斯都以直观的论证而不是数理分析加以回应。

如果对现代经济学家来说，一个方程抵得上千言万语，那么科斯所持有的看法则刚好相反，他对数学的厌恶贯穿其整个学术生涯。在回顾学生时代时，他说自己在那个时候就"不喜欢数学"（Coase, 1988b, p.5），这导致他放弃了攻读化学学位，转而攻读商业学位。倘若没有他对数学的厌恶，恐怕经济学世界里永远都不会有罗纳德·科斯了。

虽然科斯不使用数理和量化分析的部分原因可能在于他缺少数理和量化分析方面的相关知识，但毫无疑问，一个具有他那样智性能力的人是能够在其学术生涯中轻易学会这些知识的，或者与其他精通这些技术

---

① 对这个问题的考察，可参见 Kreuger et al. (1991，特别是 pp.1040-1043）。Klamer 和 Colander 在他们的《制造经济学家》（*The Making of an Economist*）一书中，给出了一个关于经济学研究生教育的深刻观点，这一观点是基于对参与经济学博士精英项目的学生进行调查和采访而形成的。

的人合著文章。但事实上，他并没有这样做，这说明科斯多少是有点厌恶使用这些技术。用心精读科斯的著作，你就会发现，科斯的确对这些技术持有怀疑态度，尽管相比于这些技术本身的用途，科斯更加怀疑对它们的使用方式。这些怀疑是围绕着数学技巧的真实主义和统计分析的可信度而产生的。

科斯对经济学使用数学形式化的批判，其核心在于他认为这会使经济学丧失真实主义而支持一个假设的世界，这些假设会剥夺理论解释现实的能力。如上所述，科斯并没有为迎合当代而尝试将他的任何研究数学化。事实上，他对其他学者试图对他的思想进行数学化的做法以及这样的做法所造成的影响深怀忧虑。正如他在 1987 年所言，回顾"企业的性质"一文，他发现文章"将无法逃过一些读者的慧眼——这一分析体系可以用数学形式来表达。这给我们带来了希望，但这个希望也只能是在这一分析力量是用来启发我们理解真实世界而非假想世界的时候才会产生"（Coase, 1988d, p.47）。这一声明表达了科斯所反对的并不是在经济学中使用数理分析方法，而是他看到经济学中所出现的数理分析使经济学与其研究对象背离的趋势。

持有这一观点的并非科斯一人。经济学研究生教育委员会发现，在 1977—1978 年和 1987—1988 年获得博士学位的教师中足足有一半人都同意这一观点，即"研究生的培养过分强调数学和统计工具"（Kreuger et al, 1991, p.1041）。有些人坚持认为，经济学的数学化实际上会削弱我们对真实世界中经济过程的理解力。委员会由此得出这样的结论，"看来，对技术的掌握已经取代了对那种曾被人们称为'芝加哥风格的微观经济学研究'（Chicago-style micro）直觉性经济分析的掌握"（Kreuger et al, 1991, p.1044），但这种直觉性经济分析的风格，在科斯的作品中得以生动展现。

作为（经济学中）数学应用已经陷入疯狂的例证，鲍莫尔（Baumol，1972）用一种优雅而正确的数学论证试图捍卫庇古以及解决外部性问题的庇古税方法，以此来反对科斯（1960）对庇古理论的挑战。用鲍莫尔自己的话说，他为庇古传统辩护，旨在证明"从其本身的研究立场来说，庇古传统的结论事实上是毫无缺陷的"（Baumol, 1972, p.307）。鲍莫尔（1972, p.318）从数学上证明了庇古税和补贴实际上会带来资源的最优分配，接着又对他的分析加了限制条件，他说："总而言之，从字面上看，我们没有多少信心能解释庇古方法的适用性。我们不知道如何计算出所要求的税收和补贴，也不知道如何通过试错来逼近这些数值。"然而，这对科斯来说，问题就已经够大了，他这样回应鲍莫尔：

> 显然，鲍莫尔的意思是……（庇古传统）的逻辑是没有缺陷的，如果其税收建议能被执行的话——**然而这是不可能的**，资源分配将是最优的。对此，我绝不否认，但是，我认为，这样的税收建议不过是痴人说梦而已。（Coase, 1988e, p.185，重点号为本书所加）

在科斯看来，过多的学术时间都被花费在用亮闪闪的数学饰品来展现梦想世界的最优特征。经济学研究生教育委员会显然与科斯有类似的感受，他们这样说，"我们担心……研究生教育计划可能正在培养一代**白痴专家**（idiots savants），他们技术过硬，但对现实的经济问题一无所知"（Kreuger etal, 1991, pp.1044-1045）。经济学家不能或不愿将工具应用于真实世界中的问题，在某些领域，他们甚至无法对工具与真实世界问题进行区分，这导致他们得出大量理想的但不能实现的最优条件，却没有着眼于实际的解决方案。因此，科斯这样说："在我年轻时，人们常说，讲出来太傻的话不妨唱出来。而在现代经济学中，这种傻话大概可以用数学来表达。"（Coase, 1988e, p.185）

但综上所述，并不能认为科斯是完全反对在经济学中使用数理工具。实际上，在诺贝尔经济学纪念奖的获奖演讲中，科斯正面解释了这一问题：

> 我的一些言论，有时被理解为对经济理论数学化含有敌意。但事实并非如此。实际上，一旦我们发现了影响经济系统绩效的真实

因素，因素间复杂的交互关系将必定需要数学方法加以处理，就像在自然科学中那样。那时，像我这样以散文形式写作的经济学家，将会鞠躬谢幕。我祝愿这样的时代快点到来！（Coase, 1992a, p.719）

由此可见，科斯厌恶的并不是数学本身，而是经济学家倾向于用数学来驱动他们的经济学发展，而不是从真实世界的问题中发展出经济学，再通过数学工具使之形式化。

科斯关于在经济学中使用数学的评论与阿尔弗雷德·马歇尔（Alfred Marshall）的观点类似。通过庇古的描述，我们可以知道马歇尔的立场：

> 虽然他是一位训练有素的数学家，但却很谨慎地使用数学。他明白过度依赖数学工具可能会导致我们误入追求智力游戏的歧途，去解决那些与真实生活不符的虚构问题，进而可能使我们忽视那些无法轻易由数学机器来处理的因素而扭曲我们对事物轻重缓急的判断。（Pigou, 1925, p.84）

我们可以从马歇尔写给他的学生 A.L. 鲍利（Bowley）的一封信中了解到马歇尔本人对经济学中使用数学的感受："（1）要把数学作为一种速记语言，而非调查工具；（2）坚持这样使用数学直到研究完成；（3）将数学翻译成文字；（4）用真实生活中的重要事例加以阐述；（5）去掉数学；（6）如果你不能成功做到（4），那就舍弃（3）。这最后一步是我经常做的"（引述自 Coase（1975, p.30））。与科斯一样，马歇尔认为数学对经济学是有用的，但对马歇尔（以及科斯）来说，数学的作用应该被限定在能为解决那些真实世界的问题提供帮助的地方。正如庇古所说，马歇尔担忧数学对经济学的影响是有害的。科斯相信，马歇尔的担忧是有根据的："马歇尔认为数学的广泛应用可能导致我们偏离他所思考的'建设性工作'。我非常怀疑近年来所发生的事情会使他改变这种看法"（Coase, 1975, p.31）。

科斯对经济学家使用量化技术的方式的观点，与他对数学在经济学中的使用的观点是一致的：这些工具并非天生有害，而是应用它们的方式有待改进。这一观点是基于科斯对弗里德曼有关经济学家应当根据理论的预测能力好坏来选择理论的方法论观点的反对。科斯的观点是，尽管大多数经济学家声称他们赞同弗里德曼对预测重要性的立场，但他们事实上并不会等到评估出替代性理论的预测能力后才做出选择理论的决定。因此，检验理论的预测力在竞争性理论的选择过程中所发挥的作用是极为有限的（Coase, 1982c, p.14）。正如科斯所说，经济学中的量化研究分为两类：（1）"[一些] 论文根本没说要检验一个理论，它们是对某一效应进行测度。这种效应的性质早被很好地确定，但重要程度还未知"（Coase, 1982c, p.14）；（2）"[另一些] 论文采取以下形式检验作者信奉的理论：建一个模型，然后回归，接着结论。可以发现，几乎在所有情况下，统计结果都会证实作者所信奉的理论"（Coase, 1982c, p.15）。如果这些调查研究的结果与理论不符，它们通常会被作为异象而被搁置，或有待进一步研究。科斯说，很少会发现这样的情况：未预期到的结果使得现存理论变得无效或需要修正现存理论。

科斯相信，"这些量化研究几乎都一成不变地被理论所引导，在理论指导下的探索可能是对它们的最恰当表述。几乎在所有情况中，理论在统计调查进行之前就已存在，而并非从调查中产生"（Coase, 1982c, p.15）。科斯发现自己的观点与托马斯·库恩（Thomas Kuhn）相同，库恩认为

> 从科学法则到科学测量的路很少被逆向行进。为了发现数量的规律性，人们通常必须知道要寻找的是什么规律，他的工具必须被设计得合适；就算如此，如果不经努力，大自然也不可能给出一致或一般的结果。（Kuhn, 1977, p.219；引述自 Coase, 1982c, p16，重点为原书所加）

从这层意义上说，科斯认为量化技术在经济学上的应用与其在自然科学

上的应用"似乎没有本质区别"(Coase, 1982c, p.15)。[①]

科斯对在经济学中应用量化技术有几点疑虑。首先,对"经济学家倾向于得到他们的理论所期望得到的结果"(Coase, 1982c, p.16)这一问题,科斯评论说,"在20世纪60年代早期,我在弗吉尼亚大学的一次演讲中……说过,如果你对数据的逼供足够严酷,大自然总会屈服供认……库恩则以更文雅的说法提出了这个观点,使这个过程听起来更像一种诱惑:'大自然必定会对这种理论倾向有所反应,因为具有这种倾向的测量科学家正在设法与她搭讪'。"(Coase,1982c, p.16,引自 Kuhn, 1977, p.200)。在科斯看来,这显然并没有什么不好,因为这会为经济学家提供证据以作为选择理论的基础。问题是这与上述所讨论的真实主义问题有关,如果这些竞争性理论没有有关真实世界的有用的基础性材料,那些依附于理论的璀璨的量化结果必然是可疑的。

同样地,科斯也谈到了生搬硬套量化技术所造成的困境:

> 从表面上看,以机械方式运用统计技术所得结果的含义与运用复杂统计技术所得结果的含义是如此频繁地出现较大差异,这就提醒我们要始终对统计技术保持警惕。(Coase, 1938, p.153)

我们有必要去深入研究经济学家所使用的变量和所得出的结果,不仅要清楚我们所做的是什么,还要知道我们没有做的,比如所选变量、所使用的数据和技术的局限性,更要知道结果真正能解释的是什么。

[①] 1958—1959年间,科斯和库恩都在斯坦福大学的行为科学高级研究中心工作。其间,科斯曾经会见过库恩。科斯说,他从第一次听到弗里德曼表达他的方法论时(这要早于弗氏那篇著名的方法论文章的发表),就不同意他的观点,然而"无论我提出什么论点,弗里德曼总能给出更有力的反驳。但我并未被他说服"(Coase, 1982c, p.15)。科斯表示,正是由于库恩的影响,使他"终于清楚了我为什么不喜欢弗里德曼的方法论立场"(Coase, 1982, p.15)。

科斯看到存在这样一种趋势：测度理论是否成立要依赖数量分析，这促使经济学家收窄所研究问题的广度。这种趋势也使科斯为之烦恼。施蒂格勒（Stigler, 1965）认为量化分析的发展意味着经济学家对公共政策分析的灿烂前景，对此，科斯是这样评论的：

> 这种（量化分析技术的）发展并非没有代价。它会吸引大量原本可能用在经济系统中非定量特性的理论研究和经验研究的资源，使人们易于忽略经济系统中很难测量的方面。它使经济学家的注意力从对经济系统本身转向对测量的技术性问题的关注。我并非建议经济学家应该抛弃数量分析，但我们最好记得：没有"免费"统计这回事。（Coase, 1974b, pp.180-181）

（量化分析的流行）所造成的结果，是使发展能够通过实证检验的理论以及忽视或从假设中剔除那些无法测量的因素成为一种趋势，这限制了理论的适用性和数量结果的有效性。在一定程度上，难以测量的因素会对调查研究的对象产生影响，并与其他变量相互作用，从而影响这些变量对研究对象所发生的作用，因此，量化研究的结果最多也不过是疑似结果而已。在科斯心目中，经济学家必须发展出包含这些要素的理论，并尽可能地把它们应用于我们的量化研究。然而，由于量化分析在一定程度上省略了一些这样的变量，因此，我们就要相应地克制一下对研究结果的热衷。

然而，现在的经济学家并不会克制他们对其研究结果的热衷。他们通过把量化工具应用于理论来讲故事，这样讲出来的故事如果能有"好的"量化结果相伴，那么相比于其他与之竞争的故事（理论），它们就会更加令人信服，而这反过来又提高了理论的说服力，影响着经济学家对所信奉理论的选择：

> 经济学家所面临的是在互相竞争的理论中进行选择。这些研究，无论是定量的还是定性的，都发挥了与正常产品市场中的广告

和其他促销活动相似的功能。它们的目标不仅是使那些相信这个理论的人加深对该理论的理解，而且还要吸引那些不相信该理论的经济学家的注意，并阻止现存相信者的背叛。这些研究证明了该理论的力量，定量研究的精确性还使其观点披上了特别具有说服力的外衣。我们面对的是一个充满竞争的过程，在这个过程中，不同理论的供给者都尽力兜售自己的产品。（Coase, 1982c, p.17）

科斯认为这一竞争是健康的，这或许并不会让人觉得意外。经济学家发展理论思想的能力和对理论进行实证检验的能力推动了经济学家在选择过程中考察真实世界、理论及经验结果的进程。在这一进程中，一些理论会被人们普遍接受，而其他理论则被修改，或在追寻真理的过程中被抛弃。努力通过讲故事而进行说服的经济学家就像消费品的生产者一样，他们在提供信息以帮助人们作出明智的选择（Coase, 1982c, pp.17-21）。

毫不意外的是，我们发现许多（如果不是大多数的话）经济学家大体上都是反对科斯所提出的许多批评。然而，经济学家们似乎并不热衷于写文章来讨论科斯的方法论观点，除了最近理查德·波斯纳（Posner, 1993c）所写的一篇文章，而这篇文章也只是对科斯经济学方法观点的整体误读。在这篇文章中，波斯纳将科斯的观点看成是"反理论的"（p.200），是一种"怪癖"（p.209）。在波斯纳看来，科斯"鄙视理论"（p.205），"自认为陷入了一场与经济学形式主义、与'新制度经济学家'之外的所有现代经济学家之间的斗争，他正是这群人数稀少但英勇无畏的'新制度经济学家'队伍的领袖"（p.18）。"'当说到理论'这个词"时，波斯纳（p.206，注释21）说，"科斯所指的是亚当·斯密意义上的经济学"，这是一个以"轶事与叙述"（p.203）取胜的世界；在波斯纳看来，在这个世界中，案例研究、新闻报道和商业记录取代了理论。

波斯纳对科斯立场的描述与卡拉布雷西（Calabresi）形成鲜明对比。卡拉布雷西断言科斯是"最高水平的理论家，总在努力使自己成为经验主义者"。①波斯纳对于科斯方法的分析存在几点错误：第一，当波斯纳声称科斯是反理论的时候，其实是他自己把理论混同于数学形式主义，而这个错误在当前的经济学中并非少见。事实上，虽然没有使用数学，但科斯的大量研究仍是理论性的，而且他本人就批判过美国制度学派（American Institutionalist）是缺乏理论建构的（Coase, 1984b, pp.229-230）。第二，波斯纳断言科斯对使用数学方法和量化工具抱有敌意，但他全然不顾科斯所说的大量与此相反的言论，其中一些言论已在上文中有所提及。对科斯来说，问题不在于技术本身，而在于现代经济学在通常情况下使用这些技术的方式。实际上，虽然科斯在他自己的研究中避免数学形式化，但他早期的一些研究本质上是属于计量经济学范畴的。②波斯纳断言，科斯是要回到亚当·斯密的经济学时代，但科斯直接对此进行了驳斥："这是背离真相的。我并不想回到亚当·斯密的那种简单、松散、无数学的理论。我想看到的是我们能发展出一种类似于自然科学的经济学理论"（Coase, 1993a, p.96，重点为原书所加）。科斯对此的更明确说法是这样的：

> 我并非不喜欢抽象概念。但是合宜的抽象程度取决于正在被分析的问题。我反对的是盲目的抽象，或者对我们理解经济系统运行没有帮助的那种抽象。我的目标是创造具有坚实基础的经济理论。我想象不出，波斯纳是如何将我的立场解读为反对理论的。很显然，这不是事实。（Coase, 1993a, p.97）

在波斯纳的笔下，科斯是一个持有奇特方法论观点的经济学家。尽管波斯纳认为科斯的观点是如此奇怪，但他也承认科斯对经济学作出了一

---

① 这一声明在美国法经济学学会（the American Law and Economics Association）于1991年5月24日召开的全体大会上发表。会议进程被灌录成录音带，可通过美国法经济学学会借到。

② 例如，可参见他与福勒关于生猪周期的文章，以及他与爱德华、福勒合作的关于会计资产负债表的研究。本书的第一章和第三章已经对此进行了讨论。

些重要贡献。然而，这或许正是波斯纳没有能够领会的地方，恰是科斯的方法论观点——追求假设的真实主义、应用法律案例和考察工商实践——才使科斯获得了一些重大发现。波斯纳希望我们能抛弃科斯的方法论立场，因为他认为这种方法论立场可能对科斯本人是有用的，但如果被其他经济学家采纳，就可能是一个严重的错误。如果科斯的立场真的像波斯纳所说的那样荒谬，那大概确实需要被抛弃。但是，无论是波斯纳未提及的科斯观点，还是他错误地或误导性地表达的科斯观点，都使我们必须反过来抛弃波斯纳的许多批评。主流的经济学方法所引导的主流理论对很多问题都无能为力，或者在应用这些理论或方法时，会产生非常误导性的结果。这些误导性的结果就是先验性地进行理论化所产生的危险，而科斯提出的是另一种方法，即要构建能够解释真实世界经济活动的理论。

6.4　经济学帝国主义

过去的几十年里，人们见证了经济学家在不断扩张的领域里讲述他们的故事。经济学曾一度被认为是仅仅思考"经济"的——消费者、企业、产品和服务市场、税收和管制对价格和产出水平的影响等，但如今经济学家的工具箱已经被应用于社会学、政治学、法学、心理学以及生物学等领域。这股最近兴起的经济学帝国主义的基本前提，是所有这些学科的分析都包含着强烈的人类选择要素，因为经济学就是研究人类选择的科学，所以经济学模型可以有效地应用于这些领域。尽管这些其他领域的从业者并没有热情接纳他们，但在经济学界，试图扩张研究边界的经济学家们深受好评，布坎南（Buchanan）、科斯和贝克尔（Becker）获得诺贝尔经济学奖，主要就是由于他们在经济学的传统范畴之外的研究成果。

人们可能认为，作为现代法与经济学的缔造者之一，科斯会满怀热忱地支持经济学家对其他领域的帝国式入侵。然而，科斯本人有关这一主题的讨论，表明他对经济学帝国主义运动的矛盾态度几乎达到了令人惊讶的程度。经济学家是否会成功地在其他领域应用经济学模型，甚至他们是否应该获得成功，科斯对两者都没有信心。人们（至少是经济学家）普遍认为，"经济学……似乎比其他社会学科更加发达"（Coase, 1977b, p.489）。对此，科斯表示赞同，但他决不能肯定，经济学理论因此有权力为其他学科所考虑的那些问题提供足够的解释。

在"经济学和相邻学科"（Economics and Contiguous Disciplines, 1977b）中，科斯开始要探究的问题是"什么决定了学科之间的边界，尤其是……什么决定了经济学和其他社会科学，如社会学、政治学，心理学等等学科之间的界限"（Coase, 1977b, p.482）。他所提供的答案是有趣的，因为这个答案本身就是经济学式的："如果有人问：当下的学科边界是怎样形成的？我可以大致给出一个回答：是由竞争决定的。而这一竞争过程本质上与决定企业活动的竞争过程没什么两样，我们也可以以帝国疆域作为另外一个例子。"（Coase, 1977b, p.482）科斯认为这个竞争过程是按照以下方式运作的：

就某个学科的从业者而言，他是否扩大或缩小所要回答问题的范围，取决于这样做是否有利可图，而这也部分取决于其他领域的从业者在回答相同问题时的成败情况。因为不同人对不同答案各有所爱，所以未必一定要清楚界定输赢。对同一问题的不同回答和处理方法也许可以同时并存，每一种答案都有自己的市场。一群从业者没有必要把另一群从业者从某个领域内驱除出去，只不过，如果按照经济学家的术语，这样做就有可能提高他们自己的市场份额（Coase, 1977b, pp.482-483）。

至少就此而言，经济学的扩张应被局限于在这些其他领域获得（或大或小的）市场份额，而不是建立统治地位。

究竟是什么让经济学能够以这样的方式扩张？为什么经济学"入侵"其他领域而不是其他学科"入侵"经济学？或者说为什么不是这些

其他领域中的某一个学科向其他所有领域扩张呢？科斯认为，要回答这些问题，就必须首先要搞清楚把一群学者结合在一起而形成一个特定专业学科的是什么。在科斯看来，虽然研究问题的技术和方法所具有的共性也发挥了一定作用，但从长期来看，主要还是研究对象使学者们得以结合。然而，从短期来看，一个学术群体使用一些分析工具或方法的能力，可能有利于他们成功地进入到另一学科，因为他们使用的工具或方法使他们比那个学科内的其他从业者更有优势。然而，由于学科内的"传统"学者能够学会这些新工具，那么，我们就可以预见，入侵其他领域的成功将随着时间流逝而逐渐消散（Coase, 1977b, pp.484-485）。

> 那么，至于经济学帝国主义的未来……我们将不得不弄清楚，当前经济学家向其他社会科学领域扩张的运动是不是工具或方法上的胜利？这种扩张是否具有启迪意义？它和经济学家试图回答的核心问题是否具有密切联系？换句话说，这种扩张是不是经济学家研究对象的本质所需？（Coase, 1977b, p.485）

科斯认为，如果（扩张的）成功仅仅是由于工具或方法，我们可以预见，经济学家在这些其他领域的影响将会不断减弱，因为当这些其他学科的从业者一旦意识到这些新工具和方法在他们研究中的有效性和重要性，就会将它们吸收进他们的分析体系，以及引入对学术新人的训练中。科斯列举了数理分析，特别是收益－成本分析，它是在其他学科中应用性很强的一个工具，但假以时日，这些学科的学者们就可以轻易地学会和应用这些工具了。由于这些工具在经济学中所具有的支配性地位，熟练掌握它们的经济学家就会相当轻易地将这些工具应用于其他领域，甚至足以弥补他们对其他学科相关具体知识的匮乏。但从长期来看，单凭这一点并不能使经济学家涉足这些其他学科，更不用说接管它们了。但是，如果这些其他学科的一些方面是经济学家研究对象的内在成分，我们就可以期望，经济学家的研究领域将得以永久性拓宽（Coase, 1977b, p.485）。

6. 科斯的经济学观

科斯认为，真正推动经济学家向其他学科进军的是一种要归功于罗宾斯的思想。罗宾斯认为经济学是一门研究人类目的性选择的科学，这一思想使得所有人类选择的领域都可以成为经济学方法富有成效的研究范围。这与"老的"经济学定义，即对社会制度的研究——包括企业、市场、财政体系、国际领域等等——判若云泥。显然，这两种观点，在经济学家研究对象的合理范围的意义上存在显著差异。科斯对这一转变的评论具有启发意义：

> 目前，经济学界有两种看起来不一致但实际上并不矛盾的倾向：其一，就研究对象而言，经济学家的兴趣范围扩张；其二，经济学家的专业兴趣越来越专注于更形式化、更技术化、更数学化的分析。这种更形式化的分析趋向于越来越一般化，它对经济系统谈得越来越少，或者干脆避而不谈，而分析的一般化使它可以被应用于所有社会科学领域。我相信，这种分析方法的一般化，已经给经济学家向其他社会科学领域的扩张提供了便利。在这些领域，他们将大胆地重复在经济学领域已经取得的成功（或失败）。（Coase, 1977b, p.487）

现在，经济学已经演变成一种看待世界的方法，经济学家有一个可以放之四海而用之的工具箱。经济学家"通过把经济学定义为'研究人类选择的科学'，使经济学变为对人类所有目的性行为的研究，在这样的观念指导下，经济学的研究范围扩大到所有社会科学领域"（Coase, 1977b, pp.487-488），从而就有大量的问题向经济学家敞开了大门。

科斯认为，问题在于这种看待世界的方法及其工具箱——更具体地，就是认为人类是理性效用最大化者这一观点——是否可以应用于这些其他学科，使经济学家能够更好地回答其他学科所提出的那些问题。经济学帝国主义者似乎给出了肯定的回答。毕竟，在经济学领域做选择的人类个体，同样也会在其他社会科学领域作出选择。由于个体在经济学领域会做出理性效用最大化的选择，我们就可以合乎逻辑地预期，他们在其他领域也会如此，因此，这些其他领域的大门就要向经济学方法敞开。然而，科斯是这样回应的，"理论上宣称是一回事，把它转变成现实则是另一回事"（Coase, 1977b, p.488）。

事实上，科斯对经济学家是否能在其他领域作出长久贡献并不乐观，也不看好经济学方法在其他社会科学领域所处的优势地位。这并非由于任何敌意使研究的大门对经济学家关闭——尽管显然也有这种可能，而是经济学家本身的缺陷使他们不能很好地回答其他领域中要处理的问题，其中最重要的是，经济学家不具备有关其他领域内决策过程和制度框架运作的专业化知识（Coase, 1977b, p.488）。

另有两个因素强化了科斯不看好经济学向其他领域的扩张。第一，经济学家正在输出的效用理论，尤其是理性效用最大化理论。科斯认为，"目前为止，它［效用理论］还很苍白。最大化效用理论并没有告诉我们人们从事经济活动的目的，也没有对人们为什么做他们所做的事给出任何有价值的洞见"（Coase, 1977b, p.488）。如果效用理论不能让我们洞察人们为什么做他们所做的事情，就很难想象这样一种研究进路可以在其他社会科学领域立足。因此，科斯认为，"效用理论似乎更倾向于阻碍而不是帮助经济学家向相邻学科的扩张"（Coase, 1977b, pp.488-489）。

把经济学应用于这些其他学科的第二个问题是，虽然经济学已能在社会科学领域中处于某种精英地位，但其成功很大程度上在于它拥有"货币测量标杆"这一优势，这赋予经济学分析以精确度和解释力。然而，对非经济行为，货币测量标杆并非总是可行，这使得科斯认识到，经济学家不太可能解决存在于其他领域的问题，因为一旦他们进入这些领域，"通常将不得不放弃那些支持他们成功的力量"（Coase，1977b, p.489）。

鉴于上述分析，科斯相信经济学分析就其现状而言，从长期来看，将不会在大多数其他领域有太多建树。如果是旨在对理论做出一些重大修正，也许能获得成功。然而若没有这些修正，科斯预期经济学在这些其他领域的发展速度将会放慢，在未来，经济学家实际上可能会退出这些领域（Coase, 1977b, pp.485, 489）。[①]作为法经济学的创始人之一，科斯相信经济学看待世界的方法，对于诸如法学和政治科学这样的学科会作出某些重要贡献。然而，这种看待世界的方法，也会被这些学科中的学者所掌握，科斯预期这些学者作为"自然的竞争性反应"会很快掌握这种方法（Coase, 1977b, p.490）。这将使经济学家丧失他们在这些领域中的优势，而且由于这些学科的学者远比经济学家更加了解他们的研究对象，这就限制了经济学家在这些学科中所能作出的贡献，继而将他们排挤出这些领域。[②]

如果这些情况发生了，正如科斯所预期的那样，也并不意味着经济学家应该停止在这些其他领域的研究。相反，因为其他领域所发生的现象会影响到经济系统的运行，所以，经济学家应当继续在这些领域内进行研究，然而研究的目的并不是为了对这些学科作出贡献，而是为了促进经济学的发展。因为法律、政治和社会力量在经济系统运行中发挥着重要作用，经济学家需要了解这些力量的运作方式以及它们对经济系统所产生的影响，从而发展出能够对经济活动做出有意义解释的理论。这样的研究早已在一些前沿阵地开展，最突出的是法学和政治学。在科斯看来，这样的研究将会"成为经济学研究的一个永久部分"（Coase, 1977b, p.491）。如果教科书内容的演变可以作为一个信号，那么科斯在此处的预言就是正确的，因为当今经济学的入门教材甚至都已经开始将公共选择、法经济学纳入到对经济系统的分析中。

像科斯这样的人居然对经济学帝国主义的未来表示怀疑，更甚者是对经济学理论在其他领域的解释力有所怀疑，这一点是十分有趣的，甚至可能是令人惊讶的。科斯显然与许多（恐怕是大多数）经济学帝国主义者的观点不同，他们带着掀起革命的雄心壮志大举涌入这些其他领

---

① 一些评论者（如 Horwitz (1980)、Fiss (1989)、Ellickson (1989) 和 Stigler (1992)）认为，在法经济学领域，已经开始发生经济学家退出法学研究的情况。但 Landes 和 Posner (1992) 对这种断言作了回应。

② 有关科斯对经济学帝国主义观点的批评，可参见 Posner (1993c) 以及 Posner (1990，第12章) 的相关讨论。

域，渴望这一运动能使经济学思维的旗帜一统社会科学。[①] 但问题在于，经济学家试图以人类选择理论为武器入侵其他学科，而这一理论相对来说并不成熟，甚至不能为人类所做出的经济选择作出完全合理的解释。

科斯在其全部著作中所表达的信息之一，就是经济学家需要发展出能够认识到制度在经济活动中发挥重要作用的理论。因为这些制度中的一部分，就传统经济学疆域而言是"非经济的"，所以经济学家必须扩大他们的研究范围以吸收进其他领域的这些因素。这些其他领域的学者对经济系统缺乏统一的认识，这将严重限制他们能够对经济学所作出的贡献。因此，经济学家要做的是去研究这些其他领域，其目的并不是（或者仅仅是）为了让经济学对这些领域施加影响，而是通过研究这些领域，来提高经济学家自身解释经济系统运行的能力。

6.5 经济学家和公共政策

如果要对科斯的研究进行分类，就会发现他著作的最主要部分都要归属于通常所说的经济政策领域。这些著作中的很多文献我都已经在前面讨论过，通过这些文献，我们可以清楚地了解到科斯关于政府在经济生活中所扮演的角色、政府应该（和不应该）采取的政策和政府决策过程中应该考虑的因素等观点。与此紧密相关的是经济学家在公共政策领域中的地位，科斯的许多文章都谈到这一主题，特别是"经济学家与公共政策"（Economists and Public Policy, 1974b）一文。因此，考察科斯关于经济学家在经济政策程序中所发挥作用的观点是有启示意义的，特别是科斯关于如下问题的看法：(1) 经济学家是如何进行公共政策分析的；(2) 经济学家对经济政策有什么影响；(3) 经济学家应该如何进行公共政策分析。

[①] 例如，可参见 Radnitzky and Bernholz（1987）的论文集，特别是前言和三篇导论性文章；另可参见 Radnitzky（1992）的论文集。

经济学家是如何进行公共政策分析的?

经济学的历史在很大程度上就是公共政策分析的历史。从最早期的"政治经济学"到现代的"经济科学",经济学家的主要活动一直都与经济领域的公共政策制定相关(尽管常常相去甚远)。在现代,政策分析背后的推动力来自庇古,他在《财富与福利》(*Wealth and Welfare*,1912)和《福利经济学》(*The Economics of Welfare*, 1962)中奠定了现代经济学政策分析的基础。科斯对于庇古这方面研究的看法已在上文讨论过,在此不需赘述。如果庇古的观点在科斯看来仅仅是错误的,那他是不太可能如此广泛而严肃地在其著作中讨论这些问题的。对科斯而言,真正的问题是,"大体上,现代经济学家所采用的分析进路与庇古相同,尽管在术语上发生了一些变化,但实际上却越来越脱离真实世界"(Coase, 1988e, p.23)。

以下文字引自庇古《福利经济学》一书,最能恰当地描述科斯关于庇古的经济政策遗产的观点:

> 在任何产业中,只要我们有理由相信,不加干涉的自利行为将导致一部分资源投入与国民所得的最大利益所需的资源投入量不一致,这就可能(*prima facie*)需要公共干预。(Pigou, 1962, p.331)

自庇古以来,就有大量文献表明,市场的缺陷是如何导致(产出)偏离社会最优的,以及政府政策是如何通过税收、补贴、管制或分配机制来推动经济系统趋向社会最优的。

科斯相信,庇古有关政策的错误观点源于他在研究进路上所犯下的两个关键性错误。第一,庇古似乎相信,相对来说,政府干预本身没有缺陷,因此,他"不考虑公共干预的缺陷意味着会使事情更糟这样的情况"(Coase, 1988e, p.22)。第二,"庇古对经济制度的运行没有做过任何详细的研究"(Coase, 1988e, p.22),而这样的研究本可以让他更好地评估他所提出的政策命题的实用性。相反，庇古主要依靠有助于阐明其观点的二手文献。在科斯看来，以上两点合起来，使庇古经常在政策分析上误入歧途。科斯由此得出结论："在很多方面，他 [庇古] 对经济学发展产生的影响是负面的"（Coase, 1972a, p.485）。由于科斯认为现代经济学家所追随的是庇古，因此，他发现他们（现代经济学家）分析经济政策的方法存在诸多问题，就毫不奇怪了。① 科斯认为，忽视政府干预成本、不对分析中的问题进行具体研究，这两大问题至今仍困扰着经济学家的政策分析，甚至由于过去半个世纪以来所发展的抽象理论模型而被进一步放大。

科斯说，当法学家观察政府时，他们倾向于看到政府的不可靠和无能，科斯称为"政府失灵"。然而，当经济学家观察政府时，看到的却是一些截然不同的东西：

> 尽管大多数经济学家不会忽视市场系统的无效性，事实上他们常常会夸大市场的无效，然而他们却易于忽视政府组织固有的无效性。因此，毫不奇怪的是，在过去约一百年的时间里，经济学家一直支持（或默认）政府在经济事务中的持续扩张，并认为没有必要对政府组织运行进行任何严肃的调查（Coase, 1974b, p.183）。

科斯说，经济学家倾向于将政府机构视为"在看不见的手指错了方向时，等着接管的慈善协会。正如我早前说过的，在经济分析中有'市场失灵'却没有'政府失灵'"（Coase, 1964, p.196，重点为本书所加）。这导致经济学家倾向于重复庇古的错误，安于在所有他们认为是市场失灵的情况下，运用税收或管制方法以使经济有效运行。科斯确信，"这一思路存在严重缺陷"（Coase, 1988e, p.24），尤其是，"它无法揭示出决定政府干预是否恰当的因素，以及哪种干预是合宜的，它忽视了其他行为的可能性。由此误导了为经济政策提出建议的经济学家"（Coase,

---

① 科斯这里的态度可总结为"君既随庇氏，孰能无过之？"。

1988e, p.24)。当然，这是上文已经讨论过的"社会成本问题"的主要议题。

科斯还认为，经济学家也像庇古一样，没有对经济政策所实施的对象进行认真研究，这导致"我们对经济系统运行的许多重要方面的无知达到令人震惊的地步"(Coase, 1974b, p.171)。因此，经济学家在没有完全理解这些政策是否必需，或它们会使事情变好还是变差的情况下，就提出了政策建议。而且，即使经济学家给出了支持其政策建议的实例，这些实例也可能是误导性的（Coase, 1974b, pp.178-179; 1988e, pp.28-29）。科斯对庇古著作（Coase, 1988e, p.23），对"蜜蜂的寓言"（Coase, 1988e, p.29）[1] 以及在灯塔问题上（他在 1974 年专门写了一篇文章讨论灯塔问题）都发现了错误分析市场失灵的明显事例。

灯塔大概是经济学中有关市场失灵的最典型例子了。据说，它提供了一个经典的公共物品的情况。灯塔被描述为具有消费的非竞争性（许多船只可以消费这项服务而不妨碍其他任何船只的消费）和非排他性（没有办法排除船只对此服务的消费，因此无法向使用此项服务的船只收费）。因此按照故事的逻辑，灯塔是一个非盈利的、无法由私人部门提供的产品，是一个完全市场失灵的例子，从而应当由政府来提供，由普通税（general tax）提供资金。科斯把这个关于灯塔的观点追溯到从约翰·斯图亚特·穆勒（John Stuart Mill）到西奇威克（Sidgwick），再到庇古和萨缪尔森（Coase, 1974c, pp.357-358），发现这个观点被认可的程度是如此广泛，以至于灯塔已经成为当今公共财政学教科书里的一个标准案例。科斯以其一贯的学术风格，并不满足于接受这样的故事版本，他开始着手考察英国灯塔制度的历史。

在英格兰和威尔士，管理灯塔的公共机构是领港公会（Trinity House）。领港公会在 17 世纪早期建造了两座灯塔，但是，即使对灯塔数目的扩大有非常大的需求，在超过 60 年的时间里，领港公会都没有

---

[1] 参见 Meade（1952）和 Bator（1958）。Cheung（1973）通过对养蜂业实践的实际研究揭示出 Meade 和 Bator 分析中的缺陷。

再建造另一座灯塔，而私人填补了这一空白。在 1610 年到 1675 年之间，由私人建造了十座灯塔。为了对付领港公会的"垄断"，这些企业家向国王（之后是议会）呈递了一份货运船主的名单，这些货运船主声称他们将从灯塔建设中获益，并愿意支付使用费来支持其运作。与经典故事所说的私人建造灯塔无法保证船主付款相去甚远的事实是，灯塔所有者在港口设立了代理机构来收取所规定的费用。这一制度发展良好，以至最终发行了一本名册，罗列出各个航程将会经过的所有灯塔，以及每一灯塔所收取的费用。科斯指出，领港公会反对这一制度的理由是认为这些灯塔的经营是出于私利而非公共利益。然而，即使领港公会所说的是事实，也就是说领港公会是出于公共利益而收费，但他们也并没有建设更多的灯塔，而追求利润的那些人却愿意建设更多（Coase, 1974c, pp.363-365）。

事实上，在 1820 年，英格兰和威尔士共有 46 座灯塔，其中 34 座都是由私人建造，还有 22 座仍然由私人或私人组织经营（Coase, 1974c, pp.366-367）。[①]1836 年，议会通过一纸法令，把英国的所有灯塔（经营权）授予领港公会，并给予领港公会购买所有私人灯塔的权力。截至 1847 年，英格兰的所有灯塔都归属领港公会所有。然而，领港公会不得不以极高的价格购入这些灯塔，这反映出这些灯塔在私人手中具有盈利能力。由此，科斯总结说："我们由此发现，有人不仅'奇怪到想通过经营灯塔业务而发财'（引自萨缪尔森的话），而且居然确实成功了"（Coase, 1974c, p.268）。

而且，即使是领港公会管辖下的公共灯塔供给，无论是过去还是现在，也都与经济学家的故事不相吻合。经济学家的故事说，为灯塔服务融资的唯一可行办法是从普通税收收入中筹资，但灯塔收费制度或"灯塔税"一直保留至今，这就是否定上述说法的证据。支持通过普通税来融资的论据，当然是说因为增加一位灯塔服务使用者的边际成本为零，因

---

① Coase（1974c, p.366）注意到，领航公会已经通过购买或通过结束租约得到了其他私人建造的灯塔。

此使用灯塔的价格也应设定为零；否则，我们将会看到航运业受到打击，而只提供无效率的低产出。然而，科斯指出，使用费的结构对航运数量的影响很小（如果有的话）。科斯注意到灯塔税的花费仅占与英国进行贸易的船只的航运成本的千分之六，这一观察印证了他的上述观点。因此，科斯认为，通过普通税来融资并没有多大好处。而且，普通税融资所带来的成本还会导致某些管理上的无效率，因为财政部将会凭借它的融资责任而试图监督灯塔服务，从而削弱船主、保险商和货运者在灯塔体系管理中的监督作用。因为在收费制度下，正是这些人要为灯塔服务付费，他们通常只会支持那些收益大于成本的改变。然而，如果通过普通税来融资，连接灯塔供应者与使用者之间的这一纽带就会断裂（Coase, 1974c, pp.373-374）。

因此，经济学家有关灯塔私人供给的可能性、真实性和合宜性的看法都是有错误的。虽然科斯并没有坚持认为私人收费制度甚或是收费的公共制度一定是更好的，但他认为，如果经济学家明确主张这些制度都劣于通过普通税来融资公共服务供给的制度，那就是错误的。科斯认为，这些问题的解决都需要进一步研究（Coase, 1974c, p.376）。所有这些都促使我们沉思，我们当初是如何在理论中得出如此谬见？对此，科斯是这么说的：

> 问题是：这些大人物是如何在其经济学著作中得出与事实相矛盾的有关灯塔的论述的？就其思考的具体方式而言，这些论述的意思相当模糊；而就其得出的政策结论而言，也很可能是错误的。对此，我的解释是：这些经济学家有关灯塔的论述都不是通过研究灯塔或者阅读其他经济学家有关灯塔的详细研究而得出的结果。尽管在经济学文献中，灯塔的例子被广泛使用，但就我所知，没有一个经济学家对灯塔的融资和管理作过具体研究。灯塔只是被凭空拿来作为一个例证。灯塔例子的目的是提供"确定的细节，试图用具有艺术意味的逼真事物来代替单调和毫无说服力的叙述"。（Coase, 1974c, pp.374-375, 引用出自 W.S Gilbert, "The Mikado"）

灯塔的例子只不过是被科斯视为经济学家对待经济政策问题的误导性方法的一个例子而已，这一误导性方法的特征就是经济学家不愿意研究经济的实际运行，不愿意在下结论之前进行调查。经济学家所拥有技术工具的发展似乎只能使这个问题变得更糟，这些工具通过一些机械性的装饰，给政策问题以"具体的"（concrete）解决方案。①

　　经济学家所给出的很多政策结论有很多都让科斯不能苟同，从把税收、补贴和管制作为纠正外部性的必要方法，到边际成本定价、灯塔的公共供给等。然而，所有这些经济政策都得到了经济学学科的大力支持。当然，经济学家不愿意分析"政府失灵"、不愿意对他们的分析对象做详细的研究，这些都对他们拥护这些政策产生了一定影响。但科斯感觉，所有这些问题的更深层原因还在于经济学家所拥有的技术工具的强大力量，以及他们使用这些技术的方式：

　　　　我关心的主要是确定这些效应所使用的方法。……我们将受管制产业的绩效与"经济学理论中常见的最优条件下得出的理想化标准"进行对比 [，]……这是经济学家在处理经济政策问题时通常采用的一个研究进路。在大多数情况下，这是一个糟透了的方法。很明显，如果要将管制下的产业绩效与没有管制的产业绩效进行对比，就没有任何理由假设（倒有充足的理由不这样假设）两者中的一个是符合经济学家的所谓最优。同理，在考虑对制度进行调整时，也是如此。这两者都不可能是最优的，因为相当确定的是，不论理想世界具有什么特征，我们至今都还没有发现如何从我们所处

---

① Reuven Brenner（1992, p.103）调查了二十七所主要大学和学院的研究生和本科生的微观经济学读书目录。他发现，尽管讨论公共微观经济学的技术性文章一再出现，但没有一份读书目录包括科斯论述灯塔的文章。Brenner 认为，这"清楚地表明为什么一个模型接一个模型、一个理论接一个理论地进行讲授，而不是尝试通过各种研究来鉴别和淘汰其中的很多模型和理论的做法是错误的……一再被重复的观点会被当成证据"。

的现状到达理想的方法。（Coase, 1964, pp.194-195）。

科斯说，结果就是我们的分析方法不能带领我们走向正确的方向：

> 对最优制度的思考可能会对改进此制度的方式有所启发，它可能会提供分析的技术，如果没有这些思考，我们本会忽略这些分析技术。而且，在某些特殊情况下，对最优制度的思考也可能会成功提供解决方案。但在一般情况下，专注于最优制度会产生有害影响，因为这会使经济学家的关注点偏离核心问题——可供选择的（制度性）安排实际上是如何运行的。这使得经济学家通过研究有关市场环境的抽象模型而得出有关经济政策的结论。……除非我们能认识到，我们正在不同的社会（制度）安排——它们或多或少都有缺陷——中进行选择，否则，我们就不可能在政策研究方面取得多大进展。（Coase, 1964, p.195）

经济学家陷入这一困境的原因，是他们着迷于科斯所谓的"黑板经济学"。在黑板经济学中，经济政策是在黑板上进行制定的，在这里，教师拥有完全信息，扮演着对诸如征税、补贴、管制和再分配计划等增加社会福祉的政策无所不知的政府角色。科斯说，问题在于黑板经济学中的教师在真实世界中没有对应物。税收、补贴、管制以及再分配的开展是由不同的、分散的政府机构来执行，每一个机构都在追求自身利益。科斯认为，"政府所做的就是要在履行经济系统功能的社会制度中进行选择"（Coase, 1988e, p.19）。经济政策涉及在可供选择的社会制度中进行选择的事实——意味着经济学家在公共政策（分析）中的作用就是评价这些可供选择的制度安排的不同后果。然而，大多数经济学家并不是这样看待问题的。相反，科斯认为他们安于将真实世界中的所见与大概是无法实现的黑板上的理想世界进行对比，而不是与真实世界所存在的替代性制度进行对比。科斯说，"这些分析构思精巧，但只是空中楼阁"（Coase, 1988e, p.28）。结果就是经济政策分析在纸上（或在黑板上）看起来很棒，但面对真实世界却基本上无计可施，就像那句俗话所说，经济学家就像"知道上千种做爱的方式却不认识任何一个女孩的男人"。

有谁会听？为什么经济学家对公共政策的影响甚微？

人们普遍认为，经济学家似乎在任何事情上都不能取得一致意见，而且，他们像天气预报员一样，似乎从来都没有做对过事情。因此，经济学家就像萧伯纳（G.B.Shaw）所说的，"如果你将这个国家的所有经济学家聚集起来，一个接一个地排好，他们也绝不可能得出一个结论。"[①] 甚至在他们自己的圈子里，经济学家也免不了受到这样的批评，正如麦克洛斯基所指责的，经济学家"恐吓周边学科并兜售万灵药"（McCloskey, 1990, p.162）。尽管经济学（大概更多是在经济学内部而非外部）有社会科学女王的美誉，但经济学家的言论似乎在政策领域影响甚微，并且他们给出的大量建议似乎是糟糕的。这可不是人们期望从女王、国王、传教士或主教那里得到的结果。或许，这种情况的部分根源于埃里克·赫佛尔（Eric Hoffer）所说的，"那些自封的有关人类事务的专家所造成的伤害，通常是一种先验性逻辑的产物……但是，事件的逻辑可能要从先验性逻辑所无法预料的人类行为的后果中推断出来。"（Hoffer, 1979, pp.26, 28, 转引自 McCloskey, 1990, p.161）

科斯说，尽管事实上经济学家自视为实证科学家，但他们中的大部分人在评判公共政策时却毫不犹豫。然而，科斯表示，"经济状况却处处表明，这些给出的建议要么是糟糕的，要么即使是正确的，也是会被忽略的。"（Coase, 1974b, p.171）正如科斯所见，问题在于"经济学家似乎乐意在一些知之甚少和判断很可能错误的问题上给出建议。然而，我们必须要说的那些重要而真实的东西往往很简单，以至于几乎或根本

[①] 摘引于 Bryns and Stone（1992, p.17）。

不需要经济学家阐释就能为人们所理解"(Coase, 1974b, p.171)。[①] 然而，这些简单的经济学真理对公众和经济政策的政治讨论影响甚微。在这段论述中，科斯想说的有两点，一是经济学家常常给出糟糕的建议，一是经济学家给出的好建议并未受到重视。问题是：为什么会这样？

科斯认为，经济学家倾向于给出糟糕建议，这可能是由于他们的无知。因为他们无法计算政府活动的成本，没有详细研究他们的研究对象，所建立的技术性理论模型是基于理想世界而非我们实际生活其中的世界。所有这些因素加总起来，使人们非常怀疑经济学家在政策领域所说的话。科斯说，我们所要面对的是"经济学家失灵（economists' failure）"(1964, p.197)。科斯认为，我们是有能力去解决这一"失灵"的，但为了解决这一问题，经济学家需要对他们所做的工作进行重新定位。[②]

在科斯看来，同样令人沮丧的是，"我们确实应该提供的有采纳价值的建议，往往由一些简单真理组成。然而，历史证明，人们倾向于拒绝或忽视这些简单真理"(Coase, 1974b, p.176)。作为一个例证，科斯指出，政府总是试图进行价格控制是基于这一流行观念：高价格必定损害消费者利益而有利于（剥削消费者的）生产者，而这一观念是与经济学的简单智慧相悖的（Coase, 1974b, p.177）。埃德温·坎南（Edwin Cannan）对价格控制所赢得的广泛支持做过很妙的描述，科斯对此进行了引述：

> 当价格不正常升高时，人们"完全相信这是人为的，是极不公正的，仅仅是中饱私囊的商人的缺德行为所致，这些人之所以有力量促使价格上升，不是拜经济形势所赐……而明显和一些完全直接的、匪夷所思的魔鬼干扰有关。这种情况有史以来就是如此……似乎根本没有什么有价值的历史回顾。相同的谬误一代接一代地反复

---

① 例如需求定律和供给定律。
② Coase（1964, p.197）。

出现"。(Coase, 1974b, p.175，引用自 Cannan, 1927, p.23)

科斯还同样引用了弗兰克·奈特（Frank Knight）："一个严肃的事实是：经济学家不得不传授的大多数真正重要的东西，是那些大众如果愿意自己就能察觉的事情。很难让人相信，试图传授人们拒绝学习甚至严重到拒绝听闻的事情会有什么功效"（Coase, 1974b, p.176, 引用自 Knight, 1951, p.4）。

科斯相信，这些简单的真理并没有被完全忽视。毕竟，当政府进行价格控制时，它一般是控制价格的最近水平，而不是遥远过去的相距甚远的价格水平。类似地，虽然一些人可能谈到了完全消除污染的必要性，但实际上，那些已经提出并通过立法的减少污染的提案，所要求的都是非常温和的污染削减方案（Coase, 1974b, p.177）。因此，科斯认为，似乎人们普遍认识到了这些政策确实会造成一些损害，从而"无论政策是多么欠缺考虑，它在执行中都不会毫无建树。对非理性政策的需求似乎也遵循着普遍的需求定律：当其价格上升时，对其需求减少"（Coase, 1974b, p.178）。因此，确实还存在一些真理之光，只是经济学家还没有煽风让它猛烈地燃烧起来。

施蒂格勒（Stigler, 1965）对经济学家用定量分析工具箱来增加他们在政策领域的影响力持乐观态度，科斯对此表示部分赞同。然而，如上文所述，科斯相信，将关注焦点放在量化技术上，会让我们的注意力远离那些重要的非量化或不可测量的问题。[①] 事实仍然是这样的：经济学仍然存在一些需要加以纠正的严重缺陷，如果经济学家想要提供好的政策建议。但是，即使如此，让人相信经济学家必须要说的话，这仍然是个问题。然而，科斯认为，如果经济学家方法得当，经济政策分析很可能会产生一些小小的影响，但即使是这些小小的影响，也足以阻止超过经济学家薪酬的政府浪费了（Coase, 1974b, p.180）。

---

① 参见 Coase（1974b, p.181）。

指明道路：科斯风格的政策分析

我们已经明白，科斯认为经济学家给出如此多的糟糕建议，其根本原因是囿于他所谓的"黑板经济学"。在科斯看来，我们需要做的是远离黑板经济学，虽然它在某些方面是有用的，是一种需要强大智性能力的练习，但却会误导我们把注意力放在寻找有关经济政策问题的形式化答案上。我们需要的是进入真实世界，这"需要一种不同于大多数现代经济学家所使用的思考进路"（Coase, 1988e, pp.19,20）。

那么，我们如何才能到达这方乐土呢？第一，我们需要认识到什么是经济政策，什么不是经济政策。科斯说，那些追求仅存于且仅实现于某个人的理论模型中的理想解决方案，不是经济政策。相反，我们必须认识到，"经济政策是在可供选择的社会制度中所进行的选择，这些制度由法律创造或依赖于法律"（Coase, 1988e, p.28）。鉴于此，"经济政策是由选择那些最大化生产价值的法律规则、程序和行政机构所组成"（Coase, 1988e, p.28）。

我们再回到研究制度和比较性制度评估的必要性问题上。这至少需要三件事：第一，经济学家必须认识到，制度、制度变化和比较性制度分析是经济政策研究的核心目标。第二，经济学家必须修改他们的理论，以使这些理论对这种研究有用。科斯（1988e, p.30）提倡的并不是推翻现有理论，而是修改理论以增强理论的有用性和关联性："正常情况下，我们要关注的是社会制度安排，与经济学相关的，是这些社会制度安排的变化是如何使生产要素的分配和使用发生变化的。我们很难通过对理论上的最优制度的研究获悉这些知识"（Coase, 1964, p.195）。第三，我们需要获取更多关于经济系统实际运行方式的知识，尤其需要对各种可行的政策选择所产生的影响进行详细研究。正如科斯在谈到灯塔问题时所说的：

> 我认为我们应当努力去发现能够指导我们如何组织和融资各种活动的一般化理论。但是，除非这些一般化理论是从对这些活动实

际上是如何在不同制度框架下运行中的研究中推导出来的，否则就不可能有用。这样的研究将使我们发现：在决定结果的因素中，哪些因素是重要的，哪些是不重要的，并推导出有坚实基础的一般化理论。这样做也可能有另一种用途，即可以向我们展示可供选择的社会方案的多样性。（Coase, 1974c, p.375，重点为本书所加）

在这个过程中，"如果要使政策建议有一个坚实的基础，经济学家就必须同时考虑市场实际上是如何运行的，以及政府组织事实上是如何执行受托任务的"（Coase, 1974b, p.183）。科斯认为这一点特别重要，因为存在着大量伴随政府活动而产生的成本，这似乎是证明当前政府管制是一个错误的有力证据——我们已经到达了政府管制几乎总是弊大于利的阶段（Coase, 1974b, pp.183-186; 1988e, p.26）。

让科斯感到些许欣慰的是，经济学家至少已经开始思考政府活动的成本，并对政府管制所产生的影响进行了一些研究（Coase, 1974b, p.183）。然而，他并不幻想我们能明确给出一个研究公共政策的正确方法，他建议：

我们需要富有想象力的重构。然而，这必须基于详细的知识，而这种知识只能通过很多学者经年历月的研究积累而得到。但这不应该使我们感到绝望：我们的研究并不是一件要求所有工作都必须为速度让步的事业。毕竟，我们并没有打算登上月球。（Coase, 1964, pp.195-196）[1]

科斯表示，他自己的工作"仅仅是指出了研究应当朝向的方向"，但他相信，如果人们遵循他给出的方案，"一段漫长、艰苦，但回报丰厚的

---

[1] 人们可能会说，充斥当下学术圈的"要么出版，要么去死"的心态阻抑了这种研究的出现，因为这样的研究所具有的时间密集型的性质可能使它们必然处于不利的出版地位。

旅途就在前方"(Coase, 1988e, p.31)，到那时，尽管人们事实上可能不会倾听我们所要说的很多观点，但我们一定会有更多值得倾听的观点要说。

7. 罗纳德·科斯在经济学思想史中的地位

科斯将永远不会获得诺贝尔经济学奖

——施瓦布（Schwab, 1989, p. 1190. 注释 62）

肯尼斯·艾辛格（Kenneth Elzinga, 1984, p.572）说过，"真正有影响力的经济学家，是那些影响经济学家如何看待自己学科的基础性问题，以及影响非专业人士如何看待现实经济世界的人。"纵观科斯的学术研究，尤其是他的"企业的性质"和"社会成本问题"已经使他具备了这样的影响力，并因此确立了他在经济思想史中的永恒地位。作为一个没有真正数学背景的商科学生，科斯在其研究生涯的最初阶段并没有显示出成为伟大经济学家的先兆，但是，正如张五常（Cheung, 1987, p.455）所说，科斯所具有的"开创性思维，加上我们今天所认为的最低限度的知识，就足以使他看清世界的自我运行方式，并对经济学产生深远影响"。我们很难准确地说出，科斯最终将在经济思想史中拥有怎样的地位，因为也就是在过去的 30 年里，科斯的研究才受到广泛的关注。科斯所做出的创新以及他做出创新的重要方式，都是无可争辩的。而对这些创新的后续利用以及对它们的应用、完善和拓展，却还有待时间来检验。

7.1 交易成本的重要性

科斯的最重要贡献之一，是他为凸显交易成本在经济系统中所发挥的作用而做出的努力。显然，交易成本概念是"企业的性质"和"社会成本问题"这两篇文章的核心。[①]正如张五常（1987, p.456）所说，"企业的性质""开启了经济组织分析的交易成本进路"。科斯在这两篇文章中所使用的交易成本概念是一样的，但在"社会成本问题"中，他对交易成本的陈述可能要更好一些。[②]事实上，科斯是使用"企业的性质"中的分析来阐述他在"社会成本问题"一文中所提出的观点：在存在有害影响的情况下，法定权利的重新界定（即经济组织的替代形式）将会改变社会产出的价值。[③]

交易成本在"企业的性质"和"社会成本问题"中都是最重要的命题，以致克莱因（Klein）认为，"社会成本问题"实质上就是"企业的性质"的重述，它们的中心论点都是在说，标准经济学理论遗漏了一个决定性要素，那就是必须要把交易成本纳入到对真实世界中的组织和合约条款的解释中（Kitch, 1983, p.202）。然而，科斯并不同意这种观点，也否认自己写这两篇文章的目的是要改变整个经济理论的特质：

> 然而，事实是，我在写这些文章时，心中并没有这样的总体目标。我在第一篇文章［"企业的性质"］中使用交易成本，是为了表明：如果分析中不考虑交易成本，企业就没有存在的意义；而在另一篇文章［"社会成本问题"］中，我是要指出，如果不把交易成本引入分析，就所要考虑的一系列问题而言，法律就没有意义。尽管两篇文章的论证结构是相似的，但交易成本概念所要解决的问

---

① 例如，参见 Coase（1992a, pp.716-718）。交易成本概念的确是"社会成本问题"一文的核心，尽管"社会成本问题"的很多后来评论者似乎是认为无交易成本才是它的核心。

② 参见本书第四章所引用的 Coase（1960, p.15）。

③ 参见 Coase（1960, pp.15-18）。

题却相当不同。回顾过去，我认为"企业的性质"对经济学最重要的贡献，也许应当被认为是将交易成本概念明确地引入了经济学分析，但改变经济学理论的特质并非我的目标。事实上，考虑到文中的观点是由一个几乎不了解经济学的年轻人所提出，若他心中竟然存在任何这样的目标，那都是不可思议的。（Coase, 1988d, pp.34-35，重点为本书所加）[1]

尽管科斯自认为他在这两篇文章中所处理的是不同的问题，但"社会成本问题"一文所获得的关注似乎确实激发了人们对"企业的性质"的兴趣，这或许是因为科斯在"社会成本问题"中说明其分析所使用的论证是来自"企业的性质"。张五常（Cheung, 1983, p.21）在分析企业的合约性质时表达了同样的看法："科斯的幸运之处，在于他对社会成本（及交易成本）的重要著作，成形于潮流发生逆转之时。在经济学思考中一度占据主流的政策建议呼声正在退潮，对经济解释的呼声开始兴起。这种潮流的逆转由于科斯所做的研究而势头更为凶猛。"如果说"企业的性质"把交易成本纳入了（货币领域之外的）经济学理论，那么，"社会成本问题"则将它置于了经济学理论的最显著位置。

在科斯看来，承认交易成本的存在是一个根本性问题。他相信，如果一个理论体系不把交易成本概念纳入其中，那么，使用这个理论体系的经济学家就不能理解和分析经济系统，也不能提供有用的政策建议（Coase, 1988e, p.6）。鉴于经济体中的交易成本巨大，科斯的这个观点就显得尤其正确。沃利斯和诺斯（Wallis and North, 1986）的研究发现，交易成本可能相当于国民生产总值（GNP）的一半。科斯引用了他们的

---

[1] 卡拉布雷西（Calabresi, 1991, p.1212）认为，这两篇文章代表了同一枚硬币的正反两面。"企业的性质"强调使用市场的成本，即在某些情况下内部组织与命令相较于市场是成本更低的协调机制；另一方面，科斯关于社会成本的著述则强调了市场的优点，即在某些情况下，相较于内部组织与命令——尤其是政府的指令，市场的协调成本更低。

研究，认为"交易成本对经济系统运行的影响必然是无处不在的。所供给产品和服务的范围、定价行为、合约安排、经济组织形式等等都将受到交易成本的影响，而且这个影响是显著的"（Coase, 1988d, p.36）。如果要使理论成为现实的有效镜面，那么，交易成本就不能只是被推至幕后或者假设是不存在的因素。

科斯说，直到 20 世纪 60 年代末，他才开始意识到纳入交易成本有可能从根本上改变经济学分析的特质。然而，考虑到交易成本的规模和复杂性，把它纳入经济学分析将是一项艰巨的任务。但是，科斯表示，如果不重视交易成本的存在，我们就无法解释企业为何存在，或者经济的生产结构为何会以其现存的形式而存在（Coase, 1988d, p.47）。加入交易成本之后，一个理论的基础框架就会展现在我们面前：

> 我们可以想象，就像星河由原始物质组成那样，在决定交易成本和组织成本相互关系的各种力量的影响下，生产的制度性结构得以形成。这些相互关系极其复杂，包括……定价行为、合约安排以及组织形式。我在写作"社会成本问题"时，开始意识到，所有这些相互关系是受法律状况影响的，因此，法律也需要在分析中加以考虑。我相信，只有把这些相互关系纳入一个理论框架，我在"企业的性质"一文中所使用的分析进路才具有可操作性。……所有这一切，都需要大量的经验性研究。这就是我认为"企业的性质"中的基本思想会成为经济学分析的一个有机部分的理由。（Coase, 1988d, p.47）

威廉姆森（Williamson, 1993, p.101）极力主张，"交易成本经济学正是响应了科斯的呼吁：研究正交易成本的世界。"然而，正如迈克尔·C. 芒格（Michael C. Munger）在评述科斯的《企业、市场与法律》一书时所做的注解："将来的社会科学史学家极有可能发现这样一个略显滑稽的、显然会使科斯夜不成寐的讽刺：他力图改变经济学的课程，使之关注交易成本，但他作为一个学者而被人们铭记（甚至备受尊崇）的原因却主要是他所分析的无交易成本情况"（Munger, 1990, p.295）。

认识到交易成本作用的主要好处，就是它将使人们注意到这一事实：某些经济制度的存在可以——虽不尽然——由其降低交易成本的功能来加以解释。尽管市场必定是这些制度中降低交易成本功效最为显著的制度（然而，我们也不能冒昧地认为，市场形成的唯一原因就是为了降低交易成本），但科斯认为一些管制同样有利于降低交易成本，例如证券市场中的管制。然而，就证券市场上的管制而言，经济学家倾向于视其为垄断的强力干预，而并非是一个有利于减少交易成本从而促进交易的制度（Coase, 1988e, p.9）。与上述交易成本观念密切相关的规范性命题是：为了有利于市场运行，经济制度的构成应该以最小化交易成本为目的。

科斯使用交易成本这一概念的最大问题在于，他没能充分赋予这个概念以可操作性。这给其他人留下了继续努力的空间，而人们为实现这一目标已经跨出了一大步。然而，交易成本的口径问题仍未得以解决。达尔曼（Dahlman, 1979, p.148）在科斯有关交易成本的定义基础上[①]，提出交易成本包括"搜索和信息成本、讨价还价和决策成本、监督和执行成本"。这三类交易成本可归结为一个基础类型，即"不完全信息导致的资源损耗"。张五常（Cheung, 1992, pp.51-53）为这些费用安置了一个更为宽泛的口径，包括等待的成本、为追求权力而参与政治活动的成本、组织活动的成本，以及通过警察、律师、经纪人、银行家、职员、经理人和企业家等人的收入所体现的成本。[②] 显然，如果要使交易成本概念具备有意义的可操作性，就需要对其进行明确定义。

威廉姆森（Williamson）以及其他致力于交易成本范式的学者，在组织学研究领域已经开启了交易成本的可操作化研究进程。威廉姆森（Williamson, 1989, p.230）说，这一任务包括

---

① 他还考察了其他的定义，但最终没有选择它们。我们还需注意的是，达尔曼是在外部性的语境下分析交易成本的。不过，由于科斯在分析外部性问题和企业问题时，使用都是同一个交易成本概念，所以达尔曼的分析也适于组织理论的语境。

② 参见 Barzel（1985）。

（1）明确交易在哪些关键方面是不同的，并解释它们的经济学意义；（2）明确不同规制结构的关键特征，并总结出从一个规制结构转向另一个的利弊；（3）找出差别性匹配的逻辑，也就是按照交易成本节约的方式来使交易与规制结构相匹配；（4）进行能产生预测的经验性研究，这些预测要从这些可操作化的工作中推论出来。

这些工作的进展是通过对案例、工商缔约实践和工商历史的调查研究而实现。这方面文献的成长虽然仍处于初级阶段，但其数量已呈现出指数级增长，正如威廉姆森（Williamson, 1989, p.231）所说，"尽管在 1972 年以前学界'很少使用'科斯的交易成本观点，但今天的情形已经不是这样了"。

交易成本概念是否能在改变我们研究经济学方法的基本层面上具有可操作性，这一点仍需拭目以待。科斯（1992a, p.713）相信，如果交易成本研究进路能为人们所接受，那"将带来经济理论结构的彻底改变"。张五常（Cheung, 1983, p.21）甚至进一步断言，"会有那么一天，交易成本和缔约过程（contracting）将会被人们视为分析的基础，而媲美于新古典经济学的边际主义"。然而，科斯本人并未如此乐观，他认为，鉴于主流理论几乎完全忽视了交易成本的使用，因此让经济学家接受交易成本框架将会困难重重（Coase, 1988e, p.7）。斯坦利·费希尔（Stanley Fischer）对交易成本的评述例证了科斯的忧虑："作为一个理论工具，交易成本得到了一个当之无愧的坏名声。因为与交易成本有关的问题的解决方案与交易成本的假定形式密切相关，结果几乎所有事情都可以通过使用特定的交易成本而得以合理化，这种情况让人疑虑。"（Fischer, 1977, p.322 注释 5）

当认识到诸如市场、以各种形式组织的企业这样的经济制度是内生于经济系统的，人们就会感觉有必要发展出一种理论装置，以使我们能够解释这些制度是怎样产生的，它们的作用是什么以及它们是如何建构以提高经济绩效的。正如科斯明确指出的，在这样一个理论体系中，交易成本所发挥的作用是重要的。但危险在于,交易成本概念像之前的垄断理论一样[1],成为包罗万象的黑箱,最后沦为费希尔所说的牺牲品。也就是说,存在一些这样的风险:交易成本会成为经济学的"巨大垃圾箱",里面堆积着对各种组织或制度结构的解释。[2]

交易成本研究进路,正如目前被概念化的那样,仍然体现了新古典主义的关注点,即经济行为主体会对一系列成本或约束作出适应性调整,只是这一系列成本或约束会变得更大或更多了。[3]波斯纳(Posner,1993a)甚至走得更远(但我相信他是错的),他认为,许多打着交易成本研究进路的旗号所进行的研究,并没有超出施蒂格勒(Stigler, 1961)对信息成本的讨论。然而,正如拉佐尼克(Lazonick, 1991)所指出的,交易成本研究进路仍然没有使我们跳出对适应性变化的讨论而进入创新性变化的领域。在创新性变化的发生过程中,创新的行为主体会把创造和再造经济系统的制度性结构作为一种增强其生产性实力的手段。这种行为所带来的一个结果——正如第二章所提及的——是内部化而不是市场化组织。另一种结果可能是创造了(creation)使用市场的高交易成本。到目前为止,对交易成本的研究仍然保留了这样一个思想,即市场协调是理想的,非市场协调反映了对使用市场机制出现高交易成本的一种妥协。但这种想法会掩盖非市场协调所具有的最优性,这种最优性可由工商组织通过利用内部经济优势而进行的历史性创新来证明,诸如钱德勒(Chandler, 1977)的速度经济(economies of speed)这样的内部经

---

[1] 参见 Coase(1972d)和本书第二章。

[2] 我们看到,这确实反映在诸如张五常(Cheung, 1992, p.51)这样的经济学家的一些论述中,他断言:"制度安排的选择是为了降低交易成本"。波斯纳(Posner, 1993a, p.83)对此是这样批评的:"制度经济学家的头脑被交易成本所占据,这使得他们远离价格理论,而选择仿佛是为交易成本问题量身定做的理论概念。"但是,波斯纳显然没有意识到,许多问题都是价格理论所无法处理的,或使用价格理论会产生严重的误导的,例如,Alchian 和 Demsetz(1972)分析中的某些方面。交易成本进路弥补了现代经济学理论中的一些重要缺口。

[3] 可参见 Williamson(1991)有关交易成本经济学中适应性变化所处中心地位的讨论。

济，它甚至会存在于一个零成本的市场中。[①]

但上述问题不应该使我们最大程度地降低由科斯所发起的对交易成本重要性的关注度。交易成本是经济现实中的一个重要而普遍的构件，因此也应该是经济理论的必要组成部分。然而，我认为，如果声称任何意义上的交易成本都代表着经济理论的"缺环"，这就可能是错误的。尝试建立一门"交易成本经济学"的学者们开创了这样一种局面，就是交易成本可能——但一些人也会认为当前就是——被赋予了超出它们原本应有的解释力。考虑到诸如创新和演化性制度变迁这样的其他潜在的重要解释变量被排除在分析之外，由交易成本研究进路所得到的结果和解释，往最好处说也不过是片面的，而最坏的情况则会严重误导他人。承认交易成本所发挥的作用，只是在发展一个超越主流、能直面经济现实的理论之路上刚迈出重要的第一步。剩下的问题的是要发现交易成本的实际作用是什么，以及如何把这些思想恰当地融入一个经济理论框架以提高我们对经济过程的理解。正如科斯本人最近所说的："我们还有很长的路要走"（Coase, 1992c, p.336）。

7.2　现实、法律和经济制度

科斯工作的重要性还体现在，他呼吁经济学家要研究制度的发展、运行以及对经济结构和绩效的影响。长期以来，主流理论都是假设经济制度不存在，或视为给定，全然不顾它们在现实中对经济绩效所发挥的直接导向作用。科斯觉得（主流经济学）对制度的忽视，尤其是对法律的忽视，是相当令人费解的。因为在他看来，"在某种意义上，经济学就是作为法和经济学"而滥觞于斯密《法学讲义》（*Lectures on Jurisprudence*）中对市场与定价体系的研究。然而，正如科斯所说，自斯密时代以来，经济学已然变为对一个日益分散化的系统的研究，而对

---

① 参见 Chandler（1977）和 Lazonick（1991）。

制度影响的考虑日渐减少。结果就造成了经济学的发展"就总体而言，在今天已变得极端抽象……与法律或其他任何制度的联系几乎都看不见了"。① 然而，正如科斯在其诺贝尔经济学奖的获奖演讲中所说："经济学家在讨论交易过程时，若不考虑交易的制度背景，那几乎是毫无意义的，因为这些制度背景影响了生产的动机和交易的成本"（Coase, 1992a, p.718），尤其是法律和法律－经济关系对生产动机和交易成本的影响。法律－经济关系存在于每一个社会，在社会中，经济是法律的函数，法律也是经济的函数，它们同时相互影响，产生特定的经济现实。在"联邦通讯委员会"、"社会成本问题"，甚至在"企业的性质"中，科斯的分析都是将权利结构在决定经济产出方面的重要性置于显要地位。这些分析对拓展主流法与经济学的边界——使其关注点从对反垄断和法人团体扩展至诸如财产、合约及侵权等领域——发挥了重要作用。除了那些影响深远的著作，科斯所编辑的《法与经济学期刊》和他所领导的芝加哥大学的法与经济学研究项目，都大大提升了法与经济学对经济学界和法学界的影响力。鉴于此，科斯被美国法与经济学学会全体会议授予现代法与经济学的四大奠基人之一，就没什么可奇怪的了。②

乔治·普利斯特（George Priest）曾将科斯称作法与经济学的"奠基性创始人"（founding founder），提醒人们要特别注意"社会成本问题"一文所发挥的作用："（该文）对传统法学产生了巨大影响，因为它……说明……倘若没有经济学，就绝不可能充分理解法律规则和法律制度"。③ 理查德·波斯纳认为科斯对法与经济学的贡献是"重要的和根本性的"，他说，科斯的这一贡献得益于他具备"展示简单经济模型之力量的才能，而一个被清晰描述的简单经济模型是法学家能够接受的"（Kitch, 1983, p.226）。抛开上述这些对科斯的高度赞赏，还有一个围绕法和经济学的更为深刻的问题，即法与经济学对法学院的影响力要比对

---

① 这一评论是在 1991 年 5 月 24 日的美国法与经济学学会全体会议上作出的。
② 这次会议所评出的其他几位奠基人分别是圭多·卡拉布雷西（Guido Calabresi）、亨利·梅恩（Henry Manne）和理查德·波斯纳（Richard Posner）。
③ 这段声明是在 1991 年 5 月 24 日的美国法与经济学学会全体会议上作出的。

经济学界更大。最近的一项研究（Landes and Posner, 1992）显示，无论是从绝对数还是从增长率来看，目前法学期刊对法与经济学文献的引用都要远远超过经济学期刊对法与经济学文献的引用。至于对科斯本人的著作，施瓦布（Schwab, 1989, pp.1189-1190）的记录表明，自 1972 年以来，"社会成本问题"一文被法学期刊引用的次数要超过经济学期刊，尽管在这一时期，经济学论文的发表数量是法学论文发表数量的 1.5 倍还多。

这显然让科斯感到相当困扰。他对这种状况的看法是他对法与经济学发展愿景的直接反映。对科斯来说，法与经济学是有关法律对经济系统影响的研究，与把经济学（这里指微观理论）分析应用于法律是完全不同的。[①] 科斯对法与经济学的发展愿景反映在他本人的著作、很多新制度经济学家（如威廉姆森）的著作以及科斯担任《法与经济学期刊》编辑时期该杂志所刊发的许多文章中。但是，目前还有很多法与经济学的文献所反映的并非科斯的愿景，而是将经济学分析应用于法律，例如理查德·波斯纳的著作就是这方面的最重要例子。

所有这一切都使科斯得出这样的结论：法与经济学"似乎根本就没有处于繁荣状态"，其未来的发展前景也令人非常悲观。[②] 他对法与经济学的现状和未来的看法进一步反映在他的获奖演讲中。在演讲中，科斯强调最多的是"企业的性质"和交易成本研究进路在经济学分析中的发展，而不是"社会成本问题"和法与经济学的发展状况。很明显，波斯纳（Posner, 1993c, pp.203-204）为此深感困扰，他不理解科斯为什么会"对他本人为之付出那么多的法与经济学运动缺乏兴趣"。波斯纳认为，科斯表面上对法与经济学表示冷淡的原因是由于他对经济学帝国主义的厌恶。而我认为，一个更合理的解释是科斯对经济学的总体观点，更具体地说，就是他认为，解释真实世界中经济系统运行是重要的。尽管长期供职于法学院，但科斯是而且他也自视为是一名经济学家，而不是一位法学家。正因如此，科斯更感兴趣的是如何解释使交易成本降低的法

---

① 发表于 1991 年 5 月 24 日的美国法与经济学学会全体会议。

② 同上。

律变化对组织结构的影响，而不是由此推导出侵权法中的有效预防的条件。科斯的经济学遗产，目前主要在于交易成本经济学。尽管他对法学的影响可能要远远大于对经济学的影响，但他清楚地表示，自己希望作为一名推动了经济学分析而非法学分析的基础性进展的学者而被铭记。

科斯工作的优点之一，在于他不仅强调研究经济制度的必要性，而且自己也投入了大量精力来研究经济制度——尤其是生产的制度性结构，以及决定经济产出的法律和政治系统。同时，他还想考察过去被假设为市场不可能运行成功的情况下市场的可能性。科斯并不是强调经济制度重要性的第一人。在过去的一个世纪里，诸如凡勃伦（Thorstein Veblen）、康芒斯（John R.Commons）、熊彼特（Joseph Schumpeter）、米恩斯（Gardiner C.Means）、加尔布雷斯（John Kenneth Galbraith），其至包括马歇尔（Alfred Marshall）这样的杰出经济学家们都已经指出了这一点，但他们的听众大部分都没有接收他们所发送的这一信息。而法与经济学和新制度经济学（后者被科斯描述为"本应该的经济学"[Coase, 1984b, p.231]）阵营中的学者们已经开始对科斯的信息作出响应，这预示着学界或许开始严肃对待如何理解经济制度所发挥作用的问题了。①

科斯对经济制度的强调只是他所给出的更重要信息的一个组件，这个更重要的信息就是经济理论应该对真实世界的经济系统有更强大的描述力。那种将经济理论简化为一个由凸集、多维空间和不动点定理所构成世界的做法，已经转移了学者对解释和应用经济学理论的注意力。经济理论已经变成了这样一个世界：提出假设，演绎理论，得出结论，而这一过程通常伴随着一些炫丽的数学装饰。这个架构所缺乏的正是作为理论建构和政策分析起点的任何有关经济系统的严肃研究。

科斯对经济学的最重要贡献之一，是他在担任《法与经济学期刊》编辑期间，对上述这种研究的鼓励。这份期刊在经济学和法学期刊中的地位，证明了科斯所发挥的向导作用。在科斯担任编辑期间，《法

---

① 可参见 Eggertsson (1990) 以及 Furubotn and Richter (1991) 对新制度经济学的综述。

与经济学期刊》所发表的文章很多都是研究法律和法律变迁对市场和产业结构的影响。科斯强调，这些研究对理解经济现实、建构理论和政策分析都是必要的。在担任编辑工作 19 年之后，科斯辞去了这一职务。兰德斯、卡尔顿和伊斯特布鲁克（W.M.LandesD.W.Carlton and F.H.Easterbrook, 1983）对科斯的卸任是这样评价的：科斯利用《法与经济学期刊》

> 推动并影响了经济学家和对经济学有强烈兴趣的法学家去研究那些科斯认为重要却被忽视的问题。科斯寻找并鼓励芝加哥大学及其他地方的同行们去考察特定市场实际上是如何运行的、什么要素决定了当事人参与交易与缔结合约的类型以及法律和法律制度在市场形成中所发挥的作用……正是由于他的努力——包括他的编辑工作以及他所贡献的一些学术名篇，我们今天才有了一大批对真实市场进行法学和经济学分析感兴趣的学者。

科斯本人认为，《法与经济学期刊》"做出了这样的一个示范：对案例和工商行为进行考察，并说明这些案例和工商行为所蕴含的一些意义，而这些意义是人们之前所没有发现的"（Kitch, 1983, p.193）。通过刊发这类研究，《法与经济学期刊》提高了经济学家的理解力。当有人不同意这些研究所得出的结论时，他们就有义务给出其他的说明。只要他们这么做，而且想做得卓有成效，就必须抛开由定理和引理所得出的论点，而不得不直面经济现实。

科斯对经济学家要对真实世界进行调查的强调，同样反映在他的教学中。本杰明·克莱因（Benjamin Klein）这样评价他所上过的科斯的反垄断课程：

> 他（科斯）复印了大量与重要的反垄断案例有关的记录，他要求我们仔细检查这些记录，并尽力弄明白发生了什么。但大多数情况下，当我们要对实际发生了什么做出结论时，我们感到一筹莫

展，不知道这些有关工商行为实践的描述背后究竟发生了什么。我因此感到经济理论中是存在某种缺陷的。而且，我还意识到，为了让经济理论变得更加丰富，我们还有很多工作需要去做。（Kitch，1983, p.192）

因为科斯在芝加哥大学的教学任务相当少——这很大程度是由于编辑《法与经济学期刊》需要他付出大量精力，所以，科斯并没有如泽尔比（Zerbe）所说的那样因口授传统而出名，也不是克莱因所说的那样对学生们产生了重大影响（Kitch, 1983, pp.222-223）。[1] 然而，科斯确实影响了他周围的人，正如泽尔比（Kitch, 1983, p.222）所指出的："与他（科斯）交往的一大好处，就是你能从他身上学到看待事物的不寻常方式。他有这样一种天赋，即能够做出大多数人所想不到的评论。他看待问题的与众不同的方式非常有价值。"张五常说，科斯强调必须理解实际经济系统的运行，这一点对自己的影响尤其深刻，"从那以后，我便不断地挖掘下去。"（Kitch, 1983, p.223）

正如本书第六章所讨论的，科斯理念中有关适当的经济学方法（appropriate economic method）的观念与公认的观点大相径庭，而他的（经济学）遗产所适用的范围将在很大程度上依赖于他的方法论思想被接受和采纳的程度。科斯对真实主义理论和比较制度分析的强调，代表了他对经济学家通常开展工作方式的重大背离。而且，大多数经济学家似乎并不认为他们的研究方法有多么不妥，这就不禁使我们怀疑科斯的长期影响将会有多广泛。波斯纳（Posner, 1993, p.207, 注释 22）和威廉姆森（Williamson, 1989, p.229）都认为，从整体上来看，科斯的交易成本分析对学科产生的冲击力并不大，部分原因在于科斯没能在某种数学框架内发展这一概念。如果经济学界大部分人都像波斯纳那样，认为科斯的研究方法无非就是抛弃数学，用更多的时间来浏览工商记录、案例

---

[1] 事实上，科斯只带过一名学生 John Peterman。Peterman 是在科斯的指导下从事研究的，但这是在他还在弗吉尼亚大学的时候。

研究和日常报纸，然后写上一篇冗长的文章，那科斯的方法论遗产就真的是微不足道了，因为他的研究方法将被束之高阁。然而，我们已经充分澄清科斯的观点并非如此。科斯研究方法的关键是认为，数学形式主义只应立足于已经发展完备的概念库，而这个概念库必须构建于对真实世界的调查而非猜测的假设之上。这种对真实世界的调查为我们提供了数学无法给予的知识和信息，诸如与各种制度安排相关的交易成本，以及经济主体实际上是如何对交易成本与制度安排变化作出反应。因此，正如科斯的理论贡献所证实和上述这种调查的结果所显示的，合约、业务记录、历史文档、法律案例以及其他类似物，都会成为潜在的富有成效的信息来源。

有人认为，科斯的最重要遗产，与其说是他所作的分析本身，倒不如说是关注世界本来样子的研究方法。对此，理查德·泽尔比（Richard Zerbe）给出了如下评价：

> 在我看来，使科斯卓尔不群的是他对研究对象的绝对之爱。无论过去还是现在，他所真正关心的都是以一种很少有人会如此的方式来理解经济系统。我认为，正是这种品质使科斯迥异于我们中的大多数人。这也是科斯那么喜爱马歇尔的一个原因，他认为马歇尔与他一样，都对理解事物的实际运行深感兴趣。[1]

理查德·斯韦德伯格（Richard Swedberg, 1992, p.758）说，"在我看来，科斯的伟大之处根本上在于他把清晰的分析与对经济实际运行方式的真正敏感地融合在了一起"。张五常（Cheung, 1992, p.55）对此作了更多的强调：

> 他的贡献并不在于任何定理，而在于他提供了一种新的思考进路，一种崭新的视角。由此，我们能以一种不同的角度来透视各种

---

[1] 引自泽尔比 1993 年 5 月 10 日与本书作者的私人信件。

经济现象。那些认为科斯的论述是同义反复（tautology）的人，一定忘记了大量的重要科学发现都是从某些同义反复开始的。同义反复可能只是一个定义，但它可能成为一种观点。科斯所要理解的世界总是真实世界，而且直到他的不期而至，我们中的很多人才知道真实世界是多么有趣。

当然这种评价也可以用于牛顿物理学。然而，如下事实会对张五常的无限热情[1]泼盆冷水：其他人也关注过真实世界，并看到了与科斯所见极为不同的事物。[2]那些相信科斯打开了真实世界大门的人，最好能记住另一位诺贝尔经济学奖获得者缪尔达尔（Gunnar Myrdal）的声明："文化影响（cultural influence）已经为我们设置了有关思维、身体和宇宙的种种初始假设，提出了我们要问的问题，影响了我们要寻求的事实，决定了我们要赋予这些事实的解释，并引导我们对这些解释和结论所作出的反应。"[3]

指望一场使经济学理论更深刻地扎根于现实的学术运动能带来使理论领域内部尤其是政策领域内部逻辑一致的大综合，这并不现实。毕竟，关于经济现实是什么，存在着诸多相互矛盾的看法。有人认为，这反映出新制度经济学——这种思潮很大程度上是源于科斯的研究工作——内部的异质性（heterogeneity）。[4]关于这一点，我认为，尽管不能说是科斯为我们展示了世界，但他确实在研究这个世界。他对英国邮政局、英国广播公司、红包贿赂和英国灯塔制度所进行的历史性分析，在"联邦通讯委员会"和"社会成本问题"中潜心钻研法律案例，对会计与成本核算所进行的研究以及在担任《法与经济学期刊》编辑时，热切

---

[1] 还可参见张五常（Cheung, 1987）为《新帕尔格雷夫经济学词典》（*The New Palgrave*）所写的"科斯"词条。

[2] 例如，可参见 Lazonick（1991）以及上述讨论。

[3] 转引自 Mirowski（1989, p.401）所引缪尔达尔《美国的困境》（*An American Dilemma*, 1944）。

[4] 即便是科斯和张五常之间，他们也对企业中是否存在等级制这一根本性问题存在不同看法，参见 Cheung（1992）和 Coase（1992b）对张五常的评论。

鼓励其他人从事类似的研究，这所有一切都为我们指出了一条能加强对理论模型基础的理解、并让我们远离"充斥于经济学期刊的那种对假想世界所进行的分析"（Coase, 1988a, p.655）的经济学研究方法。如果说20 世纪初期的美国制度学派只顾研究经济活动而忽视了理论构建，那么，我们还可以说，现代主流理论太注重构建理论而忽视了经济现实。科斯的意思是要将这两种方法的优点加以融合。美国经济学会在 1980年授予科斯"杰出会员（distinguished fellow）"称号，表彰他"持之以恒地脚踏经济社会的现实土壤，并通过展示由此而获得的力量来提醒我们，这也是我们的安身立命之所在"。[①] 积极应对科斯所提出的这一挑战是会有助于我们提高经济分析能力的。

7.3　内部人还是外部人？

　　一个尚待解答的重要问题是：对经济学界来说，科斯是内部人（insider）还是外部人（outsider）？当然，我们既有理由说他是内部人，也有理由说他是外部人。在这个问题上，我们所持立场是由我们对科斯的认知所决定的，比如，如果我们认为科斯是肯尼斯·阿罗（Kenneth Arrow）的对立面，那他就是外部人了，因为阿罗几乎被一致公认为为经济学的内部人。

　　从某种层面上说，科斯可能应该被视为内部人，因为他的分析方法体现了现代主流理论中的诸多马歇尔遗产。科斯在其著作中使用边际替代概念，强调价格机制的效率和理想的竞争性市场，使用静态分析（与采用演化方法的旧制度主义者、马克思主义者以及新制度主义阵营中的尼尔森和温特一派截然不同）等，所有上述列出的研究进路都足以证明他是一个内部人。斯科特（Scott, 1993, p.93）对科斯的看法似乎反映了这样一个观点："科斯打动我的地方，与其说是他建立了某个与众不同

---

① 参见《美国经济评论》（第 70 卷，1980 年 6 月）的卷首插画。

的学派，不如说是他个人在很大程度上正是作为新古典传统的一部分，而将这一传统拓展到了以前被新古典所忽视的一些问题上……或修正了以前被新古典所接受的一些谬误。"

科斯本人承认，他并不打算推翻主流理论，而只是想通过揭示其薄弱环节来对它加以改善。如果我们浏览一下教科书文献，就会发现科斯为主流经济学的知识核心所增添的内容。法与经济学、公共财政、环境经济学以及中级和初级微观经济学理论的教科书，都给予科斯定理以重要位置。目前，科斯有关企业的著作，至少已经成为讨论产业组织和微观经济学理论的文章的必要参考文献。法和经济学的应用程序甚至开始进入到入门级的教科书中。因为教科书可以说是展示不同时期主流理论的绝佳晴雨表，由此似乎可以看出，科斯在经济学界所得到的认同远非某些被视为外部人可比的。如果我们承认主流理论内部也是异质性的，且科斯进行分析所采用的是标准微观经济学工具，以及教科书已经将他的部分核心贡献置于了重要位置，那么，我们就有充分理由相信科斯——这位因其贡献而被授予诺奖的人是（经济学的）内部人。

然而，我们却经常听到他再三哀叹经济学界没有对他的思想给予关注。他说，他的观点"没有得到广泛认同"，并且"大多数经济学家看待经济学问题的方式与我不同，他们也并不赞同我对经济学学科性质的看法"（Coase, 1988e, p.1）。波斯纳（Posner, 1993c, p.206）声称，"'芝加哥学派'的经济学家经常会被错误地拿来与科斯进行比较"，他还说，科斯的一位匿名的芝大同事表示，科斯在芝加哥大学"被视为……异类"（Warsh, 1993, p.111）。按照波斯纳的这种说法，芝加哥学派似乎也不一定将科斯视为自己人。

艾辛格（Elzinga, 1984, p.576）认为科斯对学科的影响具有选择性（selective），因为"他的方法论和研究兴趣通常与常规格格不入"。泽尔比（Zerbe）的看法与此相若，他指出科斯"有些顽固而且性情古怪"，并断言"与大多数人相比，科斯拥有从有点不同角度看待事物的方式，正是这种几乎是与生俱来的固执，使得科斯坚持走非传统的道路".[1]与科斯在芝加哥大学共事30年的同事乔治·施蒂格勒（Stigler, 1988, p.159）则称科斯为"天生的隐士"、"诙谐且优雅的学者"，认为科斯"对我所知道的任何流行思想，包括经济学思想，都具有免疫力"。本书第六章揭示了这样一个科斯：他对主流分析的许多方面都相当不满，比如经济学家对经济制度尤其是法律制度的无知，经济学家不对自己的分析对象进行系统研究并忽视交易成本，经济学家通过数学的使用集中讨论那些与现实相去甚远的抽象问题，经济分析使用现代数量工具所得到的有限洞察力以及庇古方法的统治地位和随之而形成的在经济政策分析中过度强调税收、补贴和管制的优点，等等。

科斯学术生涯的最后三十几年都是在法学院而不是在经济院系度过。这一事实进一步使人确信他是（经济学的）外部人。虽然仅凭这一点并不足以证明一个人是外部人——尤其是在现代，但在20世纪60、70年代，这是相当不寻常的。科斯的如下评论既反映了上述观点，也反映了他对自己所做工作与经济院系的兴趣之间关系的个人看法：

> 对我来说，在法学院拥有这个职位是令人忐忑的，而且，我猜几乎所有的经济学家如果处在我这样的情形，也都会有如此的感受。一方面，我不能在经济学院或系部开展自己想做的工作，因为他们［即经济学院或系部］对此不感兴趣；我是可以在法学院中做这些工作的，但却无法同时为法学教育作出很多贡献。（Kitch, 1983, p.193）

上述声明是科斯在1981年的一次会议上发表的。这清楚地表明，在当时，科斯并未看到任何有代表性的经济学院或系部能够为他所作的那种研究提供有效且包容的学术氛围。所有以上这些因素，再加上科斯本人缺乏经济学的正规训练，以及他在自己学术生涯的最好时光里都在与风

---

[1] 引自泽尔比1993年5月10日与本书作者的私人信件。

车作战并独立工作，由此，你也可以说他是外部人。

　　我本人的观点是，科斯在其学术生涯的大部分时间里都扮演了外部人的角色，但他不是加尔布雷斯（Galbraith）或米恩斯（Means）那样更为极端意义上的外部人（因为他们的观点大体上都被主流理论拒绝接纳），而是如下意义上的外部人：他对经济学家从事研究所使用方法的许多方面进行了批评，但这些批评大部分都被经济学家所忽视。我们有强有力的证据表明科斯对法学的影响要远大于对经济学的影响。施瓦布（Schwab, 1989, p.1192）认为，这可能是因为法学家对新方法的态度要比经济学家更为开放，从 20 世纪 60 年代以来所出现的大量被命名为"法与——"学科的发展可见一斑，而这一发展正是对由真实主义法学所暴露的法律非自治性（non-autonomy of law）的回应。[①] 主流经济学并没有这种寻求发展抓手的困扰，它很大程度上满足于先验性（a priori）推理所得出的结果，充耳不闻那种把纷繁复杂的经验性调查视为理论建构的一种方法的观点。

　　和科斯一样，麦克洛斯基（McCloskey, 1990, p.147）也倡导经济学研究要采用一种决疑式的（casuistic）、具体分析的（case-by-case）分析进路。他认为，这一进路"并非是要寻求应用于社会工程的普遍原理，而是力图在被发现的称不上是普遍适用原理之间进行伦理对话"。麦克洛斯基将科斯的研究进路称作是决疑法[*]的一个典型："他的经济学研究进路是决疑式的，是在寻求适于手头所研究案例的故事、隐喻、事实和逻辑，而且避免过度沉溺于它们中的任何一个。"然而，麦克洛斯基表示，"原则性教条主义"仍然统治着经济学，"大多数经济学家对把案例与原则视为同等重要的伦理叙述风格感到陌生。"施瓦布（Schwab, 1989, p.1194）也视科斯为外部人，"任何建议另一种研究进路的人都是在逆流而行。"而波斯纳（Posner, 1993c）对科斯方法论立场的严厉（但

---

① 参见 Posner（1987）对法律自治性衰落的描述。

　　* 决疑法（casuistic method）：是对个人所面临的一些道德境遇或道德情景的研究。在个人所面对的难以抉择的这些场合，一般道德原则往往不能直接地应用于其上。决疑论包括与典型案例的类比、求之于直觉和对特殊案例的评价。——译者注

极不准确的）批评只不过是这一观点的强化版。[1]

基奇（Kitch, 1983, p.233）认为，科斯与亨利·西蒙（Henry Simons）、艾伦·迪莱克特（Aaron Director）都是"没有在他们自己的研究领域中找到舒服位置的经济学教授"，其创新"来自于学科边缘而非主流"。理查德·斯威德伯格（Richard Swedberg, 1992, p.757）甚至认为，由经济学当权者（economics establishment）所投射的科斯形象，根本上是不同于真实的科斯，因为他们把科斯关于经济学家从事研究应该采取的研究进路的思想弃置一旁。科斯的遗产是否应归为经济学外部人的遗产？这个问题还有待考察。那些在法与经济学和新制度经济学领域耕耘的学者们，已经在以科斯思想为基础，积极探索经济制度（尤其是法律）在组织经济活动中所发挥的重要作用。然而，这些思想是否会导致主流经济学理论在内容上的转变，这还有待历史评判。正如科斯（Coase, 1992a, p.719）在其诺贝尔经济学奖获奖演说中所作的总结，"对一个学者来讲，如果知道自己言论中的错误会很快被指出，而其中的正确之处最终能被接受——只要他活得足够长，那么，他一定会感到心满意足"。

---

[1] 此外，波斯纳在这篇论文的未发表版本中，甚至对科斯的方法论立场进行了更为苛刻的抨击。

中文版后记

自本书初版 20 年以来，我们看到经济学家和经济思想史学家日益关注科斯的分析。然而，对科斯及其贡献的认知在很大程度上并没有发生改变，他对绝大多数经济学家所践行的经济分析的影响远不及他所希望的那样大。之所以造成此种局面，一定程度上是因为根深蒂固的经济学文化（culture of economics）。对此，科斯做过详细阐述，其态度也从质疑逐渐发展到公然敌对。如果要根据是否成功说服经济学家远离"黑板经济学"来评估科斯的事业，那么，科斯的成功至多也只能说是有限。

上述论点的最好证据就是"科斯定理"一直被视为科斯分析的最重要思想。该定理每年都被成千上万的刊发论文所引用，并成为各级微观经济学、公共经济学和环境经济学教材及文献中的标准组成部分。而科斯所强调的重点——研究外部性问题（和一般性政策问题）要使用比较制度方法，却很少被学术性文献引用，在教材中更是根本不提。整个学术界都还在迷恋抽象的形式主义（formalism），对琐碎而注重细节的案例研究了无兴趣，因此，科斯呼吁经济学家要采取替代性研究方法，这根本就没有引起学术界的多大关注。与此同时，科斯定理却因其具有非真实主义（unrealism）特征而继续受到那些视形式化、模型化为经济分析核心工具的学者们的高度关注。

在科斯生命的最后 20 年，他笔耕不辍，不断重复构成本书写作素材的那些早期著作中的主旋律。他后来所写的很多评论都是有关方法论的，旨在敦促经济学家在分析经济体和经济政策问题时转向他所认为的更合理道路。此外，他还回顾了近期经济学的发展史以及他在这段历史中所处的位置，并努力表明自己是怎样看待自己的贡献的，他特别强调了自己的看法与他所认为的学术界大部分人的错误看法的不同之处。尽管科斯得到过经济学界的最高荣誉，但他一直认为自己是经济学界的外部人，绝大多数学术界同行总是误解自己的工作。以下对他近期作品所作的综述将对此作出说明。

法学、经济学和"社会成本问题"

芝加哥学派对推动法与经济学（law and economics）的发展作出了卓越贡献，理查德·波斯纳（Richard Posner）和众多其他学者一起缔造了现代"法律的经济学分析（economic analysis of law）"。"社会成本问题"对现代"法律的经济学分析"的发展所发挥的重要作用，已经不是什么秘密。但是，有关法与经济学自 20 世纪 30 年代被提出以来是如何在芝加哥大学演化发展的[①]，并不为世人充分了解，而这正是科斯在"法与经济学和芝加哥大学"中所要讨论的主题（1993）。[②]

对法与经济学传统在芝加哥大学的起源，科斯把它追溯到经济学家亨利·西蒙（Henry Simons）在法学院的任命。但是，科斯批评西蒙在《论自由放任的实证方案》（*A Positive Program for Laissez-Faire*，1934）一书中所提出的以高压的中央集权方式来创造竞争性经济环境的想法。与"联邦通讯委员会"和"社会成本问题"所讨论主题形成呼应，科斯批评西蒙竟然相信政府拥有必要的信息和资源来开展他所赋予政府的任务。科斯认为，法与经济学思想后来在芝加哥大学的发展与西蒙的关系不大。当然，科斯的这个看法可能低估了西蒙的人格和世界观对 20 世

[①] 可参见 Medema（1998）。

[②] 科斯在这篇文章中还重述了他是如何写出"社会成本问题"的，包括导致"社会成本问题"产生的"联邦通讯委员会"的写作背景。

纪 30—40 年代芝加哥大学所产生的影响。[①]

在科斯看来，更为重要的人物是阿伦·迪莱克特（Aaron Director）。在 1946 年西蒙去世之后，迪莱克特取代了西蒙的位置，以经济学家的身份在法学院工作。正是迪莱克特于 1958 年在法学院规划了法与经济学的研究项目，创办了《法与经济学期刊》（*Journal of Law and Economics*）；他的研究方法为之后 20 多年时间里的芝加哥大学法与经济学研究奠定了基调。迪莱克特认为，法与经济学的研究对象是探索经济系统的法律环境。对此，科斯表示赞同。在科斯看来，迪莱克特的独特之处是他不愿意接受市场结构分析的传统智慧，尤其是对垄断和垄断趋势的分析。迪莱克特认为，那些被当作反竞争的行为通常可以被视为竞争过程的结果而非垄断力量的证据。他和他的学生调查过一些案例以证明这一论点的正确性。有的学者对他的这个观点持肯定态度，认为他的这种分析的意义深远，因为这意味着相当大的一部分反垄断和其他管制措施都是错误的。总之，迪拉克特和他的学生对法律—经济关系的详细研究表明理论和政策都需要进行严肃反思。这种思考反托拉斯的"芝加哥式"方法逐渐在法律讨论中受到重视，尽管这种影响力来自大量受迪莱克特影响的芝加哥大学法学院学生，而非迪莱克特本人的著作。

毫不奇怪，科斯与迪莱克特的研究思路是有共鸣的。在科斯著述中，案例研究方法作为基础工具反复出现，很多调查结果也证明市场表现比公认的要好。法学院的法与经济学研究项目就是为了实现迪拉克特所确立的这种学术目标，创立《法与经济学期刊》也是为了激励学者从事此类研究并为之提供发表机会。《法与经济学期刊》吸引科斯于 1964 年调往芝加哥。[②]在那个时候，科斯以为，这个期刊的编辑职位是芝加哥大学法与经济学发展的关键。通过这个期刊，他鼓励学者开展他所喜欢的法律－经济研究，他为此而感到快乐。但是，正如科斯所指出的，

---

① 例如，可参见 Emmett（2010）和 Van Horn et al.（2011）等人的论文。
② 弗吉尼亚大学并未对留住科斯作出任何努力。关于这一点，可参见 Medema（2000）。

凡事都没有必然，法与经济学研究在此后岁月中发生了一些意味深长的嬗变，不论是在芝加哥还是在其他地方。颇具讽刺意味的是，导致这一嬗变的幕后推手正是——或者至少部分是——科斯的最著名文章。

对科斯来说，"法与经济学"要探究的是经济系统的法律基础。正如我在本书中所说，他之所以支持这一领域的研究，是因为他相信，正确的经济分析和政策制定需要理解法律系统是如何影响经济系统运行的。"社会成本问题"就是为这样的分析框架量身定做的。"在我看来，"科斯说，"'社会成本问题'是一篇经济学论文，是为经济学家而写。我想要做的是改进我们对经济系统运行的分析。我在文中之所以分析法律，是因为在正交易成本世界中，法律是决定经济系统运行绩效的重要因素。"（1993, pp.250-251）当然，这篇文章也是法律的经济学分析的基础性文献。但是，法律的经济学分析作为法与经济学的一个分支，并非着眼于提高我们对经济系统的理解，而是把经济学分析工具运用于分析法律问题，致力于法律分析和法律决策。从传统的学科意义上说，法律的经济学分析是有助于法律分析，而不是经济学分析。[①] 在科斯看来，"社会成本问题"造成的这个影响是意外之果："正如我已经说过的，在写作'社会成本问题'时，我无意于对法学作出贡献。我引述法律案例是因为它们提供了与通常被经济学家应用于分析的假想情形不同的真实例子。"（1993, p.251）不管"社会成本问题"对法律的经济学分析的发展发挥了多么重要的作用，科斯为此得到了多大的荣誉，他本人几乎总是否认自己对此类研究抱有任何实质性兴趣。他认为，波斯纳听信和采纳的是他关于法官裁决争端时可能对效率有一些模糊观念的看法（1960, p.20），这才是法律的经济学分析新思路的主要动力。但是，科斯说，"我从来没有试图跟随他。首先，他跑得比我远多了。他跑的方向也与我略有不同。我的兴趣主要在于经济系统，而他的主要兴趣是法律系统，尽管这两个社会系统的相互关系使我们的兴趣有相当大的

---

① 参见 Medema (2011)。当然，正是在这一时期，经济学家逐渐不再根据研究对象来定义经济学，而是根据它的工具箱。例如，可参见 Backhouse and Medema (2009)。

交叉。很显然，波斯纳对法律——或者如我喜欢说的法律系统——的经济学分析的发展发挥了重要作用。"（1993，p.251）这番言论当然是和他在 1983 年就声明自己"对法学或法学教育没有任何兴趣"（Kitch, 1983, p.192）是完全一致的。对一个在法学院占有一席之地的学者来说，这个立场颇具讽刺意味。

但事实上，"社会成本问题"在经济学和法学中都是引用率最高的文章之一①，这很大程度上是由于对外部性问题所达成的谈判结果——这个思想后来被施蒂格勒贴上了"科斯定理"的标签——的辩论。这个定理成为外部性理论和法律的经济学分析工具箱中的核心摆饰，在经济学和法学文献中被引用成千上万次。然而，科斯始终坚持认为，只关注他对谈判结果的论述是误导性的。正如他在 1993 年所指出的，"'社会成本问题'证明了在（标准经济理论所假设的）零交易成本世界中，谈判总会导致最大化财富的结果。因此，在给定其分析体系的假设下，经济学家所认为的那种必要的政府行为是完全没有必要的。当然，所有这些都旨在表明庇古分析体系的空洞性。一旦抛弃零交易成本假设，把开展市场交易是有成本的事实纳入理论，就会得出这样的结论：协调资源使用的替代性方法，即使是有成本的，在各个方面都是不完美的，也不能被当作比依赖市场更劣的方法而被立即抛弃，最好的选择取决于不同资源使用方式的相对成本，而我们对此知之甚少。"（1993, pp. 252-253）对科斯本人来说，科斯定理仅仅是黑板经济学的一个例子，而黑板经济学正是他要敦促经济学家远离的。然而，正如他在 1995 年关于"社会成本问题"对法学影响的评论中所说，法学家与经济学家一样，始终都在"科斯定理"语境下引用这篇文章，而不是引用它蕴含的更重要信息。鉴于过去 20 年里法学文献对这个定理的争论，以及这个定理在法律的经济学分析中的基础性地位，科斯对法学者广泛引用这个定理感到"意外"，这就令人非常奇怪了。如果没有其他别的原因，科斯的这个反应证明了他自称的"缺乏对法律文献的详尽了解"（1995, p.811），并且

---

① 例如，可参见 Shapiro（1995）。

也说明了他对波斯纳及其追随者所做的研究不感兴趣。

科斯对"社会成本问题"所作的最后的重要评论发表于 1996 年，这是他在相当不情愿的情况下对辛普森（A.W. Brian Simpson, 1996a）的回应。该评论刊发在芝加哥大学的《法律研究期刊》（*Journal of Legal Studies*）上。辛普森对"社会成本问题"批评颇多，包括科斯对法律案例的讨论以及科斯对庇古和庇古理论体系的态度。辛普森认为，科斯误解了英国的侵权法历史，并断言庇古并不像科斯所说的那样是一个政府干预的坚定支持者。[①] 科斯（1996）雄辩地捍卫了自己的立场。虽然他的辩解或许不能令质疑者信服，但通过这篇文章，人们可以更多地了解他的个人生活史和影响他成长的重要因素。他对辛普森（Simpson, 1996a, p.58）所谓纵观"科斯的所有作品……都是在对政府干预的合宜性表示深深的怀疑"的说法进行了反驳，他说，辛普森的这一陈述是"误导性的"。他概述了那些由他本人和其他学者所从事的各种经验性研究（empirical studies）——有些就发表在《法与经济学期刊》（*Journal of law and Economics*）——是如何使他推断出某些实例中的政府干预的弊端大于收益的。他说，他的立场是：政府的恰当角色是一个经验性问题，他之所以不赞成有些实例中的政府干预，是基于经验性证据而非个人偏见或反政府的敌意（1996, pp.106ff）。对科斯来说，更大的问题是经济学家不愿意更多从事那样的研究，不去调查很多政府行为的收益实际上是否大于所花费的成本。由此，我们就会明白，让科斯担忧的，是经济学家如何开展本职工作的。

提倡一种不同的研究进路

毫无疑问，诺贝尔经济学奖授予科斯，这提升了人们对新制度经济

[①] 对庇古和科斯的进一步讨论可参见 Aslanbeigui and Medema（1998）and Medema（2009）和辛普森（Simpson 1996b）对科斯的回应。

学的兴趣，对激励这个领域的研究起到了很大的促进作用。但就科斯本人而言，获奖时已经年迈，很大程度上不能再从事严肃的制度分析。①然而，归隐并没使科斯停止工作，他利用诺贝尔奖的学术平台继续推动经济学家从事制度研究，并用奖金资助那些促进制度研究发展的专业机构。

在科斯获得诺贝尔经济学奖之后的 10 年间，由他积极扶持成立了两个重要的制度研究机构。第一个是新制度经济学国际学会（International Society for New Institutional Economics, ISNIE），创立于 1996 年，科斯任第一届会长。恰如其名，这个学会致力于促进全球经济制度研究，通过有意识的跨学科研究，促进经济学家从经济学、法学、组织理论、政治科学、社会学和人类学的角度来理解制度和制度变革。新制度经济学是受科斯批评多年的经济学帝国主义的对立面②，它用其他社会科学的洞见和方法来分析经济问题，把其他学科吸收进经济学而不是像经济学帝国主义那样向其他学科输出经济学工具。科斯所扶持的第二个机构是 2000 年创立的罗纳德·科斯研究所（Ronald Coase Institute），这个机构与新制度经济学国际学会的很多目标是一致的，但它着重于用制度分析方法培训新一代学者，尤其是通过在世界各地举行一系列工作坊（workshops）的形式。这两个组织都有助于创设一个学者网络，进一步推动经济学使用科斯所重视的研究方法和研究路线，并为这样的研究提供激励和合法性。

科斯相信，他所倡导的制度经济学，是能够或者说将会彻底变革经济学。正如他于 1998 年 1 月在美国经济学会（American Economic Association）所作的评论，"经济学家把经济学看作一个工具箱而没有研究对象"（1998b, p.73）——他认为这是一种完全错误的研究进路。他相信，新制度经济学将重新把经济学定位于关注"经济系统运行的研究"，这才是他所认为的恰当的经济学研究对象（p.73）。但科斯也认识

---

① 不过，下文还有对此的论述，也可参见 Coase（2000; 2006）。
② 参见 Coase（1978）。

到惯性力量的强大，大多数经济学家完全对研究进路的改变没有兴趣。在此情形下，他说，"在我看来，不会发生对主流经济学形成重创性的变革。"但他相信，"经济学家将会在经济学分支或子学科中尝试不同的研究进路。"（pp.73-74）——也就是说，经济学将会发生一系列"边际革命"。

在科斯看来，新制度经济学国际学会（ISNIE）和罗纳德·科斯研究所（Ronald Coase Institute）将在这个经济学变革中发挥关键作用。他在 1999 年新制度经济学国际年会的开幕致辞中说，学会的任务是"变革经济学"（1999, p.1），这一学科"已经越来越抽象，与真实世界的活动越来越不相干"（p.3）。他认为，尽管经济学使用复杂的数学和经济计量工具，但它的"科学性"还不充分，因为它的静态性质使之忽视了经济运行的根本性的动态过程。如果要使经济分析更明确地阐释世俗的经济问题，经济学家就必须理解这个动态过程。科斯说，要使经济学的发展具有更科学的基础，就必须有基于"更强大经验基础"的接地气的经济分析，要从其他社会科学——甚至那些被认为"比经济学更软"的社会科学中吸取洞见（p.4）。

显然，科斯的上述言论与本书第六章所讨论的科斯早期作品中的观点是一致的。科斯当然乐意看到经济学在某些方向上的发展，但他也从不掩饰对当前很多流行经济学的厌恶。他在去世前发表在《哈佛商业评论》（*Harvard Business Review*）的文章认为，"经济学与普通商业生活背离的程度是严重的、不幸的。"在他看来，造成这种局面的罪魁祸首是价格理论，也就是经济学家用来分析个体行为、市场和企业运行、各种经济政策影响的基础工具包。

科斯对当前经济学的批驳，其核心在于真实主义问题（the issue of realism）。对此，本书已作了详细阐述。他认为，"经济学家用于分析工商企业的工具太抽象、太理论化，以致不能为一直在努力以低成本销售新产品的企业家和经理提供任何指导。"这对工商界和经济学界来说，都是破坏性的（Coase, 2012, p.36）。我们不知道，科斯在写这些文字时，是否把现代经济学的这种倾向与 20 世纪 30 年代以来自己对工商组织及

223

会计实务的研究进行了比较。科斯还说，现代市场经济要求发展出更多更包容的创新性制度形式组合，以此来成功协调不断扩展的企业网络和跨地域跨文化的市场。在科斯看来，这种趋势对当前流行的经济学并非福音，因为它在很大程度上忽视了主要的问题（big-picture issues）。"一旦现代经济越来越趋向于制度密集性（institutions-intensive），"他说，"就会令被简化成价格理论的经济学更加困扰。滑入选择的硬科学对经济学来说，不亚于自杀，因为它忽视了社会、历史、文化和政治对经济运行的影响。"（p.36）

以现代眼光来看，芝加哥大学的经济学家对基于理性选择分析的价格理论说出这样的坏话，这乍听下来，真是有些古怪，尤其是理性选择方法几乎已经被经济学家运用于生活的各个角落，而且这种发展在很大程度上是由于他的芝加哥同事在过去几十年里的影响力。但是，本书的前几章已经说明，科斯并不属于那个芝加哥阵营，而且他和他们的日久相处也未能使他向那个方向有任何进展。在 1998 年，科斯在回答联邦通讯委员会（FCC）为什么要等那么长时间才开始利用价格系统来分配广播频谱时，这样写道："经历了"一战"、"二战"、大萧条、俄国共产主义的出现和蔓延（在西方也有很多知识分子对此是认可并积极扶持的）、赢得德国大多数人民支持的纳粹胜利、英国对社会主义的采纳、战后世界各地无数国家的恐怖主义（波斯尼亚只是近期的一个例子），我发现，我们很难忽视愚蠢在人类事务中所发挥的作用。17 世纪的一个瑞典总理阿克塞尔·奥克森谢纳（Axel Oxentierna）曾在给儿子的一封信中这样写道，'你不知道，我的儿子，支配这个世界的智慧是多么少。'现在看来，情况仍然如此。正如弗兰克·奈特（Frank Knight）所说，"人是理性的，也是非理性的。我经常感到奇怪，为什么经济学家无视身边发生的那些荒谬之事而如此轻易地采纳'人的行动是理性的'观点。"（1998a, p. 577）科斯说，在竞争性市场环境下，这个关于行为人理性行动的观点可能是有道理的，因为在竞争中失败就要承受惩罚。但是，诸如让自己的妻儿苦不堪言的非理性丈夫、政治生涯非常成功但浪费了大量国家资源的政客这样的人使科斯对理性人假设能走多远感到极为悲观（Coase 1998a, p. 577）。①

对于那些对科斯本人（即他这个人和他的著作）感兴趣的人来说，要评估他和王宁合著的《变革中国》（*How China Became Capitalist*, 2012a）中有关中国发展的论述，就必须通过上述方法论的视角。乍读下来，很可能有读者认为它是一本通俗而有启发性的分析和评论中国过去半个世纪以来的经济发展的读物，但从更深层次上说，它正是科斯对自己的经济学研究进路的实践。它不是通过抽象的经济模型框架来演绎出对中国转型的解释，而是关注制度变革以及制度变革对中国经济发展所发挥的作用。尽管由于所考察问题的宏大性质，该书没有使用科斯在其他很多作品中（比如对英国的国有企业和灯塔等）所使用的那种深入细致的案例分析，但是，它所使用的方法实质还是与那些作品保持了一致。同样重要的是，对其他那些愿意应用这些方法更深入研究中国转型难题特殊细节的研究者来说，该书具有某种研究蓝图的功能。

科斯和王宁对中国边远地区经济发展的考察是极好的恰当例子。他们把中国企业的早期萌芽追溯到地方性和个体性的尝试，比如私人耕作和乡镇企业的兴起。对于那些外行读者来说，这种论述是让人困惑的，因为当时的那种尝试包含着潜在风险，而且成功机会貌似渺茫。但是经济学家知道，他们是在说明非正式和正式制度的形成、创新性制度形式的萌芽和有效发育的障碍以及克服那些障碍的机制。就中国国情而言，由于国家的制度结构不支持这些新兴的制度和企业，因此，发生那样的结果就更令人觉得非同寻常。这些新兴的制度和企业要面对优势巨大的国有企业的对抗，它们通过小规模尝试取得了生产力的大幅提高。科斯和王宁的故事使读者对支持新兴制度和企业获得成功的背后力量有了更深刻的认识。

尽管从表面来看，那些乡镇企业就是国有企业，但科斯和王宁认

---

① 这为新制度经济学提出了一个有意思的议题。在新制度经济学中，一些研究者避开了不会感情用事的理性选择理论，而其他一些学者是在主流的理性选择框架下来分析制度发展。

为这个表面特征掩盖了它们根本上所具有的私有性质。很多乡镇企业是真正的私有，而那些不是真正私有的企业，地方政府则不得不充当企业家，承担相关的风险，并开发顾客群体。由于摆脱了政府的直接控制，这些企业可以更快更有效地适应变化中的市场条件，培育出超越国有企业的明显优势，以抵消它们在其他方面的制度性劣势。这些地方性企业还利用价格激励来发挥其优势，要么通过贿赂来打破对非国有实体的限制，要么通过提供报酬使生产率与金钱收益的联系更为紧密。

科斯和王宁所谓的"边际革命"之所以能够在中国发展甚至壮大，是因为它们没有构成对国有企业或当局的直接威胁，从而中央很大程度上不对这些尝试性做法进行干预。颇具讽刺意味的是，私人耕作、地方企业与城市兴起的小型私有商业及经济特区的结合既造就了中国社会的资本主义文化，又保护了既存的社会主义制度。这种结合所产生的经济增长模式，有效隔离了后者所具有的最糟糕的低效率效应对前者的影响。由此来看，《变革中国》是一个极好的案例研究，说明了对小规模制度的分析是如何有助于我们理解周围世界所发生的或重大或微小的事件。

科斯定理和意外之果 ①

科斯本人所述评的自己通过各种作品想要传达给读者的信息，以及他对主流经济学所存在问题的评论，这在某种程度上或许并不重要，真正重要的是他所做工作的影响力，或者换句话说，是别的学者如何使用他的研究成果。就此而言，科斯定理无疑是最好的说明。

尽管科斯因被误解而自感悲伤，但事实上，早期对"社会成本问题"的大多数评论还都强调了与庇古体系的片面性质形成对照的比较制

---

① 这一部分内容摘自 Medema（2013a）。

度研究进路。^① 但是，人们不久就把注意力转向了"社会成本问题"中的谈判结果，开始忽视科斯想要传达的更重要信息。^② 这个谈判结果很快被提炼为众所周知的科斯定理，并在此后的整整 30 年里被讨论、探索、数学化、去数学化，被学者们从几乎每一个可能角度来进行检验和争论。有大批学者都自称能证明科斯定理为错，然而另一些认为科斯是对的学者，也会驳斥他们为错。那些认为科斯是对的学者，要么是证明批评者的经济学逻辑出错，要么是证明他们的分析结构违反了该定理的基本假设之一，即通常所说的无交易成本假设。^③ 当然，由于交易成本概念的模糊性，对科斯定理的这道防线是相当开阔的——从某种程度上说，也是脆弱的。有时，抛开有关科斯定理的种种文献，你会感到交易成本的定义就是"所有那些导致科斯定理失效的事物，"这实际上使科斯定理变成了一种同义反复。^④ 同时，大量表面上反驳科斯定理的文献实际上都是在吸引人们注意交易成本的重要性和广泛性，尤其是信息在交易过程中所发挥的作用。

多年以后，科斯和其他同道中人^⑤指出：科斯定理的含义，在于它关注的是交易成本和产权。由于交易成本为正，且通常情况下产权是不完全界定的，因此产权界定给谁是会影响资源配置的。这是真理，但也仅仅是在一定程度上。科斯的谈判结果（Coase's result）凸显了政府行为的成本。它实际上是说，如果假设一个无成本运行的政府，拥有从事有效政府干预所必需的全部且完全的信息，那么，为了保持逻辑一致，就必须假设总协调成本（coordination costs in general）为零。正如科斯所说，在这样一个总协调成本为零的系统中，交易程序同样会达成理想的有效结果。如果要以交易成本来反对市场导向的结果，那就必须考虑

---

① 参见 Medema（2014c）中的讨论。
② 例如，可参见 Medema（2013b; 2014a）。
③ 例如，可参见 Medema and Zerbe（2000）的讨论。
④ 有几个作者包括那些对科斯论点持同情态度的作者的确就是这样描述这个定理的，比如，可参见 Calabresi（1968）and Veljanovski（1977），还有 Cooter（1982）。
⑤ 比如参见 Demsetz（1964; 1966; 1967; 1968）。

与政府行为有关的成本和不完全信息，并放弃政府行动一定会提高效率的信念。

然而，科斯定理的最重要遗产或许在于，它有力地迫使经济学家要考虑通过市场或交易过程来解决外部性问题的可能性。也有人对此持有异见，认为用可出售许可证制度来处理污染问题的想法并非始自科斯分析，而应归功于托马斯·克罗克（Thomas Crocker, 1966）和戴尔斯（J.H. Dales, 1968）的研究。尽管他们都熟悉科斯的文章，却各自独立提出了自己的思想。[①]的确，相比于科斯在"社会成本问题"中对双方谈判结果的分析，污染许可证制度与"联邦通讯委员会"对频率分配的分析有更多的共同之处。但是，公道地说，学者们对科斯定理的关注——不管他们是肯定还是否定——都促使类市场方案出现在经济学家的关注范围内，使之更愿意思考并最终采用以市场为基础的污染治理方案和以产权＋交易为基础的公共资源及类似问题的解决方案。因此，科斯定理本身看起来就已经产生了正的外部性。

正如亚当·斯密所提到的"看不见的手"，科斯的谈判结果也在后来评论者的支配下具有了自己的生命力。尽管斯密从来没有机会就人们对"看不见的手"的解释发生混乱时详述自己的观点或纠正自己所写的文字，但科斯却有这样的机会，当然他本人为了不使自己错过这样的机会而花费了大量时间。科斯认为自己是被误解了。[②]经济学家对零交易成本的关注就好比"通过仔细检查鹅的内脏来占卜未来"（Coase, 1981, p.187）。科斯的这些说法在很大程度上是正确的，但他忽视了洞察力以及分析虚构世界（the analysis of fictional worlds）的好处。科斯屡次对其表示出不屑态度的"黑板经济学"就是对虚构世界的分析。无疑，我们可以这么说，由辩论科斯定理所产生的争执大于所产生的结果。如果 x＝争执的数量，y＝结果的数量，则 x>y。但若从强度来说，则就是另一番情景了。我们不可能知道，如果科斯没有写下他的谈判结果，或者

---

① 参见 Medema（2014b）对此的一个讨论。
② 例如参见 Coase（1988, p.174）。

经济学家所关注的是他所写的有关比较制度分析而不是谈判结果，那又会是怎样的一番情景。推测历史是一项危险的活动，但从推测历史的活动中可以得出一个合理的观点：正是谈判结果的极端性质并由此而产生的争论，才使经济学家和政策制定者认识到可以基于产权和交易／市场过程来考虑外部性问题的解决方案。科斯希望经济学家能从不同角度思考方法论和市场可能性的问题，就此而言，科斯无疑是成功的，即使这种成功是通过违背他的方法论立场而实现的。

作为经济学历史人物的罗纳德·科斯

一直以来，援引科斯著作的大量学术研究都涉及科斯定理。科斯定理仍然是文献中的一个辩论主题，尽管它已经在经济分析中被广泛接受。更为重要的是，大量讨论产权和交易成本问题的文献，都试图把这些概念纳入解释性框架并把它们用于规范性目的。同样地，科斯对企业的开创性分析激发了大量研究，这些研究不仅以科斯的著作还以20世纪70—80年代以来其他学者的原创性贡献为基础。关于这些，本书都已经作出了进一步说明。

经济思想史学家们也越来越关注科斯，努力加深我们对科斯思想演化的理解，为其著作在经济学史上进行学术定位，并进一步明确他对现代经济学历史的影响。本书的1994年初版，是对科斯贡献进行史实记录以及考察他在经济学历史上的地位的首次尝试。从那时起，对科斯学术贡献和学术遗产的分析就开始成为寻常话题，所产生的文献如此之多以致这里无法一一涵盖。对读者而言，幸运的是，互联网的存在使敲击几下电脑键盘就可以迅速得到相关材料，一些特别有用的资源已经在这个后记的参考文献中列出。

总之，还有大量研究要做。与科斯相关的学术研究，其核心仍然还只是与他的一小部分最重要贡献——关于企业、社会成本和灯塔的文章

罗纳德·科斯传

有关。①这种现象本身并不完全是负面的，但这些原创性文章所显示的是一个更广阔的研究前景，要想完全理解这个前景，就只能通过阅读科斯在其漫长学术生涯中的更多学术著作，并了解能提供他研究经济学方法信息的生活细节。我本人在 20 世纪 90 年代写作本书时的学术历程，是对这个说法的很好注解。在那个过程中，我阅读和重读的不仅有他的最著名作品，更多的是那些在文献中几乎被完全忽视的无名之作。由此，我对科斯所持有的观点发生了戏剧性变化。通过更深入地研究科斯及其作品和生活工作环境，我们无疑会学到很多。我希望本书有助于读者实现这个研究目的。

参考文献

Acemoglu, Daron. 2003. "Why Not a Political Coase Theorem? Social Conflict, Commitment, and Politics." *Journal of Comparative Economics* 31 (4): 620-652.

Anderson, Terry L. and Gary D. Libecap. 2014. *Environmental Markets: A Property Rights Approach*. New York: Cambridge University Press.

Aslanbeigui, Nahid and Steven G. Medema. 1998. "Beyond the Dark Clouds: Pigou and Coase on Social Cost." *History of Political Economy* 30 (Winter): 601-625.

Backhouse, Roger E. and Steven G. Medema. 2009. "On the Definition of Economics." *Journal of Economic Perspectives* 23 (Winter): 221-234.

Barzel, Yoram. 1997. *Economic Analysis of Property Rights*. New York: Cambridge University Press.

Bertrand, Elodie. 2006. "The Coasean Analysis of Lighthouse Financing: Myths and Realities." *Cambridge Journal of Economics* 30 (3): 389-402.

---

① 参见 Bertrand（2010; 2011）。

_____. 2010. "The Three Roles of the 'Coase Theorem' in Coase's Works." *European Journal of the History of Economic Thought* 17 (4): 975-1000.

_____. 2011. "What Do Cattle and Bees Tell Us About the Coase Theorem?" *European Journal of Law and Economics* 31 (1): 39-62.

Calabresi, Guido. 1968. "Transaction Costs, Resource Allocation and Liability Rules-A Comment." *Journal of Law and Economics* 11 (1): 67-73.

Coase, Ronald H. 1978. "Economics and Contiguous Disciplines." *Journal of Legal Studies* 7 (2): 201-211.

_____. 1988. *The Firm, the Market, and the Law.* Chicago: University of Chicago Press.

_____. 1993. "Law and Economics at Chicago." *Journal of Law and Economics* 36 (1): 239-254.

_____. 1994. *Essays on Economics and Economists.* Chicago: University of Chicago Press.

_____. 1995. "The Problem of Social Cost: The Citations." *Chicago-Kent Law Review* 71: 809-12.

_____. 1996. "Law and Economics and A. W. Brian Simpson." *Journal of Legal Studies* 25 (1): 103-119.

_____. 1998a. "Comment on Thomas W. Hazlett: Assigning Property Rights to Radio Spectrum Users: Why Did FCC License Auctions Take 67 Years?" *Journal of Law and Economics* 41 (S2): 577-580.

_____. 1998b. "The New Institutional Economics." *American Economic Review* 88 (2): 72-74.

_____. 1999. "The Task of the Society." *International Society for New Institutional Economics Newsletter* 2 (2): 1-6.

_____. 2000. "The Acquisition of Fisher Body by General Motors." *Journal of Law and Economics* 43 (1): 15-32.

_____. 2002. "Why Economics Will Change." *International Society for*

New Institutional Economics Newsletter 4 (1): 1-7.

_____. 2006. "The Conduct of Economics: The Example of Fisher Body and General Motors." *Journal of Economics and Management Strategy* 15 (2): 255.

_____. 2012. "Saving Economics From the Economists." *Harvard Business Review* 90 (12): 36.

Coase, Ronald H. and Ning Wang. 2011. "The Industrial Structure of Production: A Research Agenda for Innovation in An Entrepreneurial Economy." *Entrepreneurship Research Journal* 1 (2): 1-13.

_____. 2012a. *How China Became Capitalist*. Houndmills, UK: Palgrave Macmillan.

_____. 2012b. "How China Made Its Great Leap Forward." *Wall Street Journal*, A15.

_____. 2013. "How China Became Capitalist." *Cato Policy Report* 35 (1): 1-10.

Cooter, Robert. 1982. "The Cost of Coase." *Journal of Legal Studies* 11 (1): 1-33.

Crocker, Thomas D. 1966. "The Structuring of Atmospheric Pollution Control Systems" In *The Economics of Air Pollution: A Symposium*, edited byHarold Wolozin. New York: W.W. Norton, 61-86.

Dales, J. H. 1968. *Pollution, Property & Prices: An Essay in Policy-making and Economics*. Toronto: University of Toronto Press.

Demsetz, Harold. 1964. "The Exchange and Enforcement of Property Rights." *Journal of Law and Economics* 7 (October): 11-26.

_____. 1966. "Some Aspects of Property Rights." *Journal of Law and Economics* 9 (October): 61-70.

_____. 1967. "Toward a Theory of Property Rights." *American Economic Review* 57 (2): 347-359.

_____. 1968. "The Cost of Transacting." *Quarterly Journal of Economics*

82 (February): 33-53.

Dixit, Avinash and Mancur Olson. 2000. "Does Voluntary Participation Undermine the Coase Theorem?" *Journal of Public Economics* 76 (3): 309-335.

Emmett, Ross B. 2010. *The Elgar Companion to the Chicago School of Economics.* Cheltenham, UK: Edward Elgar.

Foss, Nicolai J. 1996. "The 'Alternative' Theories of Knight and Coase, and the Modern Theory of the Firm." *Journal of the History of Economic Thought* 18 (1): 76-95.

_____. 2002. "'Coase vs Hayek': Economic Organization and the Knowledge Economy." *International Journal of the Economics of Business* 9 (1): 9-35.

Hovenkamp, H. 2001. "Bargaining in Coasian Markets: Servitudes and Alternative Land Use Controls." *Journal of Corporation Law* 27 (4): 519-536.

_____. 2009. "The Coase Theorem and Arthur Cecil Pigou." *Arizona Law Review* 51: 633-649.

_____. 2011. "Coase, Institutionalism, and the Origins of Law and Economics." *Indiana Law Journal* 86: 499-542.

Kitch, Edmund W. 1983. "The Fire of Truth: A Remembrance of Law and Economics at Chicago, 1932-1970." *Journal of Law and Economics* 26 (1): 163-234.

Mäki, Uskali. 1998a. "Against Posner Against Coase Against Theory." *Cambridge Journal of Economics* 22 (5): 587-595.

_____. 1998b. "Is Coase a Realist?" *Philosophy of the Social Sciences* 28 (1): 5-31.

Mäki, Uskali. 1998c. "The Problem of Social Coase: Between Regulation and Free Market in Economic Methodology" In *Coasean Economics Law and Economics and the New Institutional Economics*, edited by Steven G. Medema. Berlin: Springer, 249-269.

Marciano, Alain. 2011. "Ronald Coase, "The Problem of Social Cost" and the Coase Theorem: An Anniversary Celebration." *European Journal of Law and Economics* 31 (1): 1-9.

_____. 2012. "Guido Calabresi's Economic Analysis of Law, Coase and the Coase Theorem." *International Review of Law and Economics* 32 (1): 110-118.

_____. 2013. "Ronald Coase (1910-2013)," *History of Economic Ideas* 21 (2): 11-28.

McCloskey, Deirdre. 1998. "The So-called Coase Theorem." *Eastern Economic Journal* 24 (3): 367-371.

Medema, Steven G. 1996. "Of Pangloss, Pigouvians, and Pragmatism: Ronald Coase on Social Cost Analysis." *Journal of the History of Economic Thought* 18 (1): 96-114.

_____. 1997. *Coasean Economics : Law and Economics and the New Institutional Economics.* Boston: Kluwer Academic Publishers.

_____. 1998. "Wandering the Road From Pluralism to Posner: The Transformation of Law and Economics in the Twentieth Century." *History of Political Economy* 30 (Supplement): 202-224.

_____. 1999. "Legal Fiction: The Place of the Coase Theorem in Law and Economics." *Economics and Philosophy* 15 (02): 209-233.

_____. 2000. "'Related Disciplines': The Professionalization of Public Choice Analysis." *The History of Applied Economics: History of Political Economy Annual Supplement* 32: 289-323.

_____. 2009. *The Hesitant Hand: Taming Self-Interest in the History of Economic Ideas.* Princeton, NJ: Princeton University Press.

_____. 2011. "Chicago Price Theory and Chicago Law and Economics: A Tale of Two Transitions" In *Building Chicago Economics: New Perspectives on the History of America's Most Powerful Economics Program*, edited by Robert Van Horn, Philip Mirowski, and Thomas Stapleford. Cambridge:

Cambridge University Press, 151-179.

_____. 2013a. "The Importance of Being Misunderstood: The Coase Theorem and the Legacy of 'The Problem of Social Cost'." *Journal of Natural Resources Policy Research* 5 (4): 249-253.

_____. 2013b. "Rethinking Externalities: Coase's Negotiation Result Before the 'Coase Theorem'." Working Paper, University of Colorado Denver.

_____. 2014a. "1966 and All That: The Birth of the Coase Theorem Controversy." *Journal of the History of Economic Thought* 36 (September): forthcoming.

_____. 2014b. "The Curious Treatment of the Coase Theorem in Environmental Economics, 1960-1979." *Review of Environmental Economics and Policy* 8 (Winter): 39-57.

_____. 2014c. "Neither Misunderstood Nor Ignored: The Early Reception of Coase's Wider Challenge to the Theory of Externalities." *History of Economic Ideas* 22 (1): forthcoming.

Medema, Steven G. and Richard O. Zerbe, Jr. 2000. "The Coase Theorem" In *The Encyclopedia of Law and Economics*, edited by Boudewijn Bouckaert, and Gerrit De Geest. Aldershot: Edward Elgar, 836-892.

Menard, C. and E. Bertand, eds. forthcoming. *The Elgar Companion to Ronald H. Coase*. Cheltenham, Edward Elgar.

Shapiro, F. R. 1995. "The Most-Cited Law Review Articles Revisited." *Chicago-Kent Law Review* 71: 751-779.

Shirley, Mary M. and Claude Ménard. 2005. *Handbook of New Institutional Economics*. Berlin: Springer.

Simons, Henry Calvert. 1934. *A Positive Program for Laissez Faire; Some Proposals for a Liberal Economic Policy*. Chicago: University of Chicago Press.

Simpson, A. W. Brian. 1996a. "'Coase v. Pigou' Reexamined." *Journal of Legal Studies* 25 (1): 53-97.

_____. 1996b. "An Addendum." *Journal of Legal Studies* 25 (1): 99-101.

Usher, D. 1998. "The Coase Theorem Is Tautological, Incoherent or Wrong." *Economics Letters* 61 (1): 3-11.

Van Horn, Robert, Philip Mirowski, and Thomas A. Stapleford, eds. 2011. *Building Chicago Economics.* New York: Cambridge University Press.

Veljanovski, Cento G. 1977. "The Coase Theorem—The Say's Law of Welfare Economics?" *Economic Record* 53 (December): 535-541.

Wang, Ning. 2003. "Coase on the Nature of Economics." *Cambridge Journal of Economics* 27 (6): 807-829

参考文献

Aivazian, V.A. and J.L.Callen, 'The Coase Theorem and the Empty Core', *Journal of Law and Economics*, 24(1981)175-181.

Alchian, A.A.and H.Demsetz, 'Production, Information Costs, and Economic Organization', *American Economic Review*, 62(1972)777-795.

Arrow, K.J., 'The Organization of Economic Activity: Issues Pertinent to the Choice of Market versus Nonmarket Allocation', in Joint Economic Committee, 91st Congress of the United States, 1st Session, *The Analysis and Evaluation of Public Expenditures: The PPB System* (Washington ,DC:US Government Printing Office,1969).

Ballard, C.L. and S.G.Medema, 'The Marginal Efficiency Effects of Taxes and Subsidies in the Presence of Externalities: A Computational General Equilibrium Approach', *Journal of Public Economics*, 52(1993) 199-216.

Barnes, I.R., *The Economics of Public Utility Regulation* (New York: F.S. Crofts and Co, 1942).

Barzel, Y., 'Transaction Costs: Are They Just Costs?', *Journal of Institutional and Theoretical Economics*, 141(1985)4-16.

Bator, F.M., 'The Anatomy of Market Failure', *Quarterly Journal of Economics*, 72(1958)351-379.

Batt, F.R., *The Law of Master and Servant*(London: Pitman, 1967).

Baumol,W.J., 'On Taxation and the Control of Externalities', *American Economic Review*,62(1972)307-322.

Becker, G.S., *The Economic Approach to Human Behavior* (Chicago: University of Chicago Press, 1976).

237

Berg, S.V. and J. Tschirhart, *Natural Monopoly Regulation: Principles and Practice* (Cambridge: Cambridge University Press, 1988).

Berle, A.A. and G.C.Means, *The Modern Corporation and Private Property* (New York: Macmillan, 1932).

Bertrand, J., 'Book Review of *Theorie Mathematique de la Richesse Sociale and of Recherches sur les Principes Mathematiques de la Theorie des Richesses*', *Journal des Savants*(1883)499-508.

Bond, E. and L.Samuelson, 'Durable Goods Monopolies with Rational Expectations and Replacement Sales', *Rand Journal of Economics*, 15(1984)336-345.

Bowles, S. and H. Gintis, 'The Revenge of Homo Economicus: Contested Exchange and the Revival of Political Economy', *Journal of Economic Perspectives*, 7(1993)83-102.

Breit, W., 'Creating the "Virginia School": Charlottesville as an Academic Environment in the 1960s', *Economic Inquiry*, 25 (1987) 645-657.

Brenner, R., 'Truth in Teaching Microeconomics', in D. Colander and R. Brenner (eds), *Educating Economists* (Ann Arbor, MI: The University of Michigan Press, 1992).

Brown, S.J. and D.S. Sibley, *The Theory of Public Utility Pricing* (Cambridge: Cambridge University Press, 1986).

Buchanan, J. M., *Cost and Choice* (Chicago: Markham Publishing Co., 1969).

——, 'Rights, Efficiency, and Exchange: The Irrelevance of Transactions cost', in J.M. Buchanan (ed.), *Liberty, Market and the State: Political Economy in the 1980s*(New York: New York University Press, 1986).

Buchanan, J. M., and G.F.Thirlby (eds), *LSE Essays on Cost* (London: Weidenfeld and Nicolson,1973).

Bulow, J. , 'Durable Goods Monopolists', *Journal of Political Economy*, 90(1982) 314-332.

Byrns, R.T. and G.W.Stone, *Microeconomics*, 5th edn.(New York: Harper Collins, 1992).

Calabresi, G. , 'Some Thoughts on Risk Distribution and the Law of Torts', *The Yale Law Journal*, 70(1961)499-553.

——, 'The Decision for Accidents: An Approach to Nonfault Allocation of Costs', *Harvard Law Review*, 78(1965)713-745.

——, 'Transaction Costs, Resource Allocation and Liability Rules- A Comment', *Journal of Law and Economics*, 11 (1968) 67-73.

——,'The Pointlessness of Pareto: Carrying Coase Further', *The Yale Law Journal*, 100(1991)1211-1237.

Cannan, E., 'Why Some Prices Should Rise', in *An Economist's Protest* (London: P.S.King and Son, 1927).

Carroll, V., 'John Kenneth Galbraith Explores the Power of the "Contented Class"', *Rocky Mountain News* (Sunday, 30 August 1992) 84-85.

Chandler, A.D., Jr., *The Visible Hand: The Managerial Revolution in American Business* (Cambridge,MA: Harvard University Press,1977).

Cheung, S.N.S., 'The Fable of the Bees: An Economic Investigation', *Journal of Law and Economics*, 16(1973)11-33.

——, 'The Contractual Nature of the Firm ', *Journal of Law and Economics*, 26 (1983)1-21.

——, 'Coase, Ronald Harry ', in J. Eatwell, M. Milgate and P. Newman(eds), *The New Palgrave: A Dictionary of Economics* (London: Macmillan, 1987).

——, 'On the New Institutional Economics ', in L. Werin and H. Wijkander (eds), *Contract Economics* (Cambridge, MA: Basil Blackwell, 1992).

Coase, R.H., 'The Problem of Duopoly Reconsidered', *Review of Economic Studies*, 2(1935)137-143.

——, 'The Nature of the Firm', *Economica*, n.s., 4(1937a)386-405.

——, 'Some Notes on Monopoly Price', *Review of Economic Studies*,5(1937b)17-31.

——, 'Business Organization and the Accountant'(1938), in D.Solomons (ed.), *Studies in Costing* (London: Sweet and Maxwell,1952).

——, 'Rowland Hill and the Penny Post', *Economica*, n.s., 6(1939)423-435.

——, 'Price and Output Policy of State Enterprise: A Comment', *Economic Journal,* 55(1945)112-113.

——, 'A B.B.C.Enuquiry?', *The Spectator*, 176(1946a)446-447.

——, 'The Marginal Cost Controversy', *Economica*, n.s.13 (1946b)169-182.

——, 'Monopoly Pricing with Interrelated Costs and Demands', *Economica*, n.s.13 (1946c) 278-294.

——, 'The Economics of Uniform Pricing Systems', *Manchester School of Economics and Social Studies*, 15(1947a)139-156.

——, 'The Marginal Cost Controversy: Some Further Comments', *Economica*, n.s.14 (1947b)150-153.

——, 'The Origin of the Monopoly of Broadcasting in Great Britain', *Economica*, n.s.14(1947c)189-210.

——, 'Wire Broadcasting in Great Britain', *Economica*, n.s.15(1948) 194-220.

——, *British Broadcasting: A Study in Monopoly* (London: Longmans, Green and Co., 1950a).

——, 'The Nationalization of the Electricity Supply in Great Britain', *Land Economics*, 26(1950b) 1-16.

——, 'The Development of the British Television Service,' *Land Economics*, 30(1954)207-222.

——, 'Comment on "Characteristics and Types of Price Discrimination", by F.Machlup', in A Conference of the Universities- National Bureau Committee for Economic Research, *Business Concentration and Price Policy* (Princeton: Princeton University Press, 1955a).

——, 'Comment on "Full Costs, Cost Changes, and Prices", by R.B.Heflebower', in A Conference of the Universities- National Bureau Committee for Economic Research, *Business Concentration and Price Policy* (Princeton: Princeton University Press, 1955b).

——, 'The Postal Monopoly in Great Britain: An Historical Survey', in J.K.Eastham (ed.), *Economic Essays in Commemoration of the Dundee School of Economics 1931–1955* (London: William Culcross and Sons, 1955c).

——, 'The Federal Communications Commission', *Journal of Law and Economics*, 2(1959)1-40.

——, 'The Problem of Social Cost', *Journal of Law and Economics*, 3(1960)1-44.

——, 'The British Post Office and the Messenger Companies', *Journal of Law and Economics*, 4(1961a)12-65.

——,'Why Not Use the Pricing System in the Broadcasting Industry?', *The Freeman*, 11(1961b)52-57.

——, 'The Interdepartment Radio Advisory Committee', *Journal of Law and Economics*, 5(1962)17-47.

——, 'Discussion of "Direct Regulation and Market Performance in the American Economy", by R.E.Caves, and "The Effectiveness of Economic Regulation: A Legal View", by R.C. Cramton', *American Economic Review*, 54(1964)194-197.

——, 'The Economics of Broadcasting and Government Policy', *American Economic Review*, 56(1966a)440-447.

——, 'The Theory of Public Utility Pricing', in *The Economics of Regulation of Public Utilities* (Papers Presented at a Conference at Northwestern University, 1966b).

——, 'Consumer's Surplus', in D.Sills(ed.). *International Encyclopedia of the Social Sciences*, Volume 3 (New York: Macmillan, 1968a).

——, *Educational TV: Who Should Pay?* (with E.W.Barrett) (Washington, DC: American Enterprise Institute, 1968b).

——, 'The Auction System and North Sea Gas: A Comment', *Journal of Law and*

Economics, 13(1970a)45-47.

——, 'Discussion', in *Legal and Economic Aspects of Pollution* (Chicago: The University of Chicago Center for Policy Study, 1970b).

——, 'Social Cost and Public Policy', in G.A. Edwards (ed.), *Exploring the Frontiers of Administration: Six Essays for Managers* (Toronto: York University Faculty of Administration Studies, Bureau of Research, 1970c).

——, 'The Theory of Public Utility Pricing and Its Application', *Bell Journal of Economics and Management Science*, 1(1970d) 113-128.

——, 'The Appointment of Pigou as Marshall's Successor', *Journal of Law and Economics*, 15 (1972a)473-485.

——, 'Comment on "The Muted Voice of the Consumer in Regulatory Agencies"', in W.J.Samuels and H.M.Trebing (eds), *A Critique of Administrative Regulation of Public Utilities* (East Lansing, MI: Institute of Public Utilities, Graduate School of Business Administration, Michigan State University, 1972b).

——, 'Durability and Monopoly', *Journal of Law and Economics*, 15(1972c) 143-149.

——, 'Industrial Organization: A Proposal for Research', in V.R.Fuchs(ed.), *Policy Issues and Research Opportunities in Industrial Organization* (Cambridge: National Bureau of Economic Research, 1972d).

——, 'The Choice of Institutional Framework: A Comment', *Journal of Law and Economics,* 17(1974a) 493-496.

——, 'Economists and Public Policy', in J.F.Weston (ed.), *Large Corporations in a Changing Society* (New York: New York University Press, 1974b).

——, 'The Lighthouse in Economics', *Journal of Law and Economics*, 17(1974c)357-376.

——, 'The Market for Goods and The Market for Ideas', *American Economic Review*, 64(1974d)384-391.

——, 'Marshall on Method', *Journal of Law and Economics*, 18(1975)25-31.

——, 'Adam Smith's View of Man', *Journal of Law and Economics*, 19(1976) 529-546.

——, 'Advertising and Free Speech', in A.Hyman and M.B.Johnson(eds), *Advertising and Free Speech* (Lexington, MA: DC Heath, 1977a).

——, 'Economics and Contiguous Disciplines', in M. Perlman (ed.) *The Organization and Retrieval of Economic Knowledge* (Boulder, CO: Westview Press, 1977b).

——, 'Introduction', in A. Alchian, *Economic Forces at work* (Indianapolis, IN: Liberty Press, 1977c).

——, 'The Wealth of Nations', *Economics Inquiry*, 15 (1977d)309-325.

——, 'Economics and Biology: A Comment', *American Economic Review*, 68 (1978) 244-5.

——, 'Payola in Radio and Television Broadcasting', *Journal of Law and Economics*, 22(1979) 269-328.

——, 'The Coase Theorem and the Empty Core: A Comment', *Journal of Law and Economics*, 24(1981) 183-187.

——, 'Economics at LSE in the 1930's : A Personal View', *Atlantic Economic Journal*, 10 (1982a)31-4.

——, 'George J.Stigler: An Appreciation', *Regulation*, 6 (1982b) 21-24.

——, 'How should Economists Choose?', G. Warren Nutter Lecture in Political Economy (Washington, DC: The American Enterprise Institute for Public Policy Research, 1982c).

——, 'Alfred Marshall's Mother and Father', *History of Political Economy*, 16(1984a) 519-527.

——, 'The New Institutional Economics', *Zeitschrift fur die gesamte Staatswissenschaft*, 140(1984b) 229-231.

——, 'Professor Sir Arnold Plant: His Ideas and Influence', in M.J.Anderson(ed.),*The Unfinished Agenda: Essays on the Political Economy of Government Policy in Honour of Arthur Seldon* (London: The Institute of Economic Affairs,1986).

——, 'Blackmail', *Virginia Law Review*, 74(1988a)655-676.

——, 'The Nature of the Firm: Origin', *Journal of Law, Economics, and Organization*, 4(1988b)3-17.

——, 'The Nature of the Firm: Meaning', *Journal of Law, Economics, and Organization*, 4(1988c)3-17.

——, 'The Nature of the Firm: Influence', *Journal of Law, Economics, and Organization*, 4(1988d)3-17.

——, *The Firm, the Market, and the Law*(Chicago: University of Chicago Press, 1988e).

——, 'Accounting and the Theory of the Firm', *Journal of Accounting and Economics*, 12(1990a)3-13.

——, 'Alfred Marshall's Family and Ancestry', in R.M.Tullberg(ed.), *Alfred Marshall in Retrospect* (Aldershot, England: Edward Elgar, 1990b).

——, 'R.H.Coase, Autobiography', mimeo (Stockholm: The Nobel Foundation, 1991).

——, 'The Institutional Structure of Production', *American Economic Review*, 82 (1992a) 713-719.

——, 'On the New Institutional Economics: Comments', in L. Werin and H. Wijkander (eds), *Contract Economics* (Cambridge, MA: Basil Blackwell, 1992b).

——, 'Panel Discussion: Remarks by Ronald H. Coase', in L. Werin and H. Wijkander (eds), *Contract Economics* (Cambridge, MA: Basil Blackwell, 1992c).

——, 'Coase on Posner on Coase', *Journal of Institutional and Theoretical Economics*, 149(1993a)96-98.

——,'Concluding Comment', *Journal of Institutional and Theoretical Economics*, 149(1993b)360-361.

Coase, R.H. and R.F.Fowler, 'Bacon Production and the Pig-cycle in Great Britain', *Economica*, n.s.,2(1935a)142-167.

——, 'The Pig-Cycle: A Rejoinder', *Economica*, n.s.,2(1935b) 423-428.

——, 'The Pig-cycle in Great Britain: An Explanation', *Economica*, n.s.,4(1937)55-82.

——, 'The Analysis of Producers' Expectations', *Economica*, n.s.,7(1940)280-292.

Coase, R.H. and N.Johnson, 'Should the Federal Communications Commission Be Abolished?', in B.H.Siegan(ed.), *Regulation, Economics, and the Law* (Lexington, MA: Lexington Books, 1979).

Coase, R.H., R.S.Edwards and R.F.Fowler, *Published Blance Sheets as an Aid to Economic Investigation:Some Difficulties* (Accounting Research Association Publication no.49,1939).

——, *The Iron and Steel Industry 1926–1935: An Investigation Based on the Accounts of Public Companies* (London and Cambridge Economic Service Special Memorandum no.49, 1939).

Cohen, R. and J.D.Barker, 'The Pig Cycle: AReply', *Economica*, n.s., 2(1935)408-422.

Commons, J.R., *Legal Foundations of Capitalism* (1924), (Clifton, NJ:Augustus M. Kelley, 1974).

——, 'Institutional Economics', *American Economic Review*, 21 (1931) 648-657.

——, *Institutional Economics*(Madison: University of Wisconsin Press,1934).

Cooter, R., 'The Cost of Coase', *Journal of Legal Studies*, 11(1982)1-33.

——, 'Coase Theorem', in J. Eatwell, M.Milgate and P. Newman (eds), *The New Palgrave: A Dictionary of Economics* (London: Macmillan, 1987).

Cooter, R.and T.Ulen, *Law and Economics* (Glenview, IL: Scott, Foresman and Co., 1988).

Cournot, A.A., *Researches into the Mathematical Principles of the Theory of Wealth* (1838), translated by N.T.Bacon (New York: Macmillan, 1927).

Dahlman, C.J., 'The Problem of Externality', *Journal of Law and Economics*, 22(1979)141-162.

Demsetz, H., 'When Does the Rule of Liability Matter?', *Journal of Legal Studies*, 1(1972a)13-28.

——,'Wealth Distribution and the Ownership of Rights', *Journal of Legal Studies*, 1(1972b)223-232.

——, 'The Theory of the Firm Revisited', *Journal of Law, Economics, and Organization*, 4(1988)141-161.

Deserpa, A.C., 'Pigou and Coase in Retrospect', *Cambridge Journal of Economics*, 17(1993)27-50.

Dugger, W., 'The Transactional Cost Analysis of Oliver E. Williamson: A New Synthesis?', *Journal of Economic Issues*, 17(1983)95-114.

Dupuit, J., 'On the Measurement of the Utility of Public Works'(1844), in K.J.Arrow and T.Scitovsky(eds), *Readings in Welfare Economics* (Homewood, IL: Richard D. Irwin, Inc.,1969).

Eaton, B.C. and D.F.Eaton, *Microeconomics*, 2nd edn. (New York: W.H.Freeman and CO., 1991).

Edgeworth, F.Y., *Papers Relating to Political Economy*, Vol. 1(London: Royal Economic Society, 1925).

Eggertsson,T., *Economic Behavior and Institutions* (Cambridge: Cambridge University Press,1990).

Ellickson, R.C., 'Bringing Culture and Human Frailty to Rational Actors: A Critique of Classical Law and Economics', *Chicago-Kent Law Review*, 65 (1989) 23-55.

Elzinga, K. G., 'Elzinga on Coase', in H.W.Spiegel and W.J.Samuels(eds), *Contemporary Economists in Perspective*, Part B (Greenwich, CT: JAI Press, 1984).

Fama, E. and M. Jensen, 'Separation of Ownership and Control', *Journal of Law and Economics*, 26(1983) 301-325.

Farrell, J., 'Information and the Coase Theorem', *Journal of Economic Perspectives*, 1(1987) 113-29.

Fischer, S. 'Long Term Contracting, Sticky Prices, and Monetary Policy', *Journal of Monetary Economics*, 3(1977)317-323.

Fiss, O.M., 'The Law Regained', *Cornell Law Review*, 74(1989) 245-255.

Frech III, H.E., 'The Extended Coase Theorem and Long Run Equilibrium: The Nonequivalence of Liability Rules and Property Rights', *Economic Inquiry*, 17(1979)254-268.

Friedman, M., 'The Methodology of Positive Economics', in M. Friedman, *Essays in Positive Economics* (Chicago: University of Chicago Press, 1953).

Furubotn, E.G. and S.Pejovich, 'Property Rights and Economics Theory: A survey of the Recent Literature', *Journal of Economic Literature*, 10 (1972)1137-1162.

参考文献

Furubotn, E.G. and R. Richter (eds), *The New Institutional Economics* (College Station: Texas A&M University Press, 1991).

Gifford, Jr., A. and C.C.Stone, 'Externalities, Liability and the Coase Theorem: A Mathematical Analysis', *Western Economic Journal*, 11(1973)260-269.

Goldberg, V., 'Commons, Clark, and the Emerging Post-Coasian Law and Economics', *Journal of Economic Issues*, 10(1976a)877-893.

——, 'Regulation and Administered Contracts', *Bell Journal of Economics*, 7(1976b)426-452.

——, 'Pigou on Complex Contracts and Welfare Economics', *Research in Law and Economics*, 3(1981)39-51.

Goldin, H.H., 'Discussion of "The Economics of Broadcasting and Government Policy", by R.H.Coase, and " The Quest for Quantity and Diversity in Television Programming", by D.M.Blank', *American Economic Review*, 56(1966) 470-472.

Goodman, J., 'An Economic Theory of the Evolution of the Common Law', *Journal of Legal Studies*, 7(1978)393-406.

Grossman S. and O. Hart, 'The Costs and Benefits of Ownership: A Theory of Vertical and Lateral Integration', *Journal of Political Economy*, 94(1986) 691-719.

Hart, O., 'An Economist's Perspective on the Theory of the Firm', in O.E.Williamson(ed.), *Organization Theory: From Chester Barnard to the Present and Beyond* (New York: Oxford University Press, 1990).

Hart, O. and B. Holmstrom, 'The Theory of Contracts', in T. Bewley(ed.), *Advances in Economic Theory* (Fifth World Congress, Cambridge: Cambridge University Press, 1987).

Hirsch, W.Z., *Law and Economics: An Introductory Analysis* (New York: Academic Press, 1987).

Hodgson, G., *Economics and Institutions* (Philadelphia, University of Pennsylvania Press, 1988).

Hoffer, E., *Before the Sabbath* (New York: Harper&Row, 1979).

Hoffman, E. and M.L.Spitzer, 'The Coase Theorem: Some Experimental Tests', *Journal of Law and Economics*, 25 (1982)73-98.

——, 'Experimental Tests of the Coase Theorem with Large Bargaining Groups', *Journal of Legal Studies*, 15(1986)149-171.

Hoffman, E., D.L.Coursey and M.L.Spitzer, 'Fear and Loathing in the Coase Theorem: Experiments with a Physical Externality', *Journal of Legal Studies*, 16(1987)217-148.

Hohfeld, W.N., 'Some Fundamental Legal Conceptions as Applied in Judicial Reasoning',

The Yale Law Journal, 23(1913) 16-59.

Holmstrom, B. and J. Tirole, 'The Theory of the Firm', in R. Schmalensee and R.D. Willig (eds), *Handbook of Industrial Organization* (Amsterdam: North-Holland, 1989).

Horwitz, M.J., 'Law and Economics: Science or Politics?', *Hofstra Law Review*, 8(1980)905-912.

Hotelling , H., 'Stability in Competition', *Economic Journal*, 39(1929)41-57.

——, 'Edgeworth's Taxation Paradox and the Nature of Supply and Demand Functions', *Journal of Political Economy*, 40(1932)577-616.

——, 'The General Welfare in Relation to Problems of Taxation and of Railway and Utility Rates'(1938), in K.J.Arrow and T. Scitovsky(eds), *Readings in Welfare Economics* (Homewood, IL: Richard D.Irwin, Inc., 1969).

Jensen, M.C. and W.H.Meckling, 'Theory of the Firm: Managerial Behavior, Agency Costs and Ownership Structure', *Journal of Financial Economics*, 3(1976)305-360.

Joskow, P., 'Vertical Integration and Long-Term Contracts: The Case of Coal-Burning Electric Genernating Plants', *Journal of Law, Economics, and Organization*, 1(1985) 33-80.

——, 'Asset Specificity and the Structure of Vertical Relationships: Empirical Evidence', *Journal of Law, Economics, and Organization*, 4(1988) 95-117.

——, 'The Role of Transaction Cost Economics in Antitrust and Public Utility Regulatory Policies', *Journal of Law, Economics, and Organization*, 7, Special Issue(1991) 53-83.

Kahn, A.E., *The Economics of Regulation: Principles and Institutions*, Volume I (New York: John Wiley&Sons, 1970).

Kahn, C., 'The Durable Goods Monopolist and Consistency with Increasing Costs', *Econometrica*, 54(1986)274-294.

Karp, L.S., 'Monopoly Extraction of a Durable, Non-renewable Resource: Failure of the Coase Conjecture', *Economica*, 60(1993)1-11.

Kirzner, I.M., *Market Theory and the Price System* (New York: Van Nostrand, 1963).

Kitch, E.W., 'The Fire of Truth: A Remembrance of Law and Economics at Chicago, 1932–1970', *Journal of Law and Economics*, 26 (1983) 163-233.

Klamer, A., and D. Colander, *The Making of an Economist* (Boulder, CO: Westview Press, 1990).

Klein, B., 'Transaction Cost Determinants of "Unfair" Contractual Arrangements', *American Economic Review*, 70(1980) 356-362.

Klein, B., R. Crawford and A. Alchian, 'Vertical Integration, Appropriable Rents, and the Copetitive Contracting Process', *Journal of Law and Economics*, 21(1978)297-326.

参考文献

Knight, F.H., *Risk, Uncertainty and Profit* (Boston: Houghton Mifflin, 1921).

——, 'Some Fallacies in the Interpretation of Social Cost', *Quarterly Journal of Economics*, 38(1924)582-606.

——, 'The Role of Principles in Economics and Politics', *American Economic Review*, 41(1951)1-29.

Kreps, D.M., *A Course in Microeconomic Theory* (Princeton: Princeton University Press, 1990).

Kreuger, A.et al., 'Report of Commission on Graduate Education in Economics', *Journal of Economic Literature*, 24 (1991) 1035-1053.

Kuhn, T., 'The Function of Measurement in Modern Physical Science', in *The essential Tension* (Chicago: University of Chicago Press, 1977).

Landes, W.M. and R.A. Posner, *The Economic Structure of Tort Law* (Cambridge, MA: Harvard University Press, 1987).

——, 'The Influence of Economics on Law: A Quantitative Study', Chicago Law and Economics Working Paper No. 9(2nd Series) 1992.

Landes, W.M., D.W.Carlton and F.H. Easterbrook, 'On the Resignation of Ronald H. Coase', *Journal of Law and Economics*, 26(1983).

Lazonick, W., *Business Organization and the Myth of the Market Economy*(Cambridge: Cambridge University Press, 1991).

Lee, F.S., 'G.C. Means and the Modern Corporation', Working Paper, 1988a.

——, 'G.C. Means and the Origin of Administered Prices', Working Paper, 1988b.

Lerner, A.P., *The Economics of Control* (New York: Macmillan, 1944).

Lewis, W.A., 'The Two-Part Tariff', *Economica*, n.s.8(1941)294-310.

Machlup, F., 'Characteristics and Types of Price Discrimination', in A Conference of the Universities-National Bureau Committee for Economic Research, *Business Concentration and Price Theory* (Princeton: Princeton University Press, 1955).

Malueg, D. and J. Solow, 'Monopoly Production of Durable Exhaustible Resources', *Economica*, 57(1990) 29-47.

Marchand , J. and K. Russell , 'Externalities, Liability, Separability, and Resource Allocation', *American Economic Review*, 63(1977)611-620.

Marglin, S.A., 'What do Bosses Do? The Origins and Functions of Hierarchy in Capitalist Production', Part I, *Review of Radical Political Economy*, 6 (1974) 60-112.

Masten, S., 'The Organization of Production: Evidence from the Aerospace Industry', *Journal of Law and Economics*, 27(1984)403-418.

247

McCloskey, D.N., *If You're So Smart: The Narrative of Economic Expertise* (Chicago: University of Chicago Press, 1990).

McNulty, P.J., 'On the Nature and Theory of Economic Organization: The Role of the Firm Reconsidered', *History of Political Economy*, 16 (1984) 233-253.

Meade, J.E., 'External Economies and Diseconomies in a Competitive Situation', *The Economic Journal*, 62 (1952) 54-67.

Meade, J.E. and J.M.Fleming, 'Price and Output Policy of State Enterprise: A Symposium', *The Economic Journal*, 54(1944)321-339.

Means, G.C., 'The Corporate Revolution' (manuscript of PhD dissertation, Harvard University, Gardiner C.Means Papers, Series I, Franklin D.Roosevelt Library, 1933).

Meadma, S.G., 'Transactions, Transaction Costs, and Vertical Integration: A Reexamination', *Review of Political Economy*, 4(1992) 291-316.

——, 'Is There Life Beyond Efficiency? Elements of a Social Law and Economics', *Review of Social Economy*, 51(1993) 138-153.

——, (ed), *The Legacy of Ronald Coase in Economic Analysis*(Aldershot: Edward Elgar, 1994).

Milgrom, P. and J. Roberts, *Economics, Organization and Management* (Englewood Cliffs, NJ: Prentice –Hall, 1992).

Mirowski, P., *More Heat than Light: Economics as Social Physics, Physics and Nature's Economics* (Cambridge: Cambridge University Press, 1989).

Mishan, E.J., 'Pareto Optimality and the Law', *Oxford Economic Papers*, 19(1967)255-287.

——, 'The Post-war Literature on Externalities: An Interpretive Essay', *Journal of Economic Literature*, 9(1971)2-28.

Montverde, K. and D.Teece, 'Supplier Switching Costs and Vertical Integration in the Automobile Industry', *Bell Journal of Economics*, 13(1982) 206-213.

Munger, M.C. 'Review of "The Firm, the Market, and The Law"', *Public Choice*, 65(1990) 295-296.

Muth, J.F., 'Rational Expectations and the Theory of Price Movements', *Econometrica*, 29(1961)315-335.

Myrdal, G., *An American Dilemma* (New York: Harper and Brothers Publishers, 1944).

Nutter, G.W., 'The Coase Theorem on Social Cost: A Footnote', *Journal of Law and Economics*, 11(1968) 503-507.

Paine, C.L., 'Some Aspects of Discrimination by Public Utilities', *Economica*, n.s., 4(1937) 425-439.

Parkin, M., *Microeconomics*, 2nd edn. (Reading, MA: Addison-Wesley, 1993).

Pashigian, B.P., 'Cobweb Theorem', in J. Eatwell, M.Milgate and P.Newman (eds), *The New Palgrave: A Dictionary of Economics* (London: Macmillan, 1987).

Peltzman, S. 'The Handbook of Industrial Organization: A Review Article,' *Journal of Political Economy*, 99(1991) 201-217.

Perrow, C. 'Economic Theories of Organization', *Theory and Society*, 15(1986) 11-45.

Pigou, A.C., *Wealth and Welfare* (London: Macmillan, 1912).

——, *Memorials of Alfred Marshall* (1925) (New York: Augustus M. Kelly, 1966).

——, *The Economics of Welfare*, 4th edn. (London: Macmillan, 1962).

Polinsky, A.M., 'Economic Analysis as a Potentially Defective Product: A Buyer's Guide to Posner's Economic Analysis of Law', *Harvard Law Review*, 87 (1974) 1655-1681.

Posner, R.A., *Economic Analysis of Law*, 1st edn. (Boston: Little, Brown and Co., 1973).

——, *Economic Analysis of Law*, 3rd edn. (Boston: Little, Brown and Co., 1986).

——, 'The Decline of Law as an Autonomous Discipline', *Harvard Law Review*, 100(1987)761-780.

——, *The Problem of Jurisprudence* (Cambridge, MA: Harvard University Press, 1990).

——, ' The New Institutional Economics Meets Law and Economics', *Journal of Institutional and Theoretical Economics*, 149(1993a) 73-87.

——, 'Reply', *Journal of Institutional and Theoretical Economics*, 149(1993b) 119-121.

——, 'Ronald Coase and Methodology', *Journal of Economic Perspective* (1993c) 195-210.

Priest, G., 'The Common Law Process and the Selection of Efficient Legal Rules', *Journal of Legal Studies*, 6(1977) 65-82.

Putterman, L., 'The Economic Nature of the Firm: Overview', in L. Putterman (ed.), *The Economic Nature of the Firm: A Reader* (Cambridge: Cambridge University Press, 1986b).

(Cambridge: Cambridge University Press, 1986a).

——,(ed.), *The Economic Nature of the Firm: A Reader* (Cambridge: Cambridge University Press, 1986b).

Rannitzky, G., *Universal Economics: Assessing the Achievements* (New York: International Conference on the Unity of the Science, 1992).

Rannitzky, G. and P. Bernholz, *Economic Imperialism: The Economic Approach Applied Outside the Field of Economics* (New York: Paragon House Publishers, 1987).

Randall, A.,'Coasian Externality Theory in a Policy Context', *Natural Resource Journal*, 14(1974)35-54.

Regan, D.H.,'The Problem of Social Cost Revisited', *Journal of Law and Economics*,

15(1972)427-437.

Robbins, L., *An Essay on the Nature and Significance of Economic Science*(1932) (New York: New York University Press, 1984).

Robertson, D.H., *Control of Industry* (London: Nisbet and Co., 1923).

Robinson, J., *The Economics of Imperfect Competition* (London: Macmillan, 1933).

Rothbard, M., *Man, Economy and the State* (New York: Van Nostrand, 1962).

Rubin, P., 'Why is the Common Law Efficient?' *Journal of Legal Studies*, 6(1977)51-63.

Samuels, W.J., 'The Coase Theorem and the Study of Law and Economics' , *Natural Resources Journal*, 14(1974)1-33.

——(ed.), *Fundamental of the Economic Role of Government* (New York: Greenwood Press, 1989a).

——, 'The Legal-Economic Nexus', *George Washington Law Review*, 57(1989b) 1556-1578.

——, 'Law and Economics: Some Early Journal Contributions', in W.J. Samuels, J.Biddle and T.W.Patchak-Schuster (eds), *Economic Thought and Discourse in the 20th Century* (Aldershot: Edwar Elgar, 1993).

Samuels, W.J. and S.G.Medema, *Gardiner C. Means: Institutionalist and Post Keynesian* (Armonk, NY: M.E.Sharpe, 1990).

Schumpeter, J.A., *History of Economic Analysis* (New York: Oxford University Press, 1954).

Schwab, S., 'Coase Defends Coase: Why Lawyers listen and Economists Do not', *Michigan Law Review*, 87(1989)1171-1198.

Scott, K.E., 'The New Institutional Economics Meets Law and Economics: Comment', *Journal of Institutional and Theoretical Economics*, 149(1993)92-95.

Smith, A., *The Theory of Moral Sentiments* (1759) edited by D.D.Raphael and A.L.Macfie (Indianapolis, IN: Liberty Press, 1982).

——, *The Wealth of Nations* (1776) edited by Edwin Cannan (New York: Modern Library, 1937).

Solomons, D., *Studies in Costing* (London: Sweet and Maxwell, 1952).

——, *Studies in Cost Analysis* (Homewood, IL: Richard D. Irwin, Inc., 1968).

Solow, R.M., 'Economics: Is Something Missing?', in W.N. Parker (ed.), *Economic History and the Modern Economist* (New York: Basil Blackwell, 1986).

Stigler, G.J., 'The Economics of Information', *Journal of Political Economy*, 69(1961) 213-225.

——, ' The Economist and the State', *American Economic Review*, 55(1965) 1-18.

——, *The Theory of Price*, 3rd edn. (New York: Macmillan, 1966).

——, *The Organization of Industry* (Homewood, IL: Richard D. Irwin, Inc., 1968).

——, 'Law and Economics: A Plea to the Scholars', *Journal of Legal Studies*, 1(1972) 1-12.

——, *Memoirs of an Unregulated Economist* (New York: Basic Books, 1988).

——, 'Law or Economics?', *Journal of Law and Economics*, 35(1992) 455-468.

Swedberg, R., 'Will the Real Ronald Coase Please Stand Up?', *Contemporary Sociology*, 21(1992)756-758.

Thompson, C.W. and W.R.Smith, Public Utility Economics (New York: McGraw –Hill, 1941).

Veljanovski, C.G., 'Wealth Maximization, Law and Ethics-On the Limits of Economic Efficiency', *International Review of Law and Economics*, 1(1981)5-28.

Von Mises, L., Human Action (New Haven: Yale University Press, 1949).

Wallis, J.J. and D.C.North, 'Measuring the Transaction Sector in the American Economy, 1870-1970', in S.L.Engermand and R.E.Gallman(eds), *Long-Term Factors in American Economic Growth* (Chicago: University of Chicago Press, 1986).

Warsh, D., *Economic Principals: Masters and Mavericks of Modern Economics* (New York: The Free Press, 1993).

Werin, L. and H. Wijkander(eds), Contract Economics(Cambridge, MA: Basil Blackwell, 1992).

Wicksteed, P.H., *The Common Sense of Political Economy* (London: Macmillan, 1910).

Williamson, O.E., *Markets and Hierarchies: Analysis and Antitrust Implications* (New York: The Free Press, 1975).

——, 'Transaction-cost Economics: The Governance of Contractual Relations', *Journal of Law and Economics*, 22(1979) 3-61.

——, 'Organizational Innovation: The Transaction Cost Approach', in J.Ronen(ed.), *Entrepreneurship* (Lexingon, MA: Heath Lexington, 1983).

——, *The Economic Institutions of Capitalism: Firms, Markets, Relational Contracting* (New York: The Free Press, 1985).

——, 'Logic of Economic Organization', *Journal of Law, Economics, and Organization*, 4(1988a)65-93.

——, 'Corporate Finance and Corporate Governance', *Journal of Finance*, 43 (1988b),567-591.

——, Review of 'The Firm, The Market, and the Law, by R.H. Coase', *California Law*

Review, 77(1989) 223-231.

——(ed.), *Industrial Organization* (Aldershot: Edward Elgar, 1990a).

——(ed.), *Organization Theory: From Chester Barnard to the Present and Beyond* (New York: Oxford University Press, 1990b).

——, 'Comparative Economic Organization: The Analysis of Discrete Structural Alternatives', *Administrative Science Quarterly*, 36(1991) 269-296.

——, 'Transaction Cost Economics Meets Posnerian Law and Economics', *Journal of Institutional and Theoretical Economics*, 149(1993) 99-118.

Williamson, O.E., M.Wachter and J.Harris, 'Understanding the Employment Relation: The Analysis of Idiosyncratic Exchange', *Bell Journal of Economics*, 6(1975) 250-80.

Wilson, T., 'Price and Output Policy of State Enterprise: A Comment', *Economic Journal*, 55(1945) 454-461.

Zerbe, R.O., 'The Problem of Social Cost: Fifteen Years Later', in S.AY.Lin(ed.), *Theory and Measurement of Externalities* (New York: Academic Press, 1976).

——, 'The Problem of Social Cost in Retrospect', *Research in Law and Economics*, 2(1980)83-102.

图书在版编目（CIP）数据

罗纳德·科斯传/（美）斯蒂文·G.米德玛著；罗君丽，朱翔宇，程晨译.—杭州：浙江大学出版社，2016.12

（经济思想译丛）

书名原文：Ronald H. Coase

ISBN 978-7-308-16303-3

I.①罗… II.①斯… ②罗… ③朱… ④程… III.①罗纳德·科斯（Ronald Coase 1910-2013）—传记 IV.①K837.125.31

中国版本图书馆CIP数据核字（2016）第243541号

罗纳德·科斯传

[美] 斯蒂文·G.米德玛 著　罗君丽　朱翔宇　程晨 译

责任编辑		叶　敏
装帧设计		王小阳
出版发行		浙江大学出版社
		（杭州天目山路148号　邮政编码310007）
		（网址：http://www.zjupress.com）
制　作		北京大观世纪文化传媒有限公司
印　刷		北京中科印刷有限公司
开　本		635mm×965mm　1/16
印　张		17
字　数		206千
版 印 次		2016年12月第1版　2016年12月第1次印刷
书　号		ISBN 978-7-308-16303-3
定　价		54.00元